재테크보다 중요한
월급쟁이 재무설계

재테크보다 중요한 월급쟁이 재무설계

1판 1쇄 발행 2016년 6월 10일 1판 3쇄 발행 2018년 1월 10일 글 하창룡 펴낸이 최향금 펴낸곳 작은서재
등록 제2013-29호 주소 서울시 도봉구 노해로 70길 54 전화 02-6061-0124 팩스 02-6003-0025
ISBN 979-11-955383-8-6 13320

※ 잘못된 책은 구입한 곳에서 바꿔 드립니다.

재테크보다 중요한
월급쟁이 재무설계

하창룡 지음

작은서재

머리말

2016년 3월, 전 세계의 이목을 집중시킨 프로바둑기사 이세돌 9단과 인공지능 바둑 프로그램 알파고의 대국이 벌어졌다. 이를 계기로 인공지능이 인류에게 새로운 성장의 기회를 가져다줄 것이라는 기대와 인간의 일자리를 기계에게 빼앗기게 될 것이라는 우려가 함께 제기되었다.

스위스 다보스포럼은 2020년까지 일자리 510만 개가 사라질 것이라고 전망했고, '유엔 미래보고서 2045'는 의사, 변호사, 기자, 통·번역가, 세무사, 회계사, 감사, 재무설계사, 금융컨설턴트 등 많은 직업이 사라질 것이라고 했다. 나는 기계가 대신하게 될 직업 가운데 특히 재무설계사와 금융컨설턴트에 주목하지 않을 수 없었다. 그리고 내 나름대로 인공지능이 만들어낼 재무설계 프로그램을 구상해보았다.

인공지능 프로그램으로 근로소득원천징수증, 연말정산 신고 내역, 신용카드 지출 내역, 현금영수증 발급 내역, 통장 거래 내역, 세금 납부 자료 등을 활용해 수입과 지출 패턴을 분석해낸다. 이를 바탕으로 미래 재무목표를 설정하면 각종 경기 지표와 물가상승률 예측을 통해 미래 가치를 반영한 필요자금을 산출하고, 모든 금융기관의 상품을 검색해서 각각의 수익률을 분석해 적합하고 타당한 저축·투자 상품을 가려낸다.

그리고 평균수명, 원인별 사망률, 각종 질병 및 사고 발생률과 자신을 포함한 직계존속의 질병 및 사고 이력과 건강검진 기록을 분석해서 기대수명과 질병 및 사고 확률을 도출해낸다. 그런 다음 판매 중인 모든 보험 상품의 장단점을 비교해서 최소 보험료로 최적의 보장을 받을 수 있는 위험관리(보험설계)를 한다.

나는 인공지능 재무설계 프로그램 개발에 긍정적인 입장이다. 방대한 자료 수집과 분석에 관해서는 인공지능 슈퍼컴퓨터가 사람보다 훨씬 빠르고 정확할 것이라는 데는 의심의 여지가 없기 때문이다. 마치 의사가 정확한 진단을 위해 MRI를 찍는 것과 다르지 않다고 본다.

하지만 인공지능 재무설계 프로그램이 개발된다고 해도, 개인이 객관적인 진단을 내리고 지속적으로 실행하는 것은 별개의 문제다. 그래서 여전히 재무설계사가 필요할 것이다. 재무설계사는 가계 재무 상태에 대한 진단과 분석에 아주 유용한 첨단 장비를 갖게 되는 셈이고, '재무 코칭'이라는 또 하나의 중요한 역할을 잘 수행할 수 있을 것이다. 재무설계사는 금융 소비자로 하여금 올바른 소비 습관을 기를 수 있도록 하고, 금융·재무 관련 지식을 익히도록 하며, 진단을 통해 제시된 대안을 지속적으로 실행할 수 있도록 심리적 지지와 지원을 해야 한다. 이것은 기계가 할 수 없는 영역의 일이다.

"몰라서 못하는 것이 아니라, 안 해서 못하는 것"이라는 말이 있다.

체중을 줄이고 근육질 몸매를 만드는 다양한 식이요법과 운동법들이 공개되어 있지만 다이어트와 피트니스에 성공하는 사람은 많지 않다. 방법을 몰라서가 아니라 수많은 방법들 중에서 자신의 체질과 습성에 맞는 방법을 찾기가 쉽지 않고, 이를 꾸준히 실행하는 것은 더욱 어렵기 때문이다. 그래서 사람들은 개인 헬스트레이너를 찾는다.

그런데 문제는 다이어트나 피트니스와 달리 재무설계는 전적으로 전문가에게만 의존해서는 안 된다는 사실이다. 다시 말해 모든 금융·재무 행위를 재무설계사가 대신 해줄 수는 없다. 또한 담당 재무설계사가 유능하고 양심적인지를 스스로 판단할 수 있어야 한다.

결국 본인이 재무설계를 알아야만 한다.

처음 재무설계에 관한 책을 써보자는 말을 들었을 때 그 제안을 흔쾌히 받아들일 수 없었다. 내가 할 수 있는 말이라곤 '저축하고 아껴 쓰라.'는 것밖에 없었기 때문이다.

나는 경매로 50억 원을 만드는 방법을 알지 못한다. 선물 옵션으로 100억 원을 버는 방법도 알지 못한다. 그런데 온라인 서점 검색창에 '재테크'라고 입력하면 800권 가까운 책들이 쏟아진다. 힘들게 주식투자의 명인, 부동산투자의 고수를 찾아 헤매지 않아도 단돈 만 원이면 떼돈을 벌 수 있는 비법들을 손에 넣을 수 있다.

그런데 과연 그럴 수 있을까? 재테크 관련 책들을 정성 들여 읽고 시키는 대로 따라 하면 손쉽게 큰돈을 벌 수 있을까? 정말 그렇다면 우리나라는 수십억대 부자들로 넘쳐나야 할 것이다.

어찌됐든 고수들의 노하우는 이미 차고 넘치니, 나는 이 책에서 대박을 터뜨리는 노하우가 아니라 쪽박을 차지 않는 방법에 대해 이야기하고자 한다. 나는 이것이 열심히 살아가는, 우리 시대의 보통 사람들에게 꼭 필요한 지식이라고 믿는다.

그 방법으로 제시하는 것이 바로 재무설계다. 재무설계에는 사실 정답이랄 게 없다. 개별 전문가의 투자 성향과 관점에 따라 차이를 보이기도 하고, 개인이 처한 상황이나 인생관에 따라 달라지기도 한다.

이런 점들을 감안하여 나는 뻔한 이야기, 누구나 알고 있거나, 모두가 공감할 만큼 당연한 원칙을 중심으로 이야기하려 한다. 다만 단편적인 노하우의 나열이 아니라 재무설계에 대해 종합적이고 체계적으로 정리하고자 한다. 본격적인 재무설계에 앞서 짚고 넘어가야 할 돈과 행복에 대한 가치관에 대해서, 재무설계의 기본 원칙과 기초 지식에 대해서, 끝으로 원칙과 지식, 정보를 가계 재무설계에 실제로 적용시킬 수 있는 도구와 방법을 제시할 것이다.

책 한 권 읽는다고 재무설계 전문가가 될 수 있는 것은 아니다. 그러나 감히 장담컨대 이 책을 꼼꼼히 한 번 이상 정독한다면 최소한 금융문맹은 벗어날 것이며, 능력 있고 양심적인(고객 이익을 우선으로 생각하는) 재무설계사를 판별하는 안목을 기를 수 있을 것이다. 그리고 이 책을 손닿는 곳에 두고 거듭 읽어가며, 직접 진단하고 분석하고 대안을 세워본다면 웬만한 재무설계사 못지않은 실력을 갖추게 될 것이다.

차례

머리말   4
프롤로그 재무설계 없는 재테크는 밑 빠진 독에 물 붓기다   16

1부 소득을 늘리고 지출은 줄이는 10가지 전략

01 돈에 생각을 불어넣어라   27
생각 있는 돈, 생각 없는 돈   28
신나게 먹고 마시고 놀았는데 집에 갈 차비가 없다면?   29
생애목표를 달성하려면 재무목표부터 세워라   31

02 내 돈의 주인이 되어라   33
부자가 되는 아주 간단한 방법   34
얼마나 벌고 있는지 정확히 파악하자   36
지출 계정이 명확하지 않으면 얼마나 쓰는지 알 수 없다   37
소득을 늘리고 지출은 줄이려면?   39

03 5가지만 지키면 지출이 확 줄어든다   40
첫째, '꼼꼼히'가 아니라 '꾸준히' 가계부 쓰기   41
둘째, 용도별로 통장 분리하기   45
셋째, 올바른 소비 습관 만들기   46
넷째, 충동구매 여부에 대한 판단 기준 세우기   48
다섯째, 수시로 정리하고 내다 버리기   49

04 당장 돈이 없다면 모아서 사라 — 51
- 돈이 없어도 원하는 물건을 가질 수 있다고? — 52
- 할부 이자를 물지 말고, 적금 이자를 받아라 — 55

05 저축할 돈이 없다는 핑계를 대지 마라 — 57
- 소비하기 전에 저축부터 한다 — 59
- 왜 저축하는지 목적을 명확히 한다 — 61
- 저축 기간과 목표 금액에 맞는 상품을 선택한다 — 63
- 저축하기 힘든 사람을 위한 5가지 방법 — 66

06 '열심히' 모으지 말고 '계획적'으로 모아라 — 69
- 값싼 소주를 10년 이상 숙성된 고급주로 만들어라 — 70
- 복리 효과의 마법 — 72
- 제대로 된 복리 상품 고르기 — 74
- 세로저축이 아닌 가로저축을 하라 — 76

07 절세 상품을 공략하라 — 79
- 이자소득도 온전히 내 것이 아니다 — 80
- 세금을 한 푼이라도 줄이려면? — 81

08 내 돈을 은행 직원에게 맡기지 마라 — 83
- 투자 손실을 은행 직원이 책임지진 않는다 — 84
- 정말 좋은 상품인지 제대로 확인하자 — 85

09 높은 수익률을 탐하지 마라 — 87
- 투자와 투기를 구분하자 — 88
- 높은 수익률을 보장하는 투자는 없다 — 90
- 목표 수익률에 도달하면 미련 없이 팔아라 — 91

10 투자 3원칙을 지켜라   94
원칙 1 : 은근과 끈기로 때를 기다려라   94
원칙 2 : 전문가의 힘을 빌려라   95
원칙 3 : 분산투자로 위험을 분산하라   96
놀이공원식 투자를 하자   97
투자 주머니부터 채워라   99

2부 대출, 악순환의 고리를 끊어라

01 대출받을 때 이자보다 더 중요한 4가지   103
꼭 필요한 대출인가?   104
적정 대출 규모와 대출 시점은?   107
상환 계획은 있는가?   110
어떤 대출 상환 방식이 유리할까?   111

02 마이너스통장 '0원' 만들기   117
마이너스통장 대출 이자는 복리로 붙는다   118
마이너스통장과 체크카드를 분리하라   120
대출 갈아타기로 마이너스통장을 없애라   121

03 빚 권하는 사회, 빚 파는 은행   123
헤어날 수 없는 빚의 나락에 빠져들지 마라   124
3가지 유형의 부채   126

04 아파트 담보대출은 빚도 아니다?   129
시세 차익이 생긴다면 그만큼 버는 것일까?   129
대출받아 집 사기 힘든 시대가 됐다   132

05 판단력을 흐리게 만드는 소비성 대출   135
    갖고 싶은 고가의 물건이 있다면 적금을 들어라   136
    350만 원이 2년 6개월 만에 2,000만 원으로 자기증식하다!   137
    다 이유가 있다고 합리화하지 마라   138

06 신용카드, 이왕이면 현명하게 사용하자   141
    신용카드의 유혹에서 벗어날 수 없다면?   142
    한 마리 토끼를 쫓아라   143
    신용카드 포인트 활용하기   144
    어디선가 헤매고 있을지도 모를 내 돈을 찾아라   145

07 빚까지 상속받진 말자   147
    상속에 대한 적극적인 의사 표시를 해야 한다   147
    단순승인? 한정승인?   149

08 도저히 감당할 수 없는 부채가 있다면?   151
    가래로 막지 말고 호미로 막자   151
    가래로도 막을 수 없는 빚이라면?   153
    채무자도 최소한의 권리는 보호받을 수 있다   156

3부 보험을 정리해 새는 돈을 막아라

01 기본 용어를 알아야 상품이 보인다   161
    보험, 왜 드는 것일까?   162
    반드시 알아두어야 할 보험 기본 용어   163
    생명보험과 손해보험의 차이   166
    보장성 보험과 저축성 보험   167

02 내 월급에 적당한 보험료는 얼마?   171
    끝까지 유지할 수 있는지 따져보라   172
    보장 범위는 어디까지?   174
    보장 기간은 언제까지?   176
    적정 보험료는 얼마일까?   177
    보험 가입에도 우선순위가 있다   177

03 설계사의 말을 곧이곧대로 믿지 마라   180
    내가 만난 설계사는 우수인증설계사일까?   181
    이런 말을 하는 보험설계사를 조심하자   183

04 보험금은 3억 원인데 2,000만 원만 준다고?   185
    사망보험금을 제대로 받으려면 사망 조건이 맞아야 한다고?   186
    사망 보장 : 일반사망에 대한 보험금이 중요하다   187
    암 보장 : 특약에 현혹되지 말고 진단금을 확인하라   189
    뇌혈관질환과 허혈성 심장질환 보장을 확인하라   191

05 갱신형 vs 비갱신형   193
    갈수록 갱신형 상품이 느는 이유   194
    구관이 명관인 보험   195

06 실손보험, 끼워 팔기를 조심하라   197
    실손 보상은 중복 보장을 해주지 않는다   197
    각종 건강보험의 부가 특약을 점검하자   199

07 본전 생각하다 밑지는 만기환급형   200
    순수보장형과 만기환급형의 차이   200
    종신보험 대신 만기환급형 정기보험   201

08 수익률은 높지만 손실 위험도 큰 변액보험   203
    변액보험은 실적배당형 투자 상품이다   204
    변액보험의 보험료 구성에 대해 제대로 알아야 한다   205
    계약 관리 수수료를 살펴보라   205

09 유니버설 기능 정말 우월할까?   207
    유니버설 기능을 단다고 자전거가 오토바이가 되진 않는다   207
    유니버설 기능은 최후의 보루로 활용하자   208

10 '묻지 마 보험', 정말 묻지도 따지지도 않을까?   210
    누구나 가입할 수 있을까?   210
    반드시 묻고 따지자   213

11 자동차 보험, 한 푼이라도 줄이자   215
    대물배상은 얼마로 할까?   216
    할증기준금액과 수리비   217
    자기차량손해   219
    자동차 보험료 줄이는 방법   219

12 순간의 선택이 잘못되었다면?   222
    보험 청약 철회권과 보험계약 해지권   223
    높은 해지환급률에 현혹되지 마라   224
    어쩔 수 없이 중도 해약해야 한다면?   226

13 인터넷 보험으로 알뜰하게   227
    일반 보험과 인터넷 보험의 장단점   228
    인터넷 보험, 얼마나 저렴할까?   229
    인터넷 보험 가입 시 이런 점에 유의하자   230

14 실속형 보험 설계와 보험 리모델링   233
　월소득 470만 원인 도시 근로자 가구의 실속형 보험 설계   234
　보험 리모델링으로 제대로 설계하자   236

4부 실전! 연령대별 맞춤형 재무설계

01 7단계만 지키면 나도 재무설계 전문가   243
　1단계 : 꿈에 목표 담기   245
　2단계 : 꿈을 이루기 위한 재무목표 세우기   246
　3단계 : 재무 현황 파악하기   248
　4단계 : 소득 관리하기   253
　5단계 : 지출 관리하기   255
　6단계 : 재무목표 타당성 검토하기   257
　7단계 : 실행 계획 세우기와 실행하기   258
　모든 책임은 내게 있다는 사실을 명심하자   261

02 사회초년생을 위한 재무설계   263
　첫 출근하는 날이 곧 재무설계를 시작하는 날이다   264
　월급의 70% 이상을 저축하라   264
　생활비는 75만 원이면 충분하다   265
　지출 계획 세우기   266
　내 차를 갖고 싶다는 욕망 대신 마음속에 1억 원을 품어라   268
　신용카드를 몸에 지니지 마라   269
　구체적인 저축 계획을 세워라   270
　사회초년생에게 적합한 포트폴리오   273

03 맞벌이 부부 재무설계   278
　맞벌이 부부의 지출 증가 요인   280

재무목표에 대한 합의가 우선이다 282
부부 합산으로 소득을 관리하라 283
맞벌이부부에게 적합한 포트폴리오 285

04 가치관의 변화가 필요한 30대 재무설계 287
목돈 만들기에 집중하라 287
결혼 비용을 줄여라 288
고정관념을 깨면 종잣돈이 마련된다 289
자녀에게 올바른 가치관과 경제 관념을 심어줘라 290
140만 원 정도는 저축하자 291

05 소득과 지출이 함께 느는 40대 재무설계 293
주택 구입에 신중 또 신중해야 한다 294
자녀 교육비에 목매달지 마라 295
노후 준비는 미리미리 296

06 안전하게 지키는 50대 재무설계 299
재취업에 너무 기대를 걸지 마라 300
목적자금의 우선순위를 확인하라 300
불필요한 보험을 줄여라 302

07 행복한 노후를 위한 은퇴 재무설계 304
은퇴 생활 자금은 얼마나 필요할까? 305
예상 소득에 대해 분석하라 306
은퇴 이후 지출을 줄이거나 소득을 늘리는 방법 311
빈고, 고독고, 무위고, 병고를 극복하자 314

에필로그 행복 방정식을 풀어보자 315
부록 SELF 재무설계 시트 320

프롤로그

재무설계 없는 재테크는 밑 빠진 독에 물 붓기다

　이름하여 '백세시대'를 나는 '불노(不勞)장생의 시대'라고 말하고 싶다. 정리해고, 권고사직, 명예퇴직, 희망퇴직 등 다양한 이름으로 일자리를 내놓아야 하는 시대이기 때문이다. 수명이 늘어나는 만큼 일하는 시간도 늘어나야 하는데, 일할 수 있는 시간과 보수는 점점 줄어들고 있다. 우리는 이러한 시대적 흐름을 인지하고도, 어영부영 낙관하거나 우물쭈물 체념하거나 하릴없이 좌절할 뿐, 마땅한 대책을 마련하지 못하는 경우가 대부분이다.

　《늙어감에 대하여》의 저자 장 아메리는 세상에는 훌륭한 시간과 악한 시간이 있다고 했다. 훌륭한 시간은 좋은 일을 기다리는 만족스러운 기대의 시간이고, 악한 시간은 나쁜 일을 앞둔 괴로운 시간이다.

　그러나 아이러니하게도 훌륭한 시간은 조바심만 키우는 적이고, 소일거리를 찾아서 기웃거리며 시간을 죽이게 만들지만, 악한 시간은 더불어 지낼 수 있는 유일한 친구가 된다고 한다. 가령 사형을 앞둔 사형수는 악한 시간을 가졌지만 매분 매초가 소중하다. 반면 미래가 창창

한 젊은이는 건강한 신체와 풍족한 시간을 가졌기 때문에 정년퇴직이나 은퇴, 노후 생활이 아직 자신의 이야기가 아니라고 생각하고 시간을 낭비하기 쉽다는 말이다.

강의를 하다 보면 언제 해고될지, 언제 죽을지도 모르는데 계획은 무슨 계획이냐는 볼멘소리를 종종 듣는다. 이런 말을 들을 때마다 나는 100년 계획을 세우되, 내일이 생의 마지막이 될 수도 있다는 마음가짐으로 살아야 한다고 말한다. 100세 인생을 대비하고 계획을 세워야 후회 없는 삶을 살 수 있고, 내일이 생의 마지막이 될 수도 있다는 생각으로 살아야 하루하루에 감사하고 최선을 다하며 겸손해지기 때문이다.

70세가 되어도 죽지 않고 살아 있으면 어쩔 것인가?

2015년 8월 21일 국민연금연구원이 발표한 '장기재정 추계를 위한 사망률 전망' 연구보고서에 따르면, 2015년 현재 60세를 기준으로 기대여명은 남자 22.65년, 여자 27.62년이다. 다시 말해 남자는 83세, 여자는 88세까지 살 수 있다는 얘기다.

'기대여명'은 어느 연령에 이른 사람이 이후 몇 년 동안 살 수 있는지를 계산한 '평균 생존 연수'를 말한다. 이는 사망과 밀접한 관계가 있으며 잔여 평균수명을 예측하는 지표이다(국민연금제도는 공적 노후 소득 보장 장치로, 수급자가 사망할 때까지 연금을 주기 때문에 인구 고령화에 따른 기대여명 등의 변수에 매우 민감하다).

한편 15년 뒤인 2030년에 60세가 되는 사람의 기대여명은 남자 27.04년, 여자 31.97년으로 남자는 약 87세, 여자는 약 92세까지 생존하는 것으로 계산됐다. 이미 오래전부터 100세 시대를 이야기해왔는데, 실제로 100세까지 생존하는 시대가 도래한 것이다.

불로장생(不老長生)은 인류의 오랜 꿈이었다. 의학의 눈부신 발전으로 그 꿈이 실현되어가고 있지만 불노(不勞), 즉 일하지 못하고 오래 산다면 장생은 더 이상 축복이 아니라 재앙으로 변한다.

한국고용정보원이 조사한 2016년 상반기 기업체 신규 인력 수요 실태 조사에 따르면, 신입사원의 평균 나이는 남성 33.2세, 여성 28.6세이다. 남성의 경우 4년제 대학교를 평균 27세에 졸업하므로 직업을 구하기까지 6년이 소요된다.

한편 정년이 60세라고 하지만 2014년 기준 국내 근로자의 평균 퇴직 연령은 52.6세이다(통계청 자료). 퇴직을 한다 해도 구직 시장에서 완전히 물러나는 것은 아니다. 우리나라의 '실질 은퇴 연령'은 남성 72.9세, 여성 70.6세다(2015년 OECD 자료). 그러나 퇴직한 중장년이 찾을 수 있는 일자리는 귀하고, 일자리를 구하더라도 보수는 기존 임금의 반토막도 안 된다. 그러므로 100세 가까이 사는 장수시대라면 버는 것도 쓰는 것도 철저한 계획이 필요하다.

나는 정년퇴직을 1~3년여 앞둔 대기업 임직원을 대상으로 '은퇴설계 지원 프로그램'을 진행하고 있다. 그들이 퇴직으로 인한 변화를 긍정적으로 받아들이고, 행복한 은퇴 생활에 대한 서로의 생각과 의견을 공유하며, 제2의 삶에 대한 중장기 계획을 세워보는 과정이다.

그런데 교육 대상자의 거의 대부분이 정년퇴직에 대해 심각하게 고민해본 적이 없었다고 말한다. 인사팀으로부터 교육 명령을 받고 나서야 '내가 벌써 정년퇴직할 때가 다 되었나?'라는 생각을 하게 되고, 2~3일 정도 프로그램을 수행하고 나서야 비로소 '정말 내게도 올 것이 왔구나!'라고 실감하게 된다고 한다.

 3년 후 다가올 정년퇴직도 그러한데, 10년, 20년 후의 운명이 어떻게 될지 알고 미리부터 사서 걱정한단 말인가? 아니 어쩌면 지금과 같은 장기 침체와 고용 불안정 상황에서 '당장 내일 어떻게 될지도 모르는데 10년 후를 걱정해서 뭐 하나?'라는 의문이 들기 마련이다.

 그 심정은 충분히 이해하고도 남음이 있다. 그렇지만 딱 70세까지만 멋지게 살다가 깔끔하게 이 세상 하직하려고 했는데, 70세가 되어도 죽지 않고 살아 있으면 어쩔 것인가? 스스로 목숨을 끊지도 못하고 미처 준비가 안 된 인생을 살아가야 하는데, 심지어 그 후로도 10년, 아니 그 이상을 더 산다면 어찌한단 말인가?

 뒤늦게 후회한들 돌이킬 방법이 없다. 내일 어떻게 될지 모르는 게 인생이라 하지만, 그렇다고 하루살이 인생을 살 수는 없다. 100년의 생애 설계를 하고 한 해 두 해 꿈을 이뤄가며 살다가 100년을 채우지 못하고 80년 생을 마감하는 것과, 닥치는 대로 하루하루 살다가 80년 생을 끝내는 것 중에서 어떤 삶이 더 보람되고 가치 있으며, 어떤 삶이 더 힘들고 지루할지 그 판단과 선택은 각자의 몫이다.

 2015년 8월 31일 향년 103세의 나이로 별세한 호서대학교 설립자인 강석규 명예총장이 95세 생일날 남겼던 글을 소개한다. 글에서처럼 10년 후 생일을 맞이하지는 못했지만, 그의 글은 이미 오래전부터 인터넷을 통해 회자되며 많은 이들에게 감동을 주었다.

어느 95세 어른의 수기

- 강석규

나는 젊었을 때.
정말 열심히 일했습니다.
그 결과 나는 실력을 인정받았고,
존경을 받았습니다.

그 덕에 65세 때에 당당한 은퇴를 할 수 있었죠.
그런 내가 30년 후인 95살 생일 때,
얼마나 후회의 눈물을 흘렸는지 모릅니다.

내 65년의 생애는 자랑스럽고 떳떳했지만,
이후 30년의 삶은 부끄럽고 후회되고,
비통한 삶이었습니다.

나는 퇴직 후
'이제 다 살았다. 남은 인생은 그냥 덤이다.'
라는 생각으로 그저 고통 없이 죽기만을
기다렸습니다.

덧없고 희망이 없는 삶
그런 삶을 무려 30년이나 살았습니다.
30년의 시간은
지금 내 나이 95세로 보면

3분의 1에 해당하는 기나긴 시간입니다.

만일 내가 퇴직할 때.
앞으로 30년을 더 살 수 있다고 생각했다면.
난 정말 그렇게 살지는 않았을 것입니다.

그때 나 스스로가
늙었다고,
뭔가를 시작하기엔 늦었다고,
생각했던 것이 큰 잘못이었습니다.

나는 지금 95살이지만 정신이 또렷합니다.
앞으로 10년, 20년을 더 살지 모릅니다.

이제 나는 하고 싶었던 어학공부를
시작하려 합니다.

그 이유는 단 한 가지

10년 후 맞이하게 될 105번째 생일날.
95살 때 왜 아무것도 시작하지 않았는지
후회하지 않기 위해서입니다.

돈이 없는 사람일수록 재무설계는 필수다

우리가 현실에 발을 딛고 행복한 오늘을 살면서 희망적인 내일을 설계할 때 매우 유용한 도구가 바로 재무설계다. 재무설계란 한정된 개인 자원을 적절히 관리해 개인의 생애목표를 달성할 수 있도록 계획하고 실행토록 해주는 일련의 과정이다.

재무설계는 수익률, 즉 돈을 불리는 것만을 추구하는 재테크와 달리, 돈을 다루지만 돈만을 다루지 않는다. 돈은 행복을 이루는 요소여야 하고, 행복을 위한 수단이어야 한다. 이를 간과하고 돈만 좇다 보면 나도 모르게 돈이 삶의 목적이 되고, 돈이 사람을 지배하여 노예로 만든다. 그 결과 가족과 사랑을 잃고, 사람의 본성까지 상실하게 된다. 돈이 사람을 행복하게 만들지 못하고 불행의 나락으로 처박아버리는 것이다.

그래서 재무설계는 현실에 안주하지 않고 더 풍요로운 삶을 추구하되, 돈이 나를 행복하게 해주는 '착한 돈'이 될 수 있도록 돈에 대한 올바른 가치관을 정립하는 것에서부터 시작한다.

세상 사람들의 수많은 고민 중 대다수는 돈에서 비롯된다. 돈이 없어도 고민이고, 돈이 많아도 고민이다. 돈이 없는 사람은 어떻게 하면 원하는 만큼 벌 수 있을지, 어떻게 하면 적은 돈을 크게 불릴 수 있을지 고민한다. 또 급히 목돈이 필요할 때 어디서 돈을 빌릴지, 빌린 돈은 어떻게 갚을지 고민한다. 반면 돈이 많은 사람은 어떻게 하면 돈을 안전하게 지킬지, 어떻게 하면 세금 덜 물고 자식에게 온전하게 물려줄 수 있을지 고민한다.

재무설계에 대한 가장 흔한 오해는 재무설계란 돈이 많은 사람들을 위한 자산관리 수단이지 마땅히 관리할 자산이 없는 사람에게는 아무런 소용이 없다는 것이다. 이 오해는 말 그대로 오해이다. 특히나 돈이 없는 사람들에게는 치명적인 오해이다.
　여유자산은 일정 규모 이상이 되면 자기증식력을 가진다. 다시 말해 조바심을 내지 않고 큰 욕심을 부리지 않는다면 부동산에 묻어두든, 우량주에 장기투자를 하든 수익률에 목을 매지 않아도 되고, 시간에 쫓기지 않아도 되므로 특별히 관리하지 않아도 웬만하면 불어나기 마련이다.
　그러나 돈이 없는 사람은 자원이 한정되어 있으므로 합리적인 지출 계획과 효율적인 저축 계획을 세워 꼼꼼하게 재무설계를 하지 않으면 낭패를 보기 십상이다.
　돈이 없는 사람들의 재무설계가 근검절약과 절제를 전제로 한다면, 부자의 재무설계는 자선과 기부 등 아름다운 소비를 권장한다. 돈을 아끼는 일도 잘 쓰는 일도 궁극적으로는 돈으로부터 자유로워지고 행복해지는, 다르지만 같은 길이다.

1부

소득을 늘리고 지출은 줄이는 10가지 전략

열심히 버는데 늘 적자에 허덕이는 이유는 무엇일까?
과소비를 하는 것도 아닌데, 월급날이 되기가 무섭게 어디론가 돈이 빠져나가고
대출금과 카드 빚에 시달리는 월급쟁이들을 위한 10가지 전략을 알아보자.

돈에 생각을 불어넣어라

유난히 뜨거웠던 어느 여름날, 저녁 6시가 되었는데도 날은 훤하고 시원한 맥주 생각이 절로 나서 퇴근 후 직장 동료들과 생맥주집에 들어갔다. 주문을 하려고 메뉴판을 펼치는데 호기심을 유발하는 독특한 메뉴가 있었다.

'생각 있는 노가리 10,000원'

'생각 없는 노가리 10,000원'

노가리에 생각이 있다니? 궁금증을 해소하기 위해 사장님을 불러서 물어보았다. 단순하지만 아주 명쾌한 대답에, 다들 폭소를 터뜨렸고 한순간 무더위가 싹 가셨다.

"생각 있는 노가리는 대가리가 붙어 있는 노가리고, 생각 없는 노가리는 대가리를 뗀 노가립니다."

생각 있는 돈, 생각 없는 돈

집으로 돌아온 뒤에도 노가리 생각이 뇌리에서 떠나지 않았다. 그러다 불현듯 노가리뿐만 아니라 돈도 생각 있는 돈과 생각 없는 돈이 있구나 싶었다. 생각 있는 돈은 목적을 가진 돈, 다시 말해 쓰임새가 있는 돈이다. 반면 생각 없는 돈은 목적이 없는 돈이다. <u>생각 있는 돈은 내 지갑을 쉽게 빠져나가지 못하지만, 생각 없는 돈은 어느새 지갑 바깥으로 탈출해 자취를 감춘다.</u>

우리는 생각 없는 돈을 부르는 수많은 유혹의 손짓에 무방비로 노출되어 있다.

"남해에서 갓 올라온 싱싱한 멍게가 한 소쿠리에 단돈 만 원!"

"원 플러스 원! 하나 사면 하나 더 드려요!"

"마감 세일, 얼른 오세요. 몇 개 안 남았어요!"

할 일 없이 TV를 켜고 리모컨질을 하고 있을 때도 위기감을 불러일으키는 홈쇼핑 호스트의 다급한 멘트가 귓속을 파고든다.

"네, 주문 전화가 폭주하고 있습니다. 이만한 구성에 이 가격은 이제 어쩌면 만나보시기 힘들 겁니다. 자동 주문 전화로 연락처를 남겨주시면 추가 할인 혜택이 있습니다!"

생각 없는 돈, 목적 없는 돈은 작은 유혹에 굴복한 주인의 지갑을 빠져나와 멍게장수 주머니로, 마트 계산대로, 홈쇼핑 계좌로 흘러들어 간다.

그러나 내 지갑 속 돈에 분명한 목적이 있다면 상황은 달라진다. 월말까지 일정 금액을 모아서 뭔가 의미 있는 곳에 쓸 계획이라면 멍게

장수의 외침이나 마트 직원의 목소리는 한쪽 귀로 들어와서 한쪽 귀로 흘러나간다. 내 계좌에 있는 돈이 적금 계좌로 보험료로 대출 이자로 빠져나갈 예정이라면, 5년 안에 내 집을 장만하기로 목표를 세웠다면, 온갖 감언이설과 어설픈 위기감 조성으로 구매를 조장하는 쇼핑 호스트가 오히려 애처롭게 보일 것이다.

그럼 어떻게 하면 돈에 생각을 불어넣을 수 있을까? 해답은 간단하다. 재무목표와 실행 계획을 세우면 된다.

신나게 먹고 마시고 놀았는데 집에 갈 차비가 없다면?

나는 대입 재수 시절, 낼모레 쉰을 바라보는 지금까지도 변함없는 우정을 자랑하는 벗들을 만났다. 학력고사를 마치고 친구들은 서울로 진학하게 되었고 나도 그러고 싶었지만, 하나밖에 없는 아들을 서울로 보낼 수 없다는 부모님의 반대에 부딪혔다. 같이 서울로 갈 수 있게 허락해달라는 친구들의 읍소에도 뜻을 굽히지 않으셨다. 결국 나는 혼자 고향인 부산에 남았다.

여름방학을 맞아 간만에 부산에서 뭉친 우리는 여행을 떠나기로 했다. 여행지는 동해안, 정해진 날짜와 시간에 시외버스 터미널에서 만나자는 게 여행 계획의 전부였다. 무작정 떠나는 이런 여행이 당시 우리에겐 낭만적이고 멋져 보였던 모양이다. 사실은 어리석고 무모한 행동이었다.

아침 일찍 시외버스 터미널에서 만나 매표소 앞으로 갔지만 생각보다 우리나라는 넓었고 동해안은 길었다. 동해안의 크고 작은 도시로 향하는 버스 노선이 한둘이 아니었다. 대합실에 둘러서서 한참을 고민하고 있는데, 매표창구 앞에서 "속초 한 장 주세요."라는 낭랑한 목소리가 들려왔다. 우리의 시선은 일제히 그쪽을 향했고, 표를 받고 돌아서 나오는 미모의 여학생을 발견했다. 순간 우리는 누가 먼저랄 것도 없이 이구동성으로 외쳤다. "속초로 가자!" 목적지는 순식간에 속초로 정해졌다.

그렇게 동해안 여행을 시작했다. 버스가 목적지에 도착했고, 버스를 내린 우리는 아무 생각 없이 문제의 여학생 뒤를 졸졸 따라갔다. 그녀를 따라 버스에 탈 때부터 그녀가 버스에서 내려 한참을 걸어 한적한 골목으로 접어들 때까지, 우리는 한마디도 건네지 못한 채 멍하니 뒤를 따르고 있었다. 그녀가 골목 끝에 있는 집 대문을 열고 들어가버리고 나서야 정신을 차렸다.

우리는 왜 그녀를 따라 여기까지 왔을까? 이제 어떻게 하지? 생전 처음 와보는 낯선 곳에서 우리는 또다시 어디로 가서 무엇을 어떻게 할지 고민해야 했다. 물론 그 여행은 아직도 잊을 수 없을 만큼 재미있는 추억으로 남아 있다. 하지만 신용카드도 없었던 그때, 버스비가 얼마인지 우리 수중에 돈이 얼마나 있는지도 모른 채 먼 타지에서 여행 경비가 떨어졌더라면 어떻게 되었을까?

그 여행을 인생에 비유한다면, 아무 생각이 없던 우리는 막연히 '행복하게 잘살자!'라는 생애목표를 세운 것이다. 의외로 많은 사람이 "인생 거창한 거 있나? 행복하게 잘살면 되는 것 아니냐?"라고 말한다.

그런데 그게 말처럼 쉽지 않다는 게 문제다. 행복하게 잘살려고 하지만 계획은 세우지 않는다. '열심히 살다 보면 어떻게 되겠지!'라고 생각한다. 내 자산이 얼마인지, 내 소득이 얼마인지도 파악하지 못했지만, 다른 사람들에게 뒤처질 순 없으니 남들처럼 번듯한 집도 사고, 폼나는 차도 산다. 특별한 날은 아니지만 이런저런 핑계로 외식을 하고, 마음에 드는 물건이 있으면 거리낌 없이 집어든다. '내겐 남들도 다 가진 신용카드가 있으니까!'

그러다 어느 순간 정신을 차리고 보니 아파트 담보대출 상환금에, 자동차 할부금, 카드 대금까지 지출이 이미 한도를 초과해서 매달 빚이 늘어가는 상황임을 알게 된다. 부산에서 멀리 속초까지 가서 아무 생각 없이 신나게 먹고 마시고 놀다 보니 집으로 돌아갈 차비가 없는 처지가 된 것이다.

생애목표를 달성하려면 재무목표부터 세워라

영화 〈행복〉에서 여주인공인 은희(임수정 분)는 이렇게 말한다.

"왜 어떻게 될지도 모르는 앞날을 지금부터 걱정해? 오늘 하루 잘살면 그걸로 됐지. 그리고 또 내일도 잘살고. 그렇게 살면 된다고 생각해. 나는."

많은 사람이 '동해안으로 떠나자!'처럼 어리석고 무모한 생애목표를 세우는 우를 범한다. 심지어 은희의 대사처럼 오늘 하루 잘살면 그걸로 된다고 생각한다. 인생은 여행과 달라서 내 의지와 무관하게 쉼 없

| 생애 주기별 목표 |

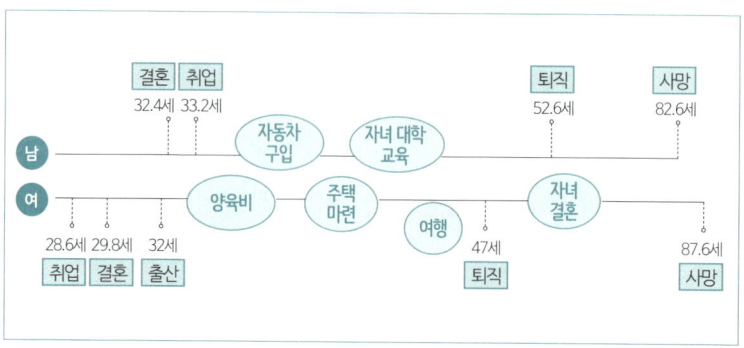

이 흘러간다. 뭔가 잘못된 것 같다는 생각이 들어도 시간을 멈추고 생각하거나 고민할 여지가 없다. 인생은 영화와 달라서 마음대로 시나리오를 바꿀 수 없다.

뚜렷한 생애목표가 있는 사람은 구체적인 계획을 세우고, 그러한 사람의 돈에는 생각이 있다. 따라서 재무설계의 첫 단계는 재무목표를 수립하는 것이다.

꿈과 목표는 엄연히 다르다. 미래에 이루고자 하는 뭔가에 대한 추상적인 생각이 꿈이라면, 목표는 그 꿈을 이루기 위한 구체적인 지표라 할 수 있다. 행복하게 잘살자는 것이 꿈이라면 그 꿈을 이루기 위해 적성에 맞는 직업을 찾고, 필요한 역량을 갖추기 위해 교육을 받으며, 가정을 꾸리고, 자녀를 키우며, 보금자리를 마련하고, 노후 준비를 하는 것 등이 생애목표다. 이 생애목표를 달성하는 데 필요한 돈이 목적자금이며, 이러한 목적자금을 마련하는 것이 재무목표가 된다.

내 돈의 주인이 되어라

"부자는 행복할까요?"
"여러분은 얼마가 있으면 부자라고 생각하십니까?"

강의를 시작할 때 자주 던지는 질문이다. 10억? 50억? 100억? 아니면 그 이상? 부자의 기준이 되는 절대 금액은 없다. 내 생각으론 죽을 때까지 써도 다 못 쓸 만큼의 돈이 있다면 그는 부자임에 틀림없다.

어떤 부자는 빼어나게 많이 벌진 못하지만 소득 규모에 맞는 재무목표를 가지고 합리적인 소비를 하고, 저축 계획을 세우고, 작은 행복에 감사하고 빠듯한 삶 속에서도 나름대로 여유를 찾아서 평화롭게 즐기며 살아간다.

또 어떤 부자는 엄청나게 벌고 엄청나게 쓴다. 부자 체면치레하느라 품위 유지를 위해 애쓰고, 더 많이 벌지 못하면 안 된다는 강박관념에

몸과 마음이 하루도 편할 날이 없다. 죽을 때까지 써도 못다 쓸 돈을 모았지만 언제나 불만족스럽고 불안하다.

　돈이 많다고 행복한 것은 절대 아니다. 언제나 남의 떡이 커 보이고 자기가 가진 것에 만족할 줄 모른다면, 아무리 많이 가진들 만족할 수 없어서 항상 괴롭다. 결국 부와 행복에 대한 가치관을 제대로 정립하지 못하면 부자도 빈자도 돈으로 인해 괴롭고 불행하다.

부자가 되는 아주 간단한 방법

　한 남자가 고급스런 바에 앉아 최고급 양주를 소주처럼 들이키다 술잔을 집어 던진다. 그런데 종업원은 싫은 소리 한마디 없이 걱정스러운 듯 그 남자를 부축하고, 그 남자는 지갑에서 수표 몇 장을 손에 잡히는 대로 꺼내서 거칠게 건네주고는 픽 쓰러진다.

　TV 드라마에 흔히 나오는 장면이다.

　소위 부자들은 괴로워도 소주 대신 양주를 마시고, 괴로운 마음을 달래려 한강 둔치를 찾는 대신 불쑥 비행기를 타고 해외로 떠난다. 양주를 마시고 해외여행을 다닌다고, 소주를 마시고 한강 둔치를 찾는 것보다 덜 괴롭다거나 더 쉽게 고민을 해결할 수 있는 것은 아니다. 부자든 빈자든 시련이 닥치면 괴로운 건 마찬가지다. 그래도 기왕 힘들고 괴로울 바에야 차라리 부자로 괴롭고 싶다며, 부자가 아닌 자신의 처지를 한탄하는 사람이 많을 것이다.

　그런 사람들을 위해 부자가 되는 방법을 알려주겠다. 이른바 '부자

공식'이다. 아주 간단하다. 수입이 지출보다 많으면 된다. 그런 사람은 부자이거나 부자가 될 가능성이 높다.

수입 〉 지출 → 부자

같은 원리로 수입보다 지출이 많으면 빈자, 즉 가난한 사람이다.

수입 〈 지출 → 빈자

다시 처음의 질문을 던져보자.
"부자는 행복할까요?"
많이 벌지만 버는 것보다 더 많이 써서 빈자가 되는 이도 있고, 적게 쓰지만 그만큼도 못 벌어 빈자일 수밖에 없는 이도 있다. 많이 벌든 적게 벌든 빈자는 쓸 돈이 부족하므로 행복하지 않다고 생각한다.

그러면 어떻게 해야 수입이 지출보다 많아질까? 이 또한 간단하다. 쓰는 것보다 많이 벌거나, 버는 것보다 적게 쓰면 된다. 말장난처럼 들릴 테지만 여기서부터 시작이다.

부자가 되기 위해서는, 즉 수입이 지출보다 많아지기 위해서는 수입과 지출에 대해 제대로 파악하는 것이 무엇보다 중요하다. <u>자신이 얼마나 버는지 정확히 알아야 그 범위 내에서 재무목표를 세우고 실행 계획을 세울 수 있다. 그리고 얼마나 쓰는지 정확히 알아야 수입 범위에서 벗어나지 않게 지출 계획을 조정하고 저축 계획을 세울 수 있다.</u>

얼마나 벌고 있는지 정확히 파악하자

사람들은 대부분 자신이 얼마나 버는지 잘 알고 있다고 생각한다. 그런데 수입이 얼마인지 정확히 아는 것은 의외로 단순하지 않다. 어느 정도 알고 있는지 테스트를 한번 해보자. 당신은 다음 중 어느 단계에 해당하는가?

- **1단계 : 나는 내 연봉이 얼마인지 알고 있다.**

적어도 자기 연봉이 얼마인지 모르는 사람은 없으니 초보 단계이다.

- **2단계 : 세후(세금 공제 후) 월 소득을 안다.**

연봉을 12개월로 나누고, 4대 보험과 각종 비용을 공제하고 소득세까지 원천징수하고 남은 세후 소득, 다시 말해 실제로 내 급여 계좌로 입금되는 금액이다. 이 정도 파악하고 있다면 기본은 되어 있다.

- **3단계 : 연간 실소득이 얼마인지 안다.**

매월 정기적으로 내 급여 계좌로 입금되는 소득 외에 상여금, 성과급이 어느 정도인지 알고 있고, 이 같은 근로소득 외 이자소득이나 배당소득, 사업소득까지 파악하고 있으며, 이를 근거로 월평균 실소득을 알고 있다면 당신은 전문가에 가깝다 하겠다.

자동차회사에서 생산직으로 근무하는 이난감 씨의 급여는 200만 원이다. 자녀 교육비와 생활비로 한 달에 250만 원을 쓴다. 매달 50만 원

이상 초과 지출을 하고 있어 저축은 엄두도 못 낸다. 2개월마다 나오는 상여금 200만 원에 의지해 신용카드로 부족분을 메우며 살아간다. 결국 월평균 소득은 300만 원인 셈이다.

수치상으로 보면 분명 매달 50만 원 정도가 남아야 하는데, 매달 돈이 부족하다. 왜일까? 그가 만일 월평균 소득 300만 원으로 지출 계획을 세웠다면 생활고에 시달린다고 생각하지 않고 살 수 있을 것이다. 오히려 매달 50만 원씩 저축을 할 수도 있다.

하지만 월평균 소득을 200만 원으로 잡았기 때문에 매달 돈이 부족하고 신용카드만 믿고 무계획적으로 긁어 대다 보니 50만 원의 돈이 어디론가 사라지고 마는 것이다.

실소득의 규모를 파악하는 게 얼마나 중요한지 잘 보여주는 사례다.

지출 계정이 명확하지 않으면 얼마나 쓰는지 알 수 없다

자신이 얼마나 버는지는 대충 알고 있지만, 얼마나 쓰는지 지출 규모를 정확히 아는 경우는 드물다. 가계부를 쓰고 있는 사람도 별반 다르지 않다.

YWCA 초청을 받아 주부들을 대상으로 한 재무 교육을 진행했을 때의 일이다.

"남편은 한 달에 용돈을 얼마 정도 쓰십니까?"

"자녀들 용돈은 얼마나 주고 있나요?"

여기저기서 다양한 대답들이 나왔다. 그런데 이어진 질문에는 모두가 한목소리로 대답했다.

"그러면 주부님들 한 달 용돈은 얼마입니까?"

"어휴, 저는 용돈이 없어요."

재차 질문을 던졌다.

"아니, 주부님들도 가끔 친구 만나 밥도 먹고, 커피도 마시고, 영화를 본다거나 하시지 않나요? 그럴 땐 용돈을 쓰지 않으세요?"

"에이, 그건 용돈이 아니라 생활비죠."

용돈에 대한 개념이 없기 때문에 이런 대답이 나온 것이다. 주부들은 대개 자신의 용돈뿐만 아니라 가족을 위해 쓰는 돈에 대해서도 그 경계가 모호하다. 일례로 남편은 용돈을 아껴 아내의 생일 선물을 준비한다. 하지만 아내는 따로 용돈이 없으므로 남편의 신용카드로 남편의 생일 선물을 구입한다. 결혼기념일 선물이나 이벤트 역시 남편 몫이다.

<u>지출 규모를 제대로 파악하지 못하는 가장 큰 이유는 이처럼 가계의 지출 계정이 명확하지 못하기 때문이다. 그리고 지출 수단으로 신용카드를 주로 사용하기 때문이다.</u> 그것도 하나 이상의, 결제일이 다른 신용카드로 지출한다면, 거기다 할부 구매까지 한다면 당월의 지출 규모를 정확히 알기가 쉽지 않다.

이처럼 수입도 지출도 제대로 파악하지 못하고 있기 때문에 소득 범위 내에서 지출하고 있는지, 초과해서 지출하고 있는지 알 도리가 없다. 따라서 합리적인 저축 계획을 세우기도 어려울 수밖에 없다.

소득을 늘리고 지출을 줄이려면

그럼 이제 부자가 되기 위한 가장 간단한 방법인, 소득을 늘리고 지출은 줄이는 방법을 알아보자.

우선 소득을 늘리는 세 가지 방법을 살펴보자. 첫 번째 방법은 자신의 능력을 계발하거나, 차원 높은 기술을 연마하거나, 자격증을 취득해서 경쟁력을 높이거나, 양질의 인맥을 활용해서 연봉이 더 높은 직장을 구하는 것이다. 두 번째 방법은 새로운 소득원을 발굴하는 것이다. 이른바 투잡 또는 부업을 하는 것이다. 세 번째 방법은 주식, 채권, 펀드, 부동산 등 투자를 통해 돈을 불리는 것이다.

첫 번째 방법은 정도의 차이는 있겠지만 누구나 노력하고 있거나 노력할 수 있는 것이다. 두 번째 방법은 개인의 상황이나 환경에 따라 가능한 사람도 있고 불가능한 사람도 있다. 세 번째 방법은 누구나 할 수 있지만 아무나 할 수 있는 것은 아니다. 투자를 위한 종잣돈과 전문 지식이 필요하기 때문이다. 섣불리 투자 수익을 얻으려다 패가망신할 수도 있으니 각별한 주의가 필요하다. 이 세 가지 방법을 잘 들여다보면 소득을 늘리기란 그리 쉬운 일이 아니라는 사실을 알 수 있다.

하지만 지출을 줄이는 방법은 소득을 늘리는 것에 비해 어렵지 않다. 다들 방법을 알고 있지만 실천하지 않을 뿐이다. 예·결산 가계부 쓰기와 통장 분리하기, 신용카드 없애기가 그것이다. 이 세 가지는 쉽고도 어려운 일이라 다음 장에서 본격적으로 다루고자 한다.

5가지만 지키면 지출이 확 줄어든다

우리는 흔히 익숙한 소비 행위를 포기할 수 있으리라 예상하면서 불필요한 지출을 합리화하는 경향이 있다. "새로 나온 스마트폰이 정말 멋지던데, 이번 달부터 술 먹는 횟수를 좀 줄이면 되지 않을까? 아니면 내일부터 담배를 끊으면 구입할 수 있을 것 같은데……"라고 말하지만 결국 술, 담배는 줄이지도 끊지도 못하고 괜한 지출만 늘어난다.

오랜 소비 습관을 단번에 고치기란 결코 쉽지 않다. 지출을 줄이기 위해서는 무엇보다 마음가짐이 중요하다. 하지만 막연히 줄여보자는 것이 아니라 무엇을 위해, 언제까지, 얼마만큼 줄일 것인지를 뚜렷이 해야 한다. 단지 줄이는 데만 초점을 맞추면 아무리 단단히 마음을 먹어도 작심삼일에 그치기 십상이다.

지출을 줄임으로써 얻는 것이 고통뿐이라면 지속적으로 견뎌내기가 어렵다. 의지만으로는 만족한 결과를 기대하기 어렵기 때문이다. 이런 사람들에겐 지출을 줄이기 위한 몇 가지 기제가 필요하다.

이번 기회에 지출을 줄여보겠다는 의지를 다지고, 다음에서 제시하는 5가지 방법을 잘 실천해보자. 그다지 어렵거나 복잡한 방법은 아니다. 놀랍게도 지출이 눈에 띄게 줄어들 것이다.

첫째, '꼼꼼히'가 아니라 '꾸준히' 가계부 쓰기

지출을 줄이려면 가계부를 써야 한다는 얘기는 다들 들어봤을 것이다. 그리고 한 번쯤 써보기도 했을 것이다. 하지만 몇 달 써보곤 귀찮기만 할 뿐 효과도 별로 없는 것 같아 중도에 그만두었을 것이다.

재무 전문가나 재테크 전문가나 너나 할 것 없이 가계부의 중요성을 강조하는데, 왜 가계부를 꾸준히 쓰는 사람이 드문 것일까?

이유는 다양하다. "가계부를 쓴다고 나아질 게 뭐가 있나?" "가계부를 쓰다 보면 오히려 스트레스만 쌓인다." "아무리 고민해도 뭘 빠뜨렸는지 잔액이 맞지 않는다." "가계부는 1일부터 기입하게 되어 있는데 월급날과 안 맞아 어느 날짜에 어떻게 맞춰야 할지 모르겠다." 등등.

이 모든 이유들은 잘못된 가계부 쓰기에서 비롯되었다. 가계부는 지출 내역을 빠짐없이 꼼꼼히 기록하고 한 달 동안 어디에 얼마를 썼는지 확인하는 목적으로만 쓰는 게 아니다.

정부나 기업, 각종 기관은 한 회기의 예산 계획을 수립하고, 그에 따라 집행을 하며, 회기 말에는 계획대로 예산이 집행되었는지 결산을 한다. 그런데 대부분의 가계부에는 예산과 결산, 평가와 조정 기능이 빠져 있다. 예산 계획을 수립하는 이유는 계획대로 쓰기 위한 것이고, 결산을 하는 이유는 다음 예산 계획을 세울 때 조정해서 반영하기 위함이다. 그래야만 초과 지출한 항목의 원인을 파악하고, 과다 책정된 항목의 예산을 조정해 지출을 줄일 방법을 찾을 수 있다.

다시 강조하지만 가계부의 핵심은 기록 그 자체가 아니다. 기록한 내용을 바탕으로 계획을 세우고, 결과를 확인하고 평가하여 지출을 줄이는 현명한 방법을 찾는 것이다. 충실히 적는 일이 더 나은 계획으로 이어지지 않는다면 노고에 비해 얻는 것이 별로 없게 된다.

가계부를 작성할 때 예산과 결산은 매월 하고, 가계의 회기는 매월 1일부터 시작할 필요 없이 월급날을 기준으로 잡으면 된다. 그리고 지출 항목을 너무 세분화하지 마라. 콩나물 얼마, 두부 얼마 등으로 기록하지 말고 뭉뚱그려 '부식비' 얼마로 기록하면 충분하다. 또한 몇백 원, 몇십 원까지 맞추려고 스트레스받지 마라. 잔돈이 남으면 주저하지 말고 돼지저금통에 집어넣어 버려라(부족할 경우에는 그냥 날려버려라).

나는 퇴근 후 집에 돌아와 옷을 갈아입을 때, 주머니에 든 동전을 모두 깡통에 집어넣는다. 1년이 지나면 15만~20만 원가량 모인다. 큰돈은 아니지만 의미 있게 쓸 수 있다. 건강검진 때 이 돈을 보태어 한두 가지 검사를 더 하면 하찮은 푼돈이 건강을 지키는 중요한 역할을 한다.

구체적인 가계부 작성법에 대해서는 예·결산 가계부의 원조라 할 수 있는 포도재무설계의 가계부(행복지수 점검표)에 수록된 '머니북 200% 활용하기'를 일부 수정해서 소개하고자 한다.

머니북 200% 활용하기

Step 1 가계부 작성 전

1. 올해의 주요 행사 파악하기 : 목돈이 지출될 가정의 주요 행사를 적는다.
2. 생애목표 만들기 : 가정의 재무목표를 다시 한 번 확인하고 중간 점검일을 체크한다.
3. 자산 내역 파악하기 : 현재 보유한 금융상품, 보험, 부채를 기록하여 현 상황을 파악한다.
4. 예산 세우기 : 저축, 지출 예산을 구체적으로 세운다.
5. 지출 구분하기 : 지출은 소비성 지출과 비소비성 지출로 나뉜다. 소비성 지출은 주거관리비, 식비, 교통통신비처럼 쓰면 없어지는 지출을 말하는데, 매일 가계부에 작성할 내용이다. 비소비성 지출은 적금, 보험, 연금, 대출 등 자산 형성에 기여하는 지출로, 매월 한 번만 가계 지출 내역으로 정리하면 된다.

Step 2 가계부 작성 시

1. 급여일 단위로 돈이 지출되는 경우가 많으므로 시작 날짜를 급여일로 하면 정리하기가 쉽다. 맞벌이의 경우 수입이 많은 사람의 급여일이나 자동이체가 가장 많은 날을 기준으로 정하면 된다.
2. 신용카드 사용을 자제하자. 어쩔 수 없이 신용카드를 사용한다면 가급적 일시불이나 무이자 할부를 이용한다. 일시불일 경우에는 카드 결제일이 익월이라 하더라도 미리 기록하며, 할부일 경우에는 사용액을 할부 개월 수로 나눠 미리 기록해둔다.

Step 3 가계부 작성 후

1. 시작 날짜로부터 한 달이 지나면 지출 내역을 점검하여, 저축과 지출이 계획대로 진행되었는지 살펴본다.
2. 지출 항목별로 예산 범위 내에서 집행되었는지 확인하고, 이를 반영하여 다음 달 지출 예산을 조정한다.

| 가계부 작성 예시 |

12월 25일~1월 8일

항목	식비	주거/광열비	교육비	교통통신비	용돈	...
지출 예산	500,000	300,000	500,000	450,000	400,000	
12월 25일	외식 68,000			핸드폰 127,000	남편 용돈 500,000 자녀 용돈 100,000	
12월 26일	마트 82,000		교재비 27,000	주유비 50,000		
12월 27일		가스 87,000				
1월 7일	마트 110,000	정수기 26,900		교통카드 100,000		
1월 8일				주유비 50,000		
15일 누계	260,000	113,900	270,000	327,000	100,000	...

※ 급여일부터 시작
※ 전반기 15일간 지출 합계

1월 9일~1월 24일

항목	식비	주거/광열비	교육비	교통통신비	용돈	...
지출 예산	500,000	300,000	500,000	450,000	400,000	
1월 9일			학원비 400,000			
1월 10일	마트 124,000	관리비 186,000		TV 25,500		
1월 23일	마트 74,000			주유비 100,000		
1월 24일	마트 23,120			교통카드 50,000		
15일 누계	198,000	186,000	400,000	175,500		...
총지출	458,000	299,900	427,000	502,500	400,000	...
예산 대비 차액	42,000	100	73,000	-52,500	0	...

※ 후반기 15일간 지출 합계
※ 월간 총지출
※ 지출 항목별 예산과 총지출 차액

월 지출 예산	실제 월 지출 총액
2,500,000원	2,370,000원

    종이 가계부에 기록하는 게 귀찮은 사람들은 스마트폰 가계부 앱을 사용해보기 바란다. 스마트폰은 늘 손에 들고 다니니 수시로 작성할 수 있고, 지출 항목도 잘 구분되어 있다. 자동 계산은 기본이고, 예산과 결산 기능도 있어 매우 효과적이다.

둘째, 용도별로 통장 분리하기

요즘은 월급날이 되어도 월급을 손에 쥐어볼 수 없다. 인터넷뱅킹으로 계좌에 찍힌 숫자를 눈으로 확인하거나 ARS 아가씨가 들려주는 입출금 내역을 전해들을 뿐이다.

불과 15~16년 전만 하더라도 월급날이 되면 만 원짜리 지폐가 두둑하게 담긴 노란 봉투를 받아들고 퇴근했다. 월급날 퇴근길 소주 한잔은 샐러리맨의 낭만이었다. 하지만 한잔 걸치고 돌아간 날에는 어김없이 아내의 잔소리를 들어야 했다. 월급이 고스란히 들어 있는 경우는 그리 흔치 않았기 때문이다. 그리고 남편의 다음 달 용돈은 그만큼 줄어들었다.

티격태격 한바탕 실랑이를 한 뒤 알뜰한 아내는 한숨을 내쉬며 월급을 여러 개의 봉투에 나눠 담았다. 월세 봉투, 적금 봉투, 생활비 봉투, 공과금 봉투, 용돈 봉투, 할부금 봉투, 예비비 봉투 등등.

이렇게 여러 개의 봉투에 월급을 나눠 담은 이유는 무엇일까? 만약 월급을 몽땅 한 봉투에 그대로 넣어두고 필요할 때마다 돈을 꺼내 쓰면, 생활비를 너무 많이 써 적금 넣을 돈이 부족하거나 월말쯤 되면 돈이 떨어져 공과금을 내지 못하는 경우가 생긴다.

하지만 월급을 용도별로 나눠서 담아두면 그 봉투에 든 돈만큼만 쓰려고 노력하게 되어 계획적인 지출을 할 수 있다. 다시 말해 월급을 나눠서 담는 것은 항목별로 지출 예산을 수립하는 것과 같다.

이렇게 월급을 용도별로 나눠 여러 봉투에 담는 방식은 지금도 매우 유용하다. 요즘은 월급이 은행 계좌로 들어오니 과거의 월급 봉투와 같은 낭만은 없지만, 생활비 통장, 적금 통장, 용돈 통장 등 여러 개의 통장을 만들면 그 효과를 고스란히 누릴 수 있다. 게다가 월급날 당일 계좌이체를 통해 각각의 계좌로 정한 금액만큼 자동이체를 하면 되니 얼마나 편리한가. 통장 분리는 월급 봉투 나눠 담기가 진화한 것이다.

저축, 보험, 대출 원금 상환 또는 이자 비용 등과 같은 비소비성 지출은 자동이체를 걸어두면 정해진 날 꼬박꼬박 입금되니, 다른 데 돈을 쓰느라 입금하지 못하거나 연체할 일이 없다. 생활비, 용돈 등 소비성 지출 역시 정해진 예산 범위에서만 돈을 써야 하니 과다한 지출을 하지 않게 된다.

돈을 아끼기 위해 특별히 애쓰지 않아도 단지 통장을 분리한 것만으로도 지출을 줄이고 돈을 모으는 엄청난 효과를 거둘 수 있다. 지금 당장 실천하기를 권한다.

셋째, 올바른 소비 습관 만들기

부슬부슬 비가 내리는 금요일 퇴근길, 직장 동료들에게 술을 한잔 사기로 했는데, 지갑에 신용카드는 없고 교통카드와 현금 5만 원뿐이라면? 술값으로 최대 5만 원을 지출하고 버스를 타고 귀가하거나, 택시비 1만 원을 남겨두기 위해 술값으로 4만 원만 지출하는 수밖에 없다.

그런데 신용카드가 있다면 상황은 달라진다. 누군가 흥이 올라 2차는 본인이 사겠다고 1차에서 추가 주문을 외쳐댄다면, 기왕 쏘는 김에 화끈하게 달리자고 부추긴다면 술에 젖은 이성으로 버텨낼 수 있을까? 술은 사람을 용감하게 만든다. 이성을 반감시키고 감성을 배가시키는 것이 술의 마력이 아닌가!

사용할 때마다 포인트나 마일리지를 주고 할부도 해주니 잘만 활용하면 이롭고 편리하기만 한 신용카드, 무엇이 문제인가?

분명 결제일이 되면 갚아야 하는 외상 거래인데, 카드를 긁을 때는 돈으로 보이지 않아 아까운 줄 모른다는 것이 가장 큰 문제다. 게다가 내 통장 잔고와 무관하게 상당히 높은 결제 한도를 가지고 있어 뭐든 질러버릴 수 있게 만든다. 그뿐인가? 일시불로 감당하기 벅찬 금액은 원하는 기간만큼 할부도 가능하다. 그러나 이 또한 공짜는 아니다. 무이자 할부가 되는 경우도 더러 있지만, 결제 기간에 따라 12.9~20.9% 가량의 높은 할부 이자를 물어야 한다.

심지어 습관처럼 의미 없는 할부 결제를 하는 사람도 많다. 마트에서 장을 볼 때 계산대에 장 본 물건을 올려놓으면 계산원이 하나하나 바코드를 찍은 후 결제 총액을 말해준다. 그리고 다음과 같은 대화가 전개된다.

"할부는 어떻게 해드릴까요?"

"무이자 되는 카드 있어요?"

"지금은 무이자 되는 카드가 없는데요."

"그럼…… 그냥 3개월로 해주세요."

매주 10만 원 내외의 장을 보면서 매주 3개월 할부를 한다면 3주째부터는 할부 효과가 없어진다. 무이자라면 그나마 다행이지만 그렇지 않다면 아무 혜택 없이 불필요한 할부 이자를 물어야 한다.

신용카드는 웬만하면 사용하지 않는 것이 좋다. 신용카드를 사용하지 않으려면 소비 습관부터 바꾸어야 한다. 지름신이 강림하지 않도록 가급적 백화점이나 마트 방문을 자제하자. 견물생심(見物生心)이라 하지 않던가. 물건을 보면 갖고 싶기 마련이다.

할부가 쌓이면 매월 결제해야 할 금액을 정확히 파악하기가 힘들어 계획적인 지출 관리가 안 된다. 그러므로 성과급이나 보너스, 기타 여유 자금 등이 생기면 얼른 할부금부터 갚아나가자. 그런 다음 생활비 통장과 연결된 체크카드를 만들어 매달 정해진 한도 내에서만 소비하자. 그러면 처음 몇 달간은 고달프지만 올바른 소비 습관이 몸에 배어 지출이 눈에 띄게 줄어들 것이다.

넷째, 충동구매 여부에 대한 판단 기준 세우기

충동구매는 지출 관리의 복병이다. 대다수 사람들이 검소하고 알뜰하게 살아가고자 노력한다. 그래서 꼭 필요한 것만 사고, 꼭 필요한 곳에만 돈을 쓴다고 생각한다.

하지만 요즘 세상이 어떤 세상인가? 소비자를 상대로 상품을 판매하는 것이 직업인 사람은, 소비자의 심리를 정확히 꿰뚫고 있으며, 자신이 판매하는 상품이 '꼭 필요한 것'이라는 착각을 불러일으키게 만드는 방법을 밤낮으로 연구하고 있다. 그래서 소비자로 하여금 절대 충동구매가 아니라고 생각하게 만든다. 게다가 대다수의 제품들은 정말로 실용적이고 편리하고 세련되기까지 하니 구매 욕구를 억제하기가 쉬운 것은 아니다.

그러므로 충동구매 여부를 판단하는 기준을 세워놓는 게 좋다. 우연히, 혹해서, 보자마자 곧바로 사는 것은 충동구매다. TV 홈쇼핑이나 인터넷 쇼핑몰을 보다가, SNS 광고나 전단지를 보고, 백화점이나 마트에서 문득 눈에 띈 상품을 보고 "그래, 저게 필요했는데……."라는 생각이 들어서 곧바로 주문하거나 구입하는 경우는 99.9% 충동구매라 생각하면 된다.

<u>살아가면서 오랫동안 수차례에 걸쳐 필요하다고 생각한 것, 그리고 그것이 없다면 정말 불편한지, 그것을 대체할 것은 없는지, 비용은 어떻게 충당할지 심사숙고 끝에 구매한 것이라야 꼭 필요한 물건을 샀다고 말할 수 있다.</u>

충동구매는 나라를 불문하고 모든 사람의 문젯거리다. JTBC의 〈비정상회담〉에서 2015년 세계 각국의 신조어에 대해 살펴본 적이 있었는데, 중국에는 '또어쇼우쭈'라는 말이 새로 생겨났다고 한다. '쇼핑 충동 구매자'를 지칭하는 말로 '손을 잘라야 멈출 수 있다.'라는 뜻이라 한다. 충동구매를 멈추기가 얼마나 힘든지 여실히 보여주는 단어라 하겠다.

다섯째, 수시로 정리하고 내다 버리기

나중에 쓸 때가 있을 것 같아 잘 챙겨뒀는데, 막상 필요한 때가 되면 아무리 찾아봐도 안 보여 어쩔 수 없이 물건을 새로 구입한 경험이 있을 것이다. 그때 찾지 못한 물건들은 대개 훗날 우연히 그리고 엉뚱한 곳에서 발견된다.

마트에 장을 보러 갔는데 냉장고에 어떤 식재료가 있는지 몰라 한 보따리 사들고 집에 왔더니 아직도 냉장고 한쪽에 고스란히 남아 있는 식재료를 발견한 경우도 있을 것이다. 그렇게 쌓인 것들은 결국 유통기한을 넘겨 음식물 쓰레기통으로 간다.

과일 코너를 지나가는데 마침 한 통에 7,000원짜리 수박을 딱 30분간 타임세일이라며 두 통 만 원에 판매하고 있다면? 한 통을 사면 2,000원이 손해고, 두 통을 사면 4,000원이 이득이라는 엉뚱한 계산이 나온다. 결국 두 통을 샀지만 비좁은 냉장고 안에서 자리만 차지하고 있다가 역시 음식물 쓰레기통에 버려진다.

애들이 커 가니 점점 집이 비좁게 느껴진다. 불쑥 손님들이라도 들이닥치면 둘러앉을 자리도 없어 민망할 것 같다. 좀 더 넓은 집으로 이사를 가야겠다는 생각에 계산기를 두드려보지만 도저히 답이 없어 스트레스만 쌓이고 밤마다 잠을 설친다.

지출을 줄이고 스트레스를 줄이는 의외의 방법이 있다. 수시로 냉장고를 정리하고, 음식물의 유통기한을 확인하라. 각종 수납장, 창고, 베란다 정리도 자주 해야 어떤 물건을 어디에 뒀는지 잊어버리지 않는다. 그리고 공간만 차지하는 불필요한 가구며 물건들은 과감히 내다 버려라. 그러면 집이 훨씬 넓어 보여 당장 어쩌지도 못할 이사 문제로 스트레스 받을 일이 줄어든다.

당장 돈이 없다면 모아서 사라

　나는 부산 남부민동에서 태어나서 초등학교 6학년까지 그곳에서 살았다. 남부민동에는 산비탈에 자리잡은 집들이 많아 매일 수많은 계단을 오르내리며 어린 시절을 보냈다.

　김장철이 되면 어머니는 시장에서 버스를 타고 여섯 정류장을 와서도 10분 정도 오르막길을 걸어야 하는 거리를 배추를 사서 머리에 이고 오셨다. 요즘처럼 절인 배추와 택배는 존재하지도 않았다. 지게꾼에게 돈을 주고 배추를 지고 오게 하는 방법이 있었지만, 어머니는 그 돈이 아까워 고단한 그 길을 수차례 왕복하며 배추 200포기를 나르셨다.

　그뿐만 아니라 당시에는 고무장갑도 제대로 없어 시린 손을 불어가며 배추를 씻고, 소금에 절이고, 다시 헹구고 건져, 양념에 버무려야 했다. (지금 내 아내에게 그렇게 하라고 하면 아마도 김장은커녕 다시는 밥상에서 김치를 못 볼 수도 있을 것이다.) 그 모습을 지켜보면서 나는 지게꾼을 부르거나 김치를 좀 덜 담그면 될 텐데 왜 그렇게 힘들게 일하는지 이해가 안 돼 답답하고 화가 났다. 하지만 지금은 그 시절 기억을 떠올리면 안쓰러운 마음이 앞선다.

지금은 대개 20~30포기 정도 담그니 설마 그렇게 많이 담갔을까 싶겠지만, 당시에는 김치만 있으면 삼시 세끼 반찬이 해결되었다. 도시락 반찬으로 싸간 김치 국물이 새 나와, 안 그래도 두툼한 영어사전이 가방 안에서 퉁퉁 불어 쭈글쭈글해졌던 기억이 생생하다. 이웃간 인심이 좋아 김장날이면 집집마다 서로 김장김치를 나눠 먹었다. 우리 집뿐만 아니라 1970년대를 살아가던 서민들의 보편적인 생활상이었다.

돈이 없어도 원하는 물건을 가질 수 있다고?

이처럼 1970년대는 다들 허리띠를 졸라매고 살던 시절이라 값나가는 가전제품을 구입하려면 몇 달, 길게는 몇 년 동안 열심히 돈을 모아야 했다. 당시에는 TV나 냉장고, 세탁기 같은 고가의 가전제품을 갖추고 사는 집이 흔치 않았다.

고가의 물건을 사고 싶지만 목돈이 없는 사람들은 '월부(月賦)'로 물건을 구입했다. 월부는 물건을 사거나 누군가에게 돈을 빌릴 때 다달이 일정한 금액을 나누어 내는 것을 말하는데, 신용카드 '할부(割賦)'와 비슷한 개념이다. 신용카드 무서운 줄 모르고 막 질러대는 사람들이 있듯이, 당시에도 갚을 능력은 안 되면서 월부로 이것저것 사들이는 사람들이 있었다.

제조업이 성장하기 위해서는 지속적인 판매가 이뤄져야 하는데, 월부는 고가의 공산품을 일시불로 구매할 여력이 없는 임금노동자를 소비자로 끌어들이기 위한 판매 전략이었다. 월부, 즉 매달 물건 값을 나눠 내게 한 이유는 임금노동자들이 한 달 주기로 급여를 받기 때문이다.

미국의 경우 자동차 산업이 발전하면서 고가의 자동차를 임금노동자에게 판매하기 위한 방법으로 할부 거래가 도입되었다. 1926년까지 미국 내 자동차 판매의 65%가 할부 판매였다.

다른 물건은 할부로 잘 구입하지 않는 사람도 자동차 할부에 대해서는 그다지 부정적인 반응을 보이지 않는다. 자동차는 워낙 고가라 일시불로 구입하기 힘들다는 생각이 강하기 때문이다. 그래서 자동차 회사가 만든 캐피털 회사의 할부 금융을 별 생각 없이 이용한다. 그런데 할부 금융을 이용하면 신용등급이 하락한다는 사실을 알고 있는 사람은 드문 듯하다(할부금을 꼬박꼬박 잘 갚으면 신용등급이 서서히 올라간다).

신용카드가 없어도 할부가 가능한 또 다른 상품으로 스마트폰이 있다. 단말기 값이 90만 원을 넘고, 월 통신비도 2만 원대에서 10만 원대까지 만만치 않다. 2015년 우리나라 스마트폰 보급률은 83%로 영유아를 제외하고 전 국민이 스마트폰을 가지고 있는 셈이다. 단말기 보조금을 받는다고는 하지만 약정기간에 묶이고, 필요 이상의 요금제를 이용해야 하므로 조삼모사에 불과할 뿐이다.

더욱 심각한 문제는 1년 내 단말기 교체율이 77.1%에 이르며, 평균

15.6개월 만에 단말기를 교체한다는 사실이다. 결국 스마트폰을 사용하는 동안은 평생 기기 값을 할부로 내면서 산다는 것이다.

갖고 싶은 물건을 할부로 구매하는 것은 당장 그만큼의 지급 능력이 안 되기 때문이다. 그것이 아니라면, 지급 능력은 되지만 일시불로 사기에는 가격이 너무 부담스러워 할부를 선택하는 것이다.

할부는 당장 수중에 돈이 없어도 원하는 물건을 가질 수 있게 해준다. 당장 내 통장에서 3,000만 원을 인출해서 사야 한다면 엄두도 못 낼 승용차를, 60개월 할부로 매달 50만 원씩만 내면 된다고 하여 과감하게 지갑을 열도록 만든다.

할부가 이런 위력을 발휘할 수 있는 이유는 우리 마음속에 '멘털 어카운팅(Mental Accounting)'이 존재하기 때문이다. 이를 '심적 회계', '심적 계좌'라고도 부른다. 멘털 어카운팅은 사람들이 경제적 의사 결정을 할 때 마음속에 각자 나름의 계정들을 설정해놓고 각각의 용도에 맞게 이익과 손실을 계산한다는 것을 설명하기 위해 고안된 개념이다.

현금으로 결제하면 돈이 즉시 빠져나가므로 그 금액 전체를 비용 계정에 넣지만, 할부를 할 경우에는 몇 개월에 걸쳐 나가므로 한 달치만 비용 계정에 넣고 나머지는 비용 계정에 넣지 않아 부담감이 현저히 줄어든다. 그래서 뒷일은 생각치 않고 마구 신용카드를 긁어대는 것이다.

그리고 길에서 돈을 주우면 이 돈은 '공돈' 계정에 들어가 주로 선심성 지출이나 유흥비로 소진된다. 보너스나 성과급도 공돈이라는 개념이 강해 함부로 쓰게 된다. 하지만 이 돈을 '저축' 계정에 넣으면 다른 용도로 쓰지 않기 위해 애쓴다. 이처럼 마음속에 어떤 계정으로 분류했는지에 따라 돈에 대한 행동이 달라진다. 할부는 결국 멘털 어카운팅을 혼란스럽게 해 돈을 빼내가는 상술인 셈이다. 저축 계정, 생활비 계정, 교육비 계정 등 마음속에 명확한 계정을 설정해놓고 내 돈을 단단히 지켜야 한다.

할부 이자를 물지 말고, 적금 이자를 받아라

LTE급 스피드를 강조하는 세상, 눈 뜨고 귀만 열리면 욕구를 자극하는 수많은 광고를 피할 도리가 없는 세상에서 시시각각 일어나는 충동에 초스피드로 반응하며 살다가는 내 삶의 주인으로 살지 못하고 틀에 갇힌 노예가 되고 만다.

너도 나도 스피드를 강조하지만 최근 들어 다행히 느림의 미학을 추구하는 목소리가 적지 않다. 여기에 소망, 기다림, 성취의 기쁨을 더해보자.

미국에서 한때 '크리스마스 저축 클럽'이란 상품이 큰 인기를 끌었다. 크리스마스 파티 비용을 마련하기 위해 1년 동안 저축하는 상품인데, 11월 추수감사절 즈음 크리스마스 저축 클럽에 가입해 매주 약정 금액을 저축하고 다음해 크리스마스에 전액 인출할 수 있다. 중도에 인출하거나 해지할 수 없고 이자 또한 0%에 가깝다. 그럼에도 불구하고 이 상품이 인기가 있었던 이유는 1년을 기다리면 목돈이 생겨 크리스마스를 풍요롭게 보낼 수 있을 것이라는 기대감과 더불어 한 푼 두 푼 저축하는 동안 행복감을 느낄 수 있기 때문이라고 한다.

이후 '시드(SEED, Save Earn Enjoy Deposit)'라는 예금 상품이 생겼는데, 시드는 목표한 금액에 도달하기 전까지는 예금을 찾을 수 없는 일종의 적금 상품이다. 낮은 이자율에도 불구하고 이 상품을 신청하는 사람들이 의외로 많았다.

위에서 예로 든 두 상품은 '강제 저축'을 하게 함으로써 소비 습관을 바꾸어주고 저축 습관을 길러준다.

만일 10년 주기로 자동차를 바꾸고 싶다면 지금부터 10년 만기 적금을 들어보라. 그러면 자동차를 사면서 수수료나 할부 이자를 무는 대신 적금 이자를 받을 수 있다. 또한 할부를 갚아나가는 스트레스를 받는 대신 새 차를 살 돈이 쌓여가는 기쁨을 만끽할 수 있다.

대부분의 지출을 신용카드로 하고 있습니다. 신용카드를 그만 쓰고 싶어도 이미 할부로 구매한 것들이 많아서 지출이 정리가 안 되는데 좋은 수가 없을까요?

신용카드 할부 잔액을 파악한 후 할부 잔액 선결제 자금을 마련하시기 바랍니다. 그런 다음 해당 카드사의 홈페이지나 모바일 앱을 통해 선결제를 하세요. 일시불이나 할부 이용 대금은 물론 카드론이나 리볼빙 대금도 가능합니다. 선결제는 '중도상환'과 같은 개념이라 할 수 있습니다. 선결제를 하면 할부 수수료와 이자가 절감되고, 신용등급 평가에도 도움이 됩니다. 다만 카드 결제일 하루 전이나 당일에 선결제를 하면 이중결제가 될 수도 있으니 주의하기 바랍니다.

05

누군가 돈을 빌려달라고 하거나 저축 좀 하라고 하면 흔히들 "먹고 죽을 돈도 없다."는 말을 한다. 이 말은 차라리 약을 먹고 죽고 싶어도 약을 살 돈조차 없다는 말에서 유래했다.

1950년대까지만 하더라도, 묵은 곡식은 다 떨어지고 보리는 아직 여물지 않아 소위 초근목피로 연명해야 했던 음력 4~5월을 '보릿고개'라 했다. 그야말로 호랑이 담배 피던 시절, 옛날 옛적 이야기로 들릴 것이다. 이제 끼니 걱정하는 시대는 지났다고 하지만 끼니만큼이나 매달 해결하지 않으면 안 되는 문제들이 즐비하다. 주거비(월세 또는 주택담보 대출 상환금), 교육비(급식비), 교통통신비, 카드 결제 대금 등 월급날 하루를 빼면 매일매일이 보릿고개라 그야말로 먹고 죽을 돈도 없다.

2015년 4월 한국은행이 발표한 국민계정자료에 따르면, 2014년 가계순저축률은 6.1%로 세계 최하위 수준이다. 가계저축률이 줄어드는 이유는 눈덩이처럼 불어나고 있는 가계 부채와 생계비 부담 등으로 분석된다.

흔히 오늘이 아닌 미래를 준비하려면 허리띠를 졸라매고 저축을 해야 한다고 말한다. 그렇다면 그런 고통과 불편함을 감수하면서까지 준비해야 할 미래는 과연 어떤 것일까?

우리가 저축을 통해 준비해야 하는 미래는 충분히 예견되는 미래다. 결혼, 출산, 육아, 자녀 교육, 주택 마련, 자녀 대학 진학, 자녀 결혼, 은퇴 후 노후 생활 등 누구에게나 닥쳐올 문제이기 때문이다. 이런 문제에 대해 우리는 흔히 "살다 보면 어찌 되겠지!"라고 생각하기 쉽다. 하지만 준비하지 않으면 아무것도 준비되지 않는다.

그러나 눈에 보이지 않는 미래를 위해 불편함을 감수하는 것은 결코 쉬운 일이 아니다. 그만큼 저축하기가 쉽지 않다는 것인데, 그렇다고 저축이 고통스러운 것만은 아니다. 이는 높은 산에 올라보지 않은 사람들이 정상에 올랐을 때의 성취감과 상쾌함을 알 수 없는 것과 같다. 중도에 포기하지 않고 저축하는 것은 매우 힘든 일이지만 만기가 되면 엄청난 기쁨을 가져다준다.

험난한 산 정상에 오를 때 아무 길이나 가다 보면 헤매다 지쳐 포기하게 되지만, 등산로를 파악한 다음 어디쯤 쉬고, 체력 안배를 어떻게 해야 할지 미리 생각해두면 정상에 오르기가 훨씬 수월하다. 이와 마찬가지로 저축에도 요령이 있고, 순서가 있다. 다음 세 단계를 늘 염두에 둔다면 저축이라는 정상에 수월하게 올라갈 수 있을 것이다.

- 1단계 : 소비하기 전에 저축부터 한다.
- 2단계 : 왜 저축하는지 목적을 명확히 한다.
- 3단계 : 저축 기간과 목표 금액에 맞는 상품을 선택한다.

소비하기 전에 저축부터 한다

아껴 쓰고 남는 돈을 모으겠다고 생각하면 저축은 요원한 소망이 될 뿐이다. 갖고 싶은 물건이 있으면 뒷일은 생각하지 않고 일단 질러놓고 보는 사람이 있다. 지름신은 지출할 때가 아니라 저축할 때 불러와야 한다. 앞뒤 가리지 않고 바로 그렇게 저축할 돈을 제일 먼저 뚝 잘라놓아야 한다.

2004년 재무설계라는 용어 자체가 생소했던 시절, 처음으로 재무설계 일을 시작했을 때 선배 상담위원은 내게 20대 후반의 한 여성 고객 사례를 들려주며 선저축의 힘이 얼마나 큰지 가르쳐주었다.

그녀는 월 100만 원의 많지 않은 월급이지만 입사 이후 3년간 허리띠를 졸라매고 매달 30만 원씩 꼬박꼬박 적금을 부어 1,000만 원을 마련했다. 그런데 결혼 자금으론 터무니없이 부족하고, 빠듯하게 사는데도 지쳐 더 이상 저축할 의욕이 생기지 않는 게 문제였다. 이제는 남들처럼 옷이랑 신발도 사고, 화장품도 사고, 가끔 영화도 보면서 조금은 여유롭게 살고 싶은데, 그리고 결혼자금도 더 모아야 하는데 어떻게 해야 좋을지 모르겠다는 그녀에게 선배는 놀라운 해법을 제시했다.

"한 달 저축액을 70만 원으로 올리세요."

"30만 원씩 저축하는 것도 힘에 부쳐 상담을 받으러 왔는데 70만 원씩 저축을 하라니……." 그녀는 놀라서 말을 잇지 못했다.

이 말을 들은 선배는 더욱 놀라운 제안을 했다.

"70만 원씩 저축하면 생활비가 부족해 옷이나 신발, 화장품 등을 살 수 없으니 예금해둔 1,000만 원을 헐어서 쓰세요."

놀라 눈이 휘둥그레진 그녀에게 선배는, 황당하게 들리겠지만 일단 자신을 믿고 따라 해보라며 완곡히 설득했고, 결국 그녀는 그렇게 해보겠다며 약속했다. 그리고 한 달 뒤, 실행 점검차 다시 만났다.

"약속대로 70만 원씩 적금을 붓기 시작했지만 1,000만 원을 헐어서 쓰지는 못했어요. 3년간 어렵게 모은 돈을 헐어서 쓰기에는 너무 아까워 도저히 그럴 수가 없었어요. 하지만 더 이상은 버티기 힘들 것 같아요. 다음 달에는 예금을 깨야 할 것 같아요."

그러나 그녀의 예금은 다음 달에도 온전히 남아 있었다. 3개월이 지나자 얼굴 표정과 목소리가 달라졌다.

"3년 걸려 1,000만 원을 모았는데, 3개월 만에 210만 원이 모인 걸 보니 놀랍기도 했고 뭔가 색다른 뿌듯함과 희망을 느낄 수 있었어요."

선배는 그녀에게 70만 원씩 적금을 넣고 30만 원으로 살기가 정말 힘들었을 텐데 얼마쯤이면 덜 힘들겠느냐고 물었다. 그러자 그녀는 50만 원이면 충분하다고 자신 있게 대답했다. 이에 선배는 70만 원짜리 적금은 해약하고 50만 원으로 금액을 줄이라고 말했다. 3개월 동안 모은 돈은 그동안 고생한, 대견한 그녀 자신을 위해 의미 있게 쓰도록 했다. 선저축의 힘이 소비 습관을 바꾸었고, 적립금이 쌓여가는 재미가 소비 욕구를 잠재웠던 것이다.

왜 저축하는지 목적을 명확히 한다

일단 저축을 하겠다고 마음먹고 나면, 무엇을 제일 중요하게 고려할까? 아마도 대부분은 금리일 것이다. 기왕이면 이자를 한 푼이라도 더 받겠다는 것은 당연한 이치다.

2015년 말 기준 제1금융권(제1금융권은 은행을 말하며, 제2금융권은 증권회사, 보험회사, 투자신탁회사, 상호저축은행 등을 말한다) 3년 만기 적금 금리는 1.60~2.10%이다. 매월 30만 원씩 저축하면 최저 금리 상품의 만기 지급액은 11,025,374원으로 이 가운데 세후 이자는 225,374원이다. 최고 금리 상품의 만기 지급액은 11,095,804원으로 세후 이자는 295,804원이다. 두 상품의 차액은 70,430원에 불과하다. 월로 따지면 1,956원이다. 차라리 이자 없이 항아리에 돈을 모아도 월 2,000원만 더 저축하면 최고 금리 상품에 해당하는 돈이 만들어진다.

한 푼이라도 이자가 더 붙으면 좋지만 저축 규모가 크지 않다면 금리는 그다지 의미가 없다. 이보다 더 중요한 것이 있다. '저축의 목적'이다. 이는 '통장 분리'의 원리와 일맥상통한다. 통장 분리는 지출 목적에 따라 지출 항목별로 일정 금액을 배분해 생각 있는 돈을 만드는 것이다. 저축 또한 맹목적으로 모으기만 할 게 아니라 목적을 정해줌으로써 정신무장된 돈을 만들어야 한다.

예를 들어 특별한 목적 없이 월급에서 30만 원을 뚝 잘라 최고 금리 상품에 3년간 열심히 적금을 붓는다면 만기에 11,095,804원이 들어온다. 목돈이 생기니 기분도 좋고 자신이 대견스럽게 여겨져 '100만 원 정도는 3년간 고생한 나를 위해 써도 괜찮지 않을까? 암, 그 정도는 해 줘야지!'라는 생각을 갖기 마련이다.

게다가 우리나라 사람들은 딱 떨어지는 것을 좋아한다. 약속 시간도 항상 정각 아니면 30분 단위로 정하지 않는가! 그래서 딱 떨어지는 1,000만 원은 지켜야 할 돈이고, 뒤에 붙은 1,095,804원은 의미 없이 사용해도 되는 돈으로 여기는 사람이 많다. 그 결과 적립 원금인 10,800,000원에도 미치지 못해 마이너스 금리 상품으로 변하고 만다.

만일 노트북이 오래되어 속도도 떨어지고 무거워서 이번 기회에 바꿔야겠다고 마음먹었는데, 맘에 드는 제품이 120만 원이라면 또다시 문제가 발생한다. 지키려 했던 1,000만 원이 헐리는 순간 여기저기서 돈 필요한 일이 생긴다. 그것이 인생이다. 결국 자기합리화를 시작한다. '어차피 뭔가 필요해서 돈을 모은 것도 아닌데, 또 적금 하나 들면 되지. 빚 안 낸 게 어디야!'

이렇게 되고 보면 적금을 시작할 때 이자를 따지는 것이 얼마나 부질없는 일인지 알 수 있다. 하지만 저축을 시작할 때 목적이 뚜렷하다면 상황은 완전히 달라진다. 언제 무엇을 위해 얼마가 필요한지를 정하고 한 달에 얼마를 모아야 이자까지 포함해서 목표액을 만들 수 있을지 계획한다면, 불필요한 지출이나 충동구매를 방지할 수 있다. 저축의 효율과 만족도 또한 100% 이상일 것이다. 그 효과를 돈으로 따진다면 금리 차이는 그야말로 푼돈에 불과하다.

저축 기간과 목표 금액에 맞는 상품을 선택한다

저축 목적을 정하면 자연스레 저축 기간이 정해진다. 학자금인지, 결혼자금인지, 주택자금인지, 노후자금인지에 따라 짧게는 1~2년, 길게는 20~30년이 될 수도 있다.

일반적으로 단기저축은 1~3년, 중기저축은 3~5년, 장기저축은 10년 이상의 저축을 말한다. 이러한 기간 구분은 금융상품의 특징과 관련 있다. 장기저축을 6년이 아니라 10년 이상으로 규정한 이유는 저축성 보험의 비과세 혜택을 받으려면 10년 이상 유지해야 하고, 해약을 할 경우 시중은행 금리 수준의 수익률을 얻는 기간도 10년 내외이기 때문이다.

간혹 6~9년짜리 저축은 중기저축인지 장기저축인지 묻는 사람이 있다. 그리고 결혼자금은 단기저축, 학자금은 중기저축이라 생각하는 사람도 많다. 기간을 기준으로 단기, 중기, 장기를 따지는 데서 오는 오류이다. 만일 자녀의 결혼자금을 마련하기 위해 자녀가 태어난 해부터 저축을 시작한다면 장기저축이고, 3~5년짜리 적금을 든다면 중기저축이다. 학자금도 마찬가지다. 학자금 준비를 위해 10년 이상 저축한다면 장기저축이고, 자녀가 고등학교에 입학한 이후부터 준비한다면 단기저축이다.

그러므로 '기간'으로 따지지 말고 1~3년 만기 상품, 3~5년 만기 상품, 만기가 없거나 10년 이상인 상품과 같이 '상품'을 중심으로 구분하는 게 좋다. 6~9년간 저축할 경우에는 '단기+단기' 또는 '단기+중기' 상품으로 구성하면 된다.

단기저축

단기저축은 무엇보다 유동성과 안전성이 중요하므로 예금자 보호도 되고 안전한 시중은행 상품이 적격이다. 하지만 5,000만 원 이하의 1년짜리 적금이라면 시중은행보다 금리가 높은 저축은행을 이용하는 것도 고려할 만하다. 저축은행이 파산하더라도 5,000만 원까지는 예금자 보호를 받을 수 있다. 이때 주의할 점은 5,000만 원에 이자도 포함된다는 사실이다. 저축은행은 시중은행보다 안전성이 떨어지므로 금리만 비교할 게 아니라 항상 안전성도 함께 고려해야 한다.

중기저축

중기저축 상품으로는 적립식 펀드가 합리적인 대안이라 할 수 있다. 은행의 정기적금 상품 중에도 3~5년 만기 적금이 있긴 하지만 출시된 상품이 적을뿐더러, 1~2년 만기 적금과 금리 차이가 거의 없어 그다지 매력적이지 않다.

만기 개념이 없는 적립식 펀드를 중기저축으로 보는 이유는, 적립식 펀드는 운용 실적에 따라 수익이 달라지는데 3~5년 주기로 순환하는 경기 변동에 탄력적으로 대응하려면 최소한의 기간이 필요하기 때문이다. 따라서 펀드는 3년 미만의 단기 목적자금을 위한 상품으로는 적합하지 않다. 만일 목적자금이 필요한 시기보다 빨리 펀드가 기대 수익률 이상을 올려 환매를 하게 될 경우에는 이 돈을 잘 지켜야 한다. 곧바로 정기예금 등으로 묶어두지 않으면 애써 모은 목돈을 허망하게 날려버릴 수도 있음을 명심해야 한다.

장기저축

장기저축은 남다른 각오가 필요하다. 관건은 만기까지 유지하는 것이다. 그만큼 지켜내기가 어렵다. 시중 은행에는 만기 5년 이상의 적금 상품이 거의 없으므로 만기 지급을 받으면 이를 예금 상품에 넣어두고 다시 적금에 가입해야 한다. 그러나 필요 시점이 도래하지 않은 목돈은 늘 위협을 받기 마련이고, 장기저축의 결심이 흔들릴 수밖에 없다.

이런 면에서 보면 보험회사의 저축성 보험이 유용하다. 저축성 보험은 이자가 복리로 붙으므로 10~12년 이상 유지할 수만 있다면 비과세 혜택과 더불어 은행보다 훨씬 높은 수익률을 기대할 수 있다.

하지만 저축이 아니라 보험이어서 납입하는 돈 가운데 일부가 위험 보험료로 들어간다. 그리고 중도 해지 시 납입한 원금만큼 돌려받으려면 8~10년 이상 유지해야 한다. 이러한 단점들은 단기저축과 중기저축을 병행하고 뚜렷한 장기 목적이 있다면 충분히 극복할 수 있는 부분이다. 해지하면 손해가 크니 어쩔 수 없이 유지하는 것, 이것이 바로 '강제 저축의 효과'다.

이상과 같은 세 단계를 잘 숙지했다면 기왕이면 금리가 높은 상품을 찾아야겠다. 금융회사별로 다양한 조건의 상품들이 수시로 출시되고 사라진다. 다행히 이제는 은행을 돌아다니며 창구 직원에게 상품에 대해 일일이 문의할 필요가 없다.

2016년 1월부터 서비스를 시작한 '금융상품 한눈에'(finlife.fss.or.kr)를 이용하면 은행, 저축은행, 보험회사 등 163개 금융회사에서 판매중인 예·적금, 대출, 연금저축, 보험, 펀드 등의 금리, 수익률, 보험료 등을 비교할 수 있다.

저축하기 힘든 사람을 위한 5가지 방법

머릿속으로는 저축의 중요성을 충분히 인지하고 어떻게 하면 되는지도 알지만 실천하기가 어려운 사람들이 많다. 이런 사람을 위해 몇 가지 방법을 알려주고자 한다.

첫째, 일단 적금 통장부터 만든다

가난한 집에 태어나 착하고 성실하게 살아왔지만 노부모 봉양에 자녀 양육에 형제들까지 보살피느라 나날이 빚만 늘어나 이제 마지막 희망은 로또복권 1등 당첨뿐이라고 생각한 한 남자가 있었다.

그래서 지리산 깊숙이 들어가 매일 새벽 목욕재계하고 천지신명께 지극 정성으로 백일기도를 드렸다. 하지만 아무런 응답이 없었다. 다시 마음을 정갈히 하고 백 일, 또 백 일 동안 치성을 드렸지만 마찬가지였다. 삼백 일 기도에도 아무런 계시를 듣지 못한 그는 신세를 한탄하며 하늘을 향해 목놓아 울부짖었다. 그러자 어디선가 목소리가 들려왔다.

"일단 복권부터 사라!"

'천 리 길도 한 걸음부터'라는 속담을 떠올려보자. '천 리를 어떻게 가지?'라는 두려움도, 한달음에 천 리를 가겠다는 욕심도 버려야 한다.

시작이 없으면 과정도 결과도 없다. 아무리 대단한 저축 노하우를 알고 있어도 시작하지 않으면 소용이 없다. 액수는 적어도 상관없다. 일단 적금 통장부터 만들어라.

둘째, 티끌 모아 종잣돈이라는 사실을 명심한다

저축할 돈이 없다는 핑계로 저축을 안 하는 사람에게 한 달에 10만 원이라도 저축을 하라고 권하면 대부분 이런 반응을 보인다.

"저축을 하려면 제대로 해야지, 고작 그 돈 모아서 뭐해요?"

월 10만 원이면 원금만 해도 1년에 120만 원이고, 5년을 모으면 600만 원이다. 결코 무시할 금액이 아닐뿐더러 저축을 하는 과정에서 얻는 경험 자산의 가치는 이보다 훨씬 더 크다. 저축을 할 수 있다는 자신감, 자신도 모르게 합리적으로 개선되는 소비 습관, 저축의 성취감 등은 경험해보지 않으면 깨닫지 못한다. 적은 금액이라도 저축을 시작하는 것이 중요하다.

셋째, 소액이라도 저축의 목적을 명확히 한다

아무리 적은 금액으로 저축을 시작하더라도 뚜렷한 목표가 있어야 한다. 의지만으로는 저축 습관을 기르기 힘들다. 목표와 기간을 명확히 정하고 시작하면 중도에 포기하지 않고 끝까지 유지할 수 있다.

넷째, 월급날에 맞춰 자동이체를 한다

샐러리맨의 월급은 스쳐 지나는 바람이다. 급여 통장에 머무를 새도 없이 대부분의 지출이 자동이체로 빠져나간다. 저축 역시 월급날에 맞춰 자동이체를 하자. 월급이 들어옴과 동시에 저축 계좌로 자동이체되는 것, 그것이 바로 선저축을 실행하는 가장 좋은 방법이다.

다섯째, 출금하기 힘들게 만든다

요즘은 은행에서 통장을 만들 때 도장 대신 서명을 하는 사람이 많다. 이런 편리함을 버려라. 서명 대신 도장을 사용해서 적금 통장을 만들고, 도장과 통장은 각각 따로 깊숙이 숨겨둬라. 그리고 저축 통장과 연결된 카드도 만들어선 안 된다. 최대한 돈을 찾기 어렵게 만들어라.

보험회사에 장기저축을 하고 있는데 10년, 20년 뒤 보험회사가 망하면 어쩌죠?

보험계약이전제도와 예금자보호제도 등 법률에 따라 보호받으므로 염려하지 않아도 됩니다. 보험계약이전제도는 보험료, 보험금, 보장 내용 등을 고스란히 승계하는 제도로, 타사가 보험을 그대로 인계받아 동일한 보장을 해줍니다. 보험회사 매각 시 또는 파산 우려가 높아지면 보험계약이전 명령을 내리는 게 일반적입니다. 파산 가능성이 높은 상황에서 이 명령이 내려지지 않을 경우에는 예금자보호법이 적용됩니다. 보험 계약의 인수 주체가 없으므로 보험은 해지되고, 보험 해지환급금 기준으로 원금과 이자 합산 최대 5,000만 원까지 보장을 받습니다.

'열심히' 모으지 말고 '계획적'으로 모아라

1994년 초판이 발행된 후 우리나라에서 오랫동안 사랑을 받아온 스티븐 코비의 《성공하는 사람들의 7가지 습관》에서 세 번째 습관 '소중한 것을 먼저 하라' 편을 보면 '시간관리 4분면'이란 것이 있다. 4분면은 긴급하고 중요한 것과 긴급하지만 중요하지 않은 것, 긴급하지 않지만 중요한 것, 긴급하지도 중요하지도 않은 것으로 나눈 것이다.

굳이 여기에 스티븐 코비의 말까지 빌려온 이유는, 중요한 것이지만 아직 시급하지 않은 것이라 여겨 하염없이 미뤄두고 있다 보면 어느 순간 시급하고 중요한 것이 되어 코앞에 들이닥친다는 점을 강조하기 위함이다. 따라서 시급하든 시급하지 않든, 중요하든 중요하지 않든 반드시 해야 하거나 할 수밖에 없는 일이라면 미리 대비하고 준비해야 한다.

| 시간관리 4분면 |

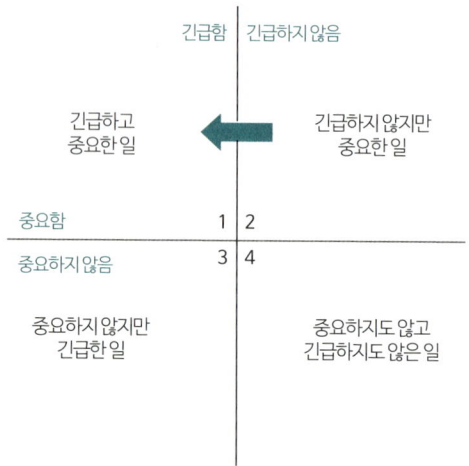

그러나 다들 삶이 고달프다 보니 멀리 내다보고 준비할 경제적·심리적 여유가 없다. 하지만 퀴즈 대결이든 스포츠 시합이든 쫓기는 선수나 팀은 여유를 가지고 임하는 상대와 맞서 이기기가 쉽지 않다. 저축도 마찬가지다. 당장 눈앞에 닥친 일부터 해결하고 보자는 생각에 단기저축에만 집중하면 평생 급한 불만 끄면서 살아야 한다.

물론 당면한 일 하나하나를 차질 없이 해결해나갈 수 있다면 그나마 다행이지만 이때 놓치게 되는 것이 있다. 바로 목적과 기간에 맞는 다양한 상품의 활용과 장기저축의 복리 효과, 그리고 비과세 혜택이다.

값싼 소주를 10년 이상 숙성된 고급주로 만들어라

어느 날 외삼촌댁에서 저녁 식사를 하게 되었는데, 외숙모님이 귀한 것이라며 술을 한 병 내오셨다. 평생 한 번도 맛보지 못한 독특한 술이었다. 그런데 놀랍게도 그 술의 정체는 매실주였다. 흔하디흔한 매실주가 귀한 술이 될 수 있었던 것은 10년이란 세월을 고이 묵혀두었기 때문이다.

아버지가 워낙 술을 좋아하셔서 우리 집에서도 어릴 적부터 해마다 6월이면 매실주를 담갔다. 어머니는 잘 익은 매실을 정성껏 씻어서 말린 후 장독에 넣고 소주를 부은 다음, 광목천과 비닐을 덮어 고무줄로 묶고 뚜껑을 잘 덮어 그늘에 고이 모셔두었다. 아버지는 흐뭇한 표정으로 이 모습을 지켜보며 매번 다짐을 하셨다. "내 이번에는 술이 지대로 익을 때까지 절대 뚜껑 안 열끼다!"

하지만 그 결심은 단 한 해도 지켜지지 않았다. 한 달을 기다리지 못하고 술이 제대로 익었는지 맛만 보신다며, 어머니의 만류를 뿌리치고 기어이 봉인을 풀어야 직성이 풀리셨다. 결국 술이 제대로 익을 즈음이면 술독에는 쪼글쪼글한 매실만 덩그러니 남아 있었다.

매실주를 담글 때, 무조건 10년 이상 기다려야 맛볼 수 있다고 한다면 이걸 가만히 두고 지켜볼 애주가는 별로 없을 것이다.

그렇다면 어떻게 해야 할까? 해법은 간단하다.

갓 우러난 매실주를 마실 수 있도록 3개월 뒤에 개봉할 매실주와 1년 뒤 개봉할 매실주, 3~5년 뒤 개봉할 매실주, 10년 이상 숙성시켜 개봉할 매실주를 동시에 담그는 것이다. 그리고 매년 꾸준히 매실주를 담근다면 10년 뒤에는 10년 숙성된 매실주를 해마다 마실 수 있다. 여기서 3개월, 1년, 3~5년 뒤 개봉하는 매실주는 10년 이상 숙성시킬 매실주를 개봉하지 않고 지킬 수 있게 해준다.

저축도 이처럼 단기저축과 중기저축을 적절히 활용하면서 장기저축을 잘 유지하면 큰 효과를 거둘 수 있다. 장기저축의 복리 효과와 비과세 혜택은 값싼 소주를 10년 숙성된 고급주로 바꾸는 것 이상의 힘을 발휘한다.

복리 효과의 마법

아인슈타인은 '복리'를 세계의 여덟 번째 불가사의이며 20세기의 가장 뛰어난 발명품이라고 했다. 복리 효과가 얼마나 대단하기에 이토록 칭송했을까?

이자를 계산하는 방법에는 단리와 복리 두 가지가 있다. 간단히 말해 단리는 '원금'에 이자가 붙는 것이고, 복리는 '원금+이자'에 이자가 붙고, '원금+이자+이자'에 또 이자가 붙는 것이다. 매월 '원금+이자'에 이자를 붙여주는 것을 '월복리', 1년에 한 번 '원금+이자'에 이자를 붙여주는 것을 '연복리'라 한다.

그런데 개념에 대해서는 어느 정도 알고 있지만, 복리의 효과가 얼마나 대단한지에 대해서는 실감하지 못하는 사람이 많다. 단리와 복리를 사례를 들어 비교해보면 그 차이를 명확히 알 수 있다.

다음 쪽 표를 보자. A, B는 월 50만 원씩 20년간 수익률 10%의 상품에 투자한 경우를 비교한 것이다. 투자 원금은 1억 2,000만 원으로 동일하지만, 20년 만기가 되면 큰 차이가 난다. 단리 상품의 세후 이자는

| 단리와 월복리 비교 |

(단위 : 원)

구분	월 적금액	기간	금리	방식	원금	세후 이자	만기 지급액
A	500,000	20년	10%	단리	120,000,000	101,943,000	221,943,000
B				월복리		222,369,793	342,369,793
C	1,000,000	10년	10%	월복리	120,000,000	73,223,009	193,223,009
D	500,000	20년	2.4%	단리	120,000,000	24,466,320	144,466,320
E				월복리		28,876,202	148,876,202
F	500,000	5년	2.4%	단리	30,000,000	1,548,180	31,548,180
G				월복리		1,610,882	31,610,882

101,943,000원에 불과하지만, 월복리 상품의 세후 이자는 222,369,793원으로 이자가 원금의 두 배 가까이 불어난다. 단리 상품과 비교하면 1억 2,000만 원이라는 엄청난 차이가 발생한다. 이것이 바로 마법에 가깝다는 복리 효과다.

C는 기간의 효과를 보여주기 위한 예시다. 월복리 장기저축을 B보다 10년 늦게 시작한 대신 월 적금액을 두 배로 해서 100만 원씩 투자했다. 투자 원금은 B와 같지만 세후 이자는 73,223,009원으로 50만 원씩 20년간 저축한 단리 상품의 이자 101,943,000원에도 못 미친다. 복리 효과도 중요하지만 저축 기간도 그에 못지않게 중요하다는 사실을 잘 보여준다. 그러므로 일찍 시작하고, 꾸준히 오랜 기간 저축을 유지하는 것이 무엇보다 중요하다.

A, B, C의 경우 복리 효과를 보여주기 위해 금리(수익률)를 10%로 예를 들었지만, 실제로는 금리 10%의 상품도, 20년간 꾸준히 10%의 금리를 보장하는 상품도 없다. 금리가 바닥으로 곤두박질치자 언론이나

보험회사에서 복리 효과를 다소 과장해서 말하는 경향이 있다. 그래서 이번에는 현실적인 금리를 적용해서 비교해보았다.

　D, E는 월 50만 원씩 20년간 금리 2.4%의 상품에 투자할 경우를 살펴본 것이다. 단리 상품의 세후 이자는 24,466,320원이고, 복리 상품의 세후 이자는 28,876,202원으로, 440만 원 정도 차이가 난다. 수익률이 떨어지면 복리 효과도 위력적이지 않은 것으로 보인다. 하지만 여기에 비과세를 적용하면, 다시 말해 세금 15.4%를 공제하지 않으면 차이가 무려 3,413만 원이나 된다. 이는 5년 8개월치의 월 적금액에 해당한다. 월 적금액이 높을수록 복리 효과는 더욱 커진다.

　F, G는 C와 마찬가지로 기간의 효과를 보충 설명하는 예시이다. 5년이라면 결코 짧지 않은 기간이라고 생각할 수 있지만 복리 효과를 누리기에는 다소 약한 편이다. 단리 상품의 세후 이자는 1,548,180원이고 복리 상품의 세후 이자는 1,610,882원으로, 그 차이는 6만 원 정도에 불과하다. 게다가 10년 이상 저축성 보험을 유지할 경우 받을 수 있는 비과세 혜택의 조건도 충족하지 못한다.

　결론적으로 복리 효과를 제대로 누리기 위해서는 저축 금액과 수익률도 중요하지만 무엇보다 저축 기간이 길어야 한다.

제대로 된 복리 상품 고르기

　얼마 전까지 시중은행 예·적금 상품 중에는 복리 상품이 없었다. 그래서 1년짜리 정기예금 만기 날이 되면 원금과 이자를 다시 1년 만기 정기예금에 재예치하는 방식으로 연복리 효과를 얻기도 했다.

그리고 일명 '풍차돌리기 적금'이 유행하기도 했다. 풍차돌리기는 월 120만 원 정도의 여윳돈이 있다고 가정했을 때, 매월 10만 원짜리 1년 만기 적금을 하나씩 시작하는 것이다. 1차월에는 10만 원짜리 적금통장이 1개, 2차월에는 2개, 그리고 12차월에는 12개까지 적금통장이 만들어진다. 월 적립금도 10만 원에서 시작해서 마지막 12차월에는 120만 원이 된다. 13차월이 되면서부터 월 적립금은 10만 원씩 줄어들기 시작하고, 1차월에 시작한 적금부터 매월 만기가 도래하기 시작해 12개월 동안 매월 적립 원금 120만 원과 이자를 찾을 수 있다.

재미있는 발상이긴 하지만 매월 저축액이 달라 장기적인 계획을 세우기 어렵고, 다달이 목적 없는 목돈이 생겨 이를 관리하기가 쉽지 않다는 문제점이 있다. 이는 저축의 기본 원리와 맞지 않으므로 권장할 방법은 아니다.

최근 저금리가 지속되면서 시중은행에도 월복리 상품이 출시되었고, 보험회사의 유니버설 기능처럼 추가 적립이나 중도 인출이 가능한 상품들도 나오고 있다. 그러므로 저축 상품을 고를 때 충분히 비교해 신중하게 선택하기 바란다.

<u>복리 상품을 활용하는 최선의 방법은 가능한 멀리 내다보고 미리 준비하는 것이다.</u> 30세에 취업과 동시에 노후자금 준비를 시작한다면 적어도 30년 이상 저축할 수 있다. 그리고 자녀 출산과 동시에 학자금 준비를 시작한다면 19년 이상 저축할 수 있다. 이때 복리 상품으로 준비한다면 작은 저축으로 큰 효과를 거둘 수 있다.

세로저축이 아닌 가로저축을 하라

저축하는 방식에 따라 가로저축과 세로저축으로 나눌 수 있다. 가로저축이란 목적과 기간에 따라 다양한 저축을 동시에 시작하는 것으로, 다음 그림과 같이 여러 가지 저축(상품)들이 가로로 쌓여간다. 반면 세로저축은 당면한 목적자금 하나를 위해 올인하는 것으로, 하나가 끝나면 또다시 하나를 시작하는 형태이다. 그래서 세로로 세워지는 모양이 된다. 다시 말해 세로저축은 언제나 저축 통장이 하나뿐이다.

예를 들어보자. 저축 가용 자금이 100만 원인데 결혼자금 마련을 위해 월 100만원짜리 적금을 들었다면 세로저축을 한 것이다. 이 적금이 끝나야 다른 저축을 시작할 수 있다. 반면 50만 원은 결혼자금 마련을 위해 3년 만기 정기적금(단기저축)에, 30만 원은 주택자금 마련을 위해 펀드(중기저축)에, 20만 원은 노후자금 마련을 위해 60세까지 납입하는 연금저축(장기저축)에 가입했다면 가로저축을 한 것이다. 이처럼 가로

| 가로저축과 세로저축 |

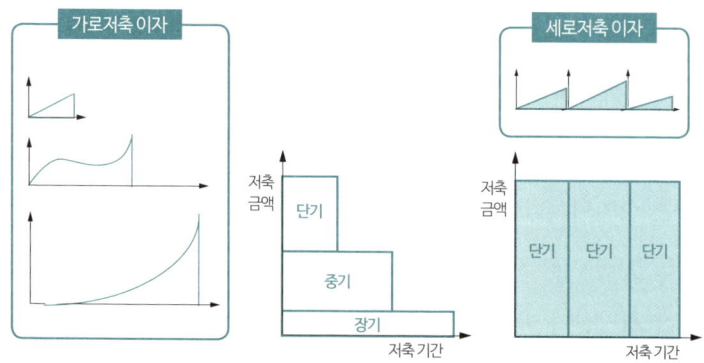

저축은 목적자금에 따라 여러 개의 통장이 생기고 만기도 다양하다.

두 방식의 월 저축액은 100만 원으로 동일하다. 그러나 <u>세로저축은 항상 단기 적금 이자 수익밖에 얻을 수 없지만, 가로저축은 단기저축 적금 이자와 중기저축 수익률, 장기저축 복리 혜택을 동시에 누릴 수 있다.</u>

많은 사람들이 눈앞에 닥친 목적자금을 모으는 데 집중해 세로저축을 한다. 결혼자금 모아서 결혼할 때 쓰고, 전세자금을 모아서 전셋집 마련에 쓰고, 주택 자금을 모아서 집 살 때 쓰고……. 열심히 모아서 매번 목적한 곳에 쓰는 방식이다. 어찌 보면 가장 단순하고 깔끔하며 당연하게 여기지는 방식이다. 그런데 이렇게 하면 중·장기저축을 통한 높은 수익률을 기대할 수 없다. 무엇보다 은퇴 시기가 다가와도 자녀의 결혼 준비를 위한 목적자금 마련에 발목이 잡혀 노후자금을 위한 저축은 시작도 못하게 될 가능성이 높다. 그 결과 노후자금 준비는 늦어버리는 것이다.

그러므로 세로저축이 아닌 가로저축을 해야 한다. 가로저축을 하려면 우선 저축을 시작하기에 앞서 생애 전반에 걸친 목적자금에 대한 계획이 수립되어 있어야 한다. 그 계획에 맞춰 1년 후, 3년 후, 5년 후, 또 다른 필요 시기까지 목표한 금액을 모을 수 있도록 따로, 동시에 저축을 시작하는 것이다. 그러면 단기, 중기, 장기에 걸맞은 수익률 높은 상품을 선택할 수 있고, 장기저축의 경우 작은 규모로 시작하더라도 충분한 기간이 있으므로 복리 효과와 비과세 효과를 제대로 누릴 수 있다. 이것이 가로저축의 힘이다.

이제부터는 세로저축이 아닌 가로저축으로 저축을 설계하자. 내 인생의 4분면을 그려놓고 차분히 재무목표들을 기록한 뒤, 1사분면과 2사분면의 재무목표를 주목해보라. 2사분면에 있는 재무목표들은 시간이 지나면 곧 1사분면으로 넘어오기 마련이다. 따라서 1, 2사분면의 재무목표들을 위한 저축 계획을 기간에 따라 규모를 잘 안배하여 체계적인 저축 계획을 세우기 바란다.

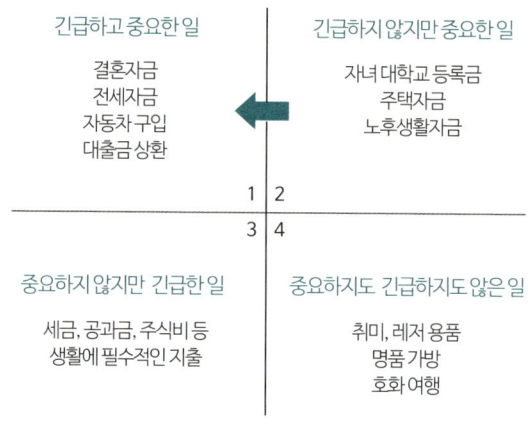

저축성 보험 대신 1년 만기 적금을 매년 이자와 함께 1년 만기 정기예금에 예치하면 연복리 효과를 보면서 사업비도 줄일 수 있으니 이득이 아닐까요?

실제로 그렇게만 할 수만 있다면 훨씬 이득인 것이 분명합니다. 문제는 매년 꾸준히 정기적금을 시작하고, 만기가 된 적금을 이자와 함께 1년 만기 정기예금에 재예치할 수 있느냐는 것과 해마다 손에 들어오는 목돈을 안전하게 지킬 수 있느냐는 것입니다. 중도에 해지하면 원금 손실이 큰 종신보험이나 연금보험도 10년 유지율이 50%가 안 된다는 사실을 간과하지 말기 바랍니다.

07
절세 상품을 공략하라

2014년 12월 31일 비록 한시적이었지만 시중에 담배가 사라졌다. 담뱃값이 인상되는 새해를 기해 금연을 시도하리라 마음먹었던 터라, 애연가들이 이미 서너달 전부터 담배를 사 모을 때 나는 그것이 부질없는 짓이라 생각했다. 그런데 담배값 인상 하루 전, 내 생애 마지막 담배 한 갑을 사기 위해 온 동네 편의점을 둘러봤지만 담배가 없었다. 2,500원 하던 담배가 4,500원으로 오른다고 하자 애연가들은 인상 전 가격으로 담배를 피우기 위해 사재기를 했고, 담배 가게 사장님이나 담배를 피우지 않는 사람들은 재테크의 일환으로 사재기를 했다.

당시 정부는 결코 증세가 아니라며 '국민건강증진'을 명분으로 담뱃값 인상을 단행했지만, 나는 그것이 국민들의 건강에 도움을 줄 것이라 생각하지 않았다. 어찌 됐든 이런저런 이유나 명분을 떠나 분명히 세금을 올렸는데 증세가 아니라니 개가 웃을 일이다.

원자재 가격이 두 배 가까이 폭등하지 않는 한 그 어떤 공산품도 하루아침에 두 배 가까이 오를 수 없고 오르지도 않는다. 담배값이 그렇게 오를 수 있었던 것은 바로 세금이 올랐기 때문이다. 담배값 인상분 2,000원 중 제세부담금 인상액이 1,768원이다.

이자소득도 온전히 내 것이 아니다

돈이 오가는 모든 활동에 세금이 따른다. 고지서를 받아서 납부해야 하는 세금도 있지만, 먹고 자고 마시는 일상생활에 필요한 유·무형의 상품과 서비스 가격에 이미 포함되어 있어 자신도 모르게 내는 세금도 있다. 전자를 직접세, 후자를 간접세라 한다.

직접세는 국가가 납세 의무자에게 직접 징수하는 세금으로, 소득세, 법인세, 재산세, 상속세 등이 있다. 이 가운데 일반인이 가장 흔히 접하는 직접세는 소득세이다. 소득세의 종류로는 이자소득세, 배당소득세, 사업소득세, 근로소득세, 연금소득세, 기타소득세 등 여섯 가지가 있다. 매년 이 여섯 가지를 합한 종합소득세를 신고·납부해야 한다.

그러나 일반 직장인이라면 종합소득세 신고와는 다소 거리가 있다. 대부분 연말정산을 통해 이미 원천징수한 근로소득세만 정산하면 되기 때문이다. 매달 근로소득세를 뺀 나머지 금액을 월급으로 받는데, 원천징수한 세금이 많으면 돌려받고, 적으면 그만큼 세금을 더 낸다.

직접세지만 따로 세금을 납부하는 것이 아니라 원천징수하는 또 다른 세금이 있는데, 바로 이자소득세이다. 이자소득세는 예금이나 적금의 이자소득에 붙는 세금이다.

거의 대부분의 금융상품에는 일반과세가 적용되어 소득세 14%와 소득세의 10%에 해당하는 지방소득세 1.4%를 더해 15.4%의 세금이 부과된다. 다시 말해 이자소득 100만 원이 생겼을 때 15만 4,000원을 세금으로 내야 한다는 얘기다.

세금을 한 푼이라도 줄이려면?

이자를 조금이라도 더 받으려면 우대세율이나 비과세 혜택을 누릴 수 있는 상품을 찾는 게 좋다. 하지만 9.5%의 우대세율을 적용하던 세금우대종합저축은 2014년 12월 31일부로 없어졌다. 지금은 세금이 15.4%보다 낮은 '저율 과세 상품'과 세금이 전혀 없는 '비과세 종합저축'(예전에는 '생계형저축'으로 분류되었다)이 있다.

저율 과세 상품은 신협이나 새마을금고 등의 제2금융권에서 가입할 수 있으며, 가입 대상은 만 20세 이상이고, 가입 금액은 1인당 3,000만 원까지다. 2015년까지는 1.4%의 이자소득세만 내면 되었지만, 안타깝게도 2016년에는 5.9%, 2017년 이후부터는 9.5%의 세율이 단계적으로 적용된다. 이때 가입 한도는 금융기관별이 아니라 전 금융기관 합산이므로 이미 한 은행에서 3,000만 원의 저율 과세 혜택을 받고 있다면 추가 가입은 불가능하다.

한편 비과세 종합저축의 가입 자격은 2015년 기준으로 65세 이상에서 매년 1세씩 상향 조정된다. 가입 한도는 5,000만 원이며 적용 기한은 2019년 12월 31일까지다.

이 밖에 직접적인 세제 혜택은 아니지만 연말정산 시 소득공제를 통해 세금을 줄일 수 있는 상품으로 주택청약종합저축이 있다. 월 2만 원 이상 50만 원까지 납입할 수 있으며, 세제 혜택을 받을 수 있는 납입 한도 금액은 연간 240만 원으로 최대 40%인 96만 원을 공제받을 수 있다. 다만 총급여액 7,000만 원 이하의 무주택자에게만 적용된다.

보험회사에도 비과세나 소득공제를 받을 수 있는 상품이 있다. 저축성 보험은 10년 이상 유지 시 비과세 혜택을 받고, 보장성 보험은 연간 보험료 100만 원 한도 내에서 소득공제를 받을 수 있다.

종합소득세 신고 대상은 어떻게 되죠?

금융소득이 2,000만 원을 초과하거나 사업소득(개인사업자, 프리랜서 강사, 프로그래머, 보험모집인 등)이 있는 경우, 사적 연금소득이 1,200만 원을 초과할 경우, 기타소득이 500만 원 이상일 경우 종합소득세 신고 대상이 됩니다. 여기서 기타소득이란 일시적, 우발적으로 발생하는 소득으로 이자소득, 배당소득, 사업소득, 근로소득, 연금소득이 아닌 소득을 말합니다. 상금이나 복권당첨금, 물품 또는 장소 대여금, 각종 위약금과 배상금, 강연, 해설, 심사, 전문 지식 제공 등 인적 용역을 일시적으로 제공하고 지급받는 대가 등이 기타소득에 해당합니다.

08

내 돈을 은행 직원에게 맡기지 마라

우리는 은행, 증권, 보험회사를 통틀어 '금융기관'이라 부른다. 금융기관으로 분류되는 곳 중에서도 시중은행은 이른바 금융기관의 대표 격으로 인식되며 공신력을 부여받고 있다.

그런데 은행이 상법상 '주식회사'라는 사실을 알고 있는 사람은 얼마나 될까? 1899년 설립된 대한천일은행이 우리나라 최초의 주식회사다. 대한천일은행은 우리은행과 합병된 상업은행의 전신이다.

정부기관도 아니고 공공기관도 아니며 이윤 추구 방식에 있어 대부 회사와 별반 다를 것도 없는데 왜 '기관'이라는 거창한 명칭이 붙어 있는지는 알 수 없다. 하지만 분명한 것은 은행, 증권회사, 보험회사가 이윤을 추구하는 사기업이라는 사실이다. 다시 말해 자사의 이윤 추구가 우선이지 결코 고객의 이익을 먼저 생각하지 않는다는 것이다.

이제부터는 은행, 증권회사, 보험회사에 덧씌어진 '기관'이라는 복면을 벗기고 바라보자. 은행의 수익은 예대마진, 즉 예금과 대출 이자의 차익에서 발생한다. 예·적금 이자는 낮은데 대출이자는 높은 이유가 바로 여기에 있다.

그리고 각종 수수료를 통해서도 수익을 얻는다. 우리금융경영연구소에 따르면 국내 주요 은행 수수료 수입 중에서 방카슈랑스, 수익증권과 같은 업무 관련 수수료가 90% 이상을 차지한다. 송금 수수료, 현금자동입출금기(ATM) 수수료를 포함한 대고객 수수료 비중 또한 7.5%로 무시 못할 수준이다.

투자 손실을 은행 직원이 책임지진 않는다

몇 해 전이었다. 제법 늦은 시간, 차를 몰고 집으로 돌아가는데 상담 고객이었던 한 교수님에게서 전화가 걸려왔다. 꼭 좀 만나서 의논할 일이 있다고 해서 다음날 점심시간에 찾아갔다.

그 교수님은 나의 권유로 5,000만 원을 회사채에 투자해서 3년 동안 연 9.5%의 이자 수익을 얻고 있다가, 갑자기 돈 쓸 데가 생겨 1년 전쯤에 3,000만 원을 뺀 상황이었다. 그런데 그 돈으로 은행 직원이 권유한 펀드에 가입했고, 1년도 안 돼서 펀드가 반 토막이 나는 바람에 내게 의논을 해온 것이었다.

당시 한창 펀드 바람, 아니 열풍이 불었다. 안타깝게도 그해, 은행에서 판매한 전 종목의 펀드가 원금의 절반 또는 그 이상 손실이 났다.

하지만 정말 좋은 상품이라고 그분에게 권유를 했던 은행 직원에게 책임을 물을 수 없으며, 그 직원은 아무런 책임을 지지 않아도 된다. 펀드 가입 당시 해당 상품은 저축 상품이 아니라 투자 상품이므로 투자 손실에 대한 책임은 계약자 본인에게 있다는 내용에 그 교수님이 15번씩이나 서명을 하고 덧쓰기를 했기 때문이다.

2015년 4분기부터는 금융투자상품 가입 절차를 간소화해 서류 작성 시간을 줄이고 투자 상품 설명을 보다 충실히 하는 것으로 제도가 바뀌어 상황이 조금 나아졌다. 그러나 투자 손실을 은행 직원이 책임지지 않는다는 사실은 바뀌지 않았다.

정말 좋은 상품인지 제대로 확인하자

얼마 전 정년퇴직을 1개월 앞두고 은퇴설계 지원 교육에 참석한 분이 교육 이틀째 되는 날 보험증권을 들고 찾아오셨다. 퇴직금 1억 5,000만 원을 들고 은행에 예금을 하러 갔더니 창구 직원이 좋은 상품이 있다기에 그 말만 믿고 가입했는데 제대로 된 건지 봐달라는 것이었다.

그분이 가입한 것은 방카슈랑스로 4년납 10년 만기 연금이었는데, 일시납 상품도 아닌 월납 상품이었다. 일시납일 경우 월납 상품에 비해 이자가 높고 중도에 해지하더라도 해지환급율이 높다. 그런데 자기네 은행에 목돈을 넣어두고 매달 연금 보험료를 납입하는 월납 상품에 가입하도록 한 것이다.

이런 사례는 비일비재하다. 은행 창구 직원은 길 건너 다른 은행에 금리가 더 높은 적금 상품이 있다는 것을 알고 있더라도, 고객에게 자사 상품을 권할 것이다. 그렇다고 은행을 부도덕한 집단으로, 은행 직원을 부도덕한 사람들로 보지는 말자. 그들은 자기 직분에 충실한 것뿐이니!

다만, 우리가 물건을 사거나 장을 볼 때 선호하는 마트가 있고 거기서도 물건 값과 품질을 비교해서 고르듯이, 앞으로는 은행, 증권회사, 보험회사 등 소위 금융기관과 거래할 때도 일정한 기준에 따라 각자의 상황에 맞는 주거래 기관을 정하자. 그리고 금융상품을 구입할 때는 손실에 대한 책임이 자신에게 있음을 정확히 인지하고, 상품에 대해 충분히 알아보고 신중하게 선택해야 한다.

> 은행 창구 직원이 금리가 높은 비과세 저축 상품이 있다고 권유해서 가입을 한 지 두 달이 지났는데, 알고 보니 보험 상품이었습니다. 어떻게 해야 할까요?
>
> 보험 계약과 관련해서 많이 발생하는 민원 중 하나입니다. 이 경우는 품질보증 해지 사유에 해당하므로 해지가 가능합니다. 품질보증 해지를 하면 이미 납입한 보험료 전액과 일정 이자를 더한 금액을 돌려받을 수 있습니다. 이때 이자는 보험료를 받은 기간에 대해 보험계약대출(약관대출) 이율을 연 단위 복리로 계산합니다.

높은 수익률을 탐하지 마라

1997년 12월 23일 〈한겨레신문〉 기사 내용 가운데 일부다.

> 이에 따라 이날 외환시장에서는 대미 달러 환율이 3일 연속 오르고, 시중금리도 사상 처음 30%대로 급등했다. 이와 함께 주가도 다시 400선이 무너지는 등 금융시장이 다시 난조에 빠졌다. 자금시장에서는 3년 만기 회사채 유통수익률이 연 30.0%로 치솟았다.

시중금리 30%면 은행에 1억 원을 예금해두면 연이자만 무려 3,000만 원이다. 요즘 시중금리의 10배에 달하는 고금리로서 당시에는 은행에 넣어두고 이자만 받아도 엄청난 돈이 생겼으므로 일반인들은 투자에 대해 깊이 고려하지 않았다.

게다가 2000년도 우리나라 남성의 평균수명이 72.2세였으니 정년퇴직 이후 은퇴 생활이 그리 길지 않았고 생애 설계나 노후 준비 등은 사회적 이슈거리가 못 되었다.

그러나 이제는 사정이 달라졌다. 이른바 저금리, 저성장, 저물가의 '3저 시대'를 살고 있다. 게다가 취업난과 고용 불안으로 안정적인 소득을 기대하기 어려울뿐더러 정년마저 축소되거나 임금피크제 등으로 변질되어가고 있다.

그런데 수명은 갈수록 길어져 100세 시대라고 하는데, 산술적으로만 계산하면 일할 수 있는 기간 동안 평생 쓸 돈을 벌 수 있는 사람은 그리 많지 않다. 닥치는 대로 대책 없이 살자니 암담한 미래가 불을 보듯 뻔하고, 미래를 내다보고 계획하며 살자니 뾰족한 수는 보이지 않고 현실은 팍박하기만 하다. 결국 허리띠를 졸라매는 저축만으로는 미래를 준비할 수 없으므로 수익률이 높은 투자를 고려하지 않을 수 없다.

투자와 투기를 구분하자

투자와 투기는 분명 다르지만, 사실 그 구분은 모호하다. 국어사전에 따르면 투기(投機, speculation)는 시세 변동을 예상하여 차익을 얻기 위해 하는 매매 거래를 말한다.

그러나 현실에서 시세 차익을 위한 부동산 거래를 모두 투기라고 하지는 않는다. 금값이 쌀 때 매입했다가 금값이 오를 때 되판다거나, 환율이 떨어졌을 때 달러를 사두었다가 환율이 오를 때 팔아서 환차익을 보는 것 역시 생산활동과 관계없이 이익만 추구하는 것이지만 이 모두를 투기라고 하지는 않는다.

원하는 목표 수익 달성 기간을 기준으로 '시간과 위험에 대한 대가인 투자 수익을 단기에 얻고자 하면 투기이고, 중장기에 얻고자 하면 투자'라고 구분하기도 한다.

그러나 단지 기간만으로 둘을 구분하기에는 무리가 따른다. 최소 투자 기간을 3~5년으로 잡고 주식을 매수했는데 1년도 안 되어 목표 수익률에 도달해서 매도했다면, 이는 투자인가 투기인가? 반대로 단기 차익을 노리고 주식을 매수했는데 주가가 계속 떨어져 어쩔 수 없이 장기 보유하고 있다면, 이는 투자인가 투기인가?

내가 하면 투자고 남이 하면 투기라는 말이 나온 이유도 그 구분이 모호하기 때문일 것이다. 그러나 대체로 다음과 같은 차이가 있다. 투기는 가치 판단 시 이성보다 감성이 앞서고, 기회에 편승하여 확실한 승산 없이 큰 이익을 노린다. 투자 역시 리스크(손실 위험)를 동반하고 있지만, 투기 리스크가 투자 리스크보다 훨씬 크다.

무엇보다 다음 두 가지에 해당한다면 투자가 아닌 투기라고 분명하게 말할 수 있다.

- 일확천금을 노리는 투자
- 빚으로 하는 투자

높은 수익률을 보장하는 투자는 없다

　사기를 당한 대부분의 사람이 악랄하고 비양심적인 사기꾼의 고도의 사기술에 자신도 모르게 당했다고 호소한다. 하지만 그 원인을 냉정하게 따져보면 모두가 상식을 넘어서는 높은 수익률을 탐했다는 공통점을 보인다.

　2004~2008년 희대의 사기꾼 조희팔은 전국에 10여 개 피라미드 업체를 차리고, 의료기기 대여업으로 연 30~40%의 고수익을 보장한다고 속여 투자자 3만여 명의 돈 4조 원을 가로챘다. 국내 최대 규모의 다단계 사기 사건이다. 2015년 10월, 조희팔의 최측근인 강태용이 도피 7년 만에 중국 현지에서 공안에 검거되었지만, 사건 당시 중국으로 밀항한 조희팔의 위장 사망설과 검찰 고위 간부에 대한 로비설 등 여러 가지 의문이 남아 있다.

　그런 가운데 2015년 6월, 제2의 조희팔로 불리며 1조 원대의 사기 행각을 벌인 해피소닉글로벌 대표 남웅태(남보석)가 구속되었다. 운동기기 대여업체를 차려놓고 연 40%의 수익을 보장한다며 투자자를 모집했는데, 피해자가 1만 명을 넘었다.

　강산도 변한다는 10년의 세월이 흐르는 동안 심심찮게 발생한 각종 사기 사건의 수법은 교묘하고 지능적이라기보다 단순하고 고루했다. 그럼에도 여전히 동일한 방식의 사기가 한두 명도 아니고 몇만 명에게 통한다. 은행에서는 꿈도 꿀 수 없는 엄청난 수익률에 현혹되어 수십 년간 모은 돈을 하루아침에 날려버려도 어디에도 하소연할 수 없다. 손쉽게 돈을 벌 수 있다는 헛된 꿈이 가져온 결과이다.

목표 수익률에 도달하면 미련 없이 팔아라

부동산이나 주식은 합법적인 투자임이 분명하다. 그러나 합법적인 투자로 돈을 버는 사람이 있는 만큼 돈을 잃는 사람도 있기 마련이다. 이치는 간단하다. 판 사람이 있으면 반드시 산 사람이 있다. 부동산이든 주식이든 내가 산 가격보다 높은 가격으로 팔면 시세 차익을 남기지만, 낮은 가격으로 팔면 손실을 본다.

이 좁은 땅덩어리에서 언젠가는 오를 가능성이 높지만 언제 오를지 모르는 것이 부동산이다. 그런데 자금 규모가 큰 만큼 빚으로 투자했다면 적지 않은 이자 비용이 발생할 수밖에 없다. 대출받은 돈으로 신축 아파트를 분양받았다가, 정작 본인은 전셋집을 전전하며 단 하루도 새 집에 살아보지 못하고 이자만 물다가 결국 분양가보다 낮은 가격에 되팔고 빚만 짊어지는 사례가 허다하다.

주식 역시 마찬가지다. 주가란 등락을 반복하는 것이라 내렸을 때 사고 올랐을 때 팔면 수익이 생기는 것이 당연하다. 그러나 정작 올랐을 때는 더 큰 욕심 때문에 팔지 못하고, 내렸을 때는 본전 생각 때문에 팔지 못하는 것이 개인 투자자의 한계이다.

재무설계 강의날 점심식사 후 오후 첫 시간은 강사나 교육생 모두 힘들어한다. 교육생의 집중력이 떨어졌을 때, "천기누설에 가깝지만, 절대 손해 보지 않는 주식 투자의 비법을 알려드리겠습니다."라고 말하면 다들 언제 그랬냐는 듯 눈을 번뜩이며 귀를 쫑긋 세운다.

"쌀 때 사서 비쌀 때 파십시오!"

말이 끝나기도 전에 탄성과 야유가 쏟아지지만 다음 사례를 들려주면 다들 고개를 끄덕이며 공감한다.

　남들 다 하는 주식투자, 나도 한번 해보자 했더니 투자의 'ㅌ'도 모르는 속 좁은 아내가 주식투자를 하려면 이혼부터 하자며 말린다. 어쩔 수 없이 아내 몰래 1,000만 원을 대출받아 주당 10만 원에 100주를 매수했다. 운 좋게 일주일 만에 주가가 12만 원으로 올라 200만 원을 벌었다. 아직 내 주머니에도, 내 계좌에도 돈이 들어오지는 않았지만 기분은 좋다. 직장 동료에게 술을 한잔 샀더니 5만 원이 지갑에서 빠져나갔다. 일주일 뒤 주가가 또 뛰어 15만 원이 되었다. 불과 2주 만에 투자금의 절반인 500만 원을 벌었다.

　이 좋은 걸 왜 진작 시작하지 않았을까 생각하니 내 자신이 한심하다는 생각마저 든다. 그러나 그것도 잠시, 이유는 모르겠지만 또 굳이 알 필요도 없지만 주가가 상승세를 타면서 무려 18만 원이 되었다. 딱 1개월 만에 800만 원이나 벌었는데 그깟 이자 몇만 원이 뭐 그리 대수로울까! 이 추세대로면 대출받은 1,000만 원을 버는 건 시간문제일 것 같다.

　그런데 20만 원으로 올라야 할 주가가 15만 원으로 떨어졌다. 하루아침에 300만 원을 잃었다. 20만 원으로 올랐으면 1,000만 원을 벌었을 텐데라는 생각이 들어 더 괴롭다. 아직 500만 원의 수익을 내고 있어도 만족스럽지가 않다. 그래서 주가가 계속 떨어지고 있어도 섣불리 매도하지 못하고 망설여진다.

　결국 주가가 처음 매수가인 10만 원으로 떨어졌다. '아직 손해 본 것도 없고 다시 제자리로 돌아왔으니 이제 조금만 기다리면 또 오르겠지.'라고 생각하려 애써도 잠을 이룰 수 없다. 푼돈이라 생각했던 대출 이자도 슬슬

부담되기 시작한다.

그런데 주가가 8만 원으로 떨어졌다. 200만 원을 손해 보고 나서야 정신이 번쩍 든다. 하지만 본전은 찾아야 대출 원금이라도 갚을 수 있으니 이대로 팔 수는 없다. 스트레스가 이루 말할 수 없다. 불면의 밤을 보내고 난 다음 날 청천벽력 같은 일이 벌어지고 말았다. 주가가 반 토막이 난 것이다. 절반이라도 건져야겠다는 생각에 눈물을 머금고 매도했더니 바로 다음날 내가 매도한 주식은 상한가를 쳤다.

대부분의 초보 개인 투자자는 욕심과 미련을 통제할 수 없어 매도 시기를 결정하지 못한다. 위 사례의 경우 투자자의 경제적 손실만 따져도 500만 원이 넘는다. 대출받은 1,000만 원에 대한 이자에다 기분 좋아 마시고, 속이 상해 마신 술값도 분명 경제적 손실이다. 게다가 정신적 스트레스에 가정불화까지 겹친다면 비경제적 손실은 액수를 따질 수 없다. 그야말로 상처투성이 투자가 되는 것이다.

쌀 때 사서 비쌀 때 팔기 위해서는 주가가 오를 때까지 편안하게 기다릴 수 있는 여유 자산으로 투자해야 한다. 그리고 처음부터 목표 수익률을 정하고, 목표에 도달하면 미련 없이 팔아야 한다.

10 투자 3원칙을 지켜라

투자는 땀과 노력만 있다면 약속한 수익률을 보장받는 저축과 달리 전문 지식과 숙련된 노하우에 운까지 따라주어야 수익을 올릴 수 있다. 그렇지 못할 경우 원금조차 온전히 지킬 수 없으므로 각별한 주의가 필요하다. 하지만 장기투자, 간접투자, 분산투자라는 투자 3원칙을 잘 지킨다면 최악의 상황에도 큰 손해는 보지 않을 것이다.

원칙 1: 은근과 끈기로 때를 기다려라

안정적인 수익을 내려면 단기투자나 단기매매보다 장기투자를 해야 한다. 통계청이 발표한 경기순환주기에 따르면, 경기 저점에서 정점에 이르는 확장기와 다시 저점으로 돌아오는 수축기의 지속 기간

| 경기순환 주기 |

구분	기준순환일			지속기간(개월)		
	저점	정점	저점	확장기	수축기	순환기
제1순환기	1972년 3월	1974년 2월	1975년 6월	23	16	39
제2순환기	1975년 6월	1979년 2월	1980년 9월	44	19	63
제3순환기	1980년 9월	1984년 2월	1985년 9월	41	19	60
제4순환기	1985년 9월	1988년 1월	1989년 7월	28	18	46
제5순환기	1989년 7월	1992년 1월	1993년 1월	30	12	42
제6순환기	1993년 1월	1996년 3월	1998년 8월	38	29	67
제7순환기	1998년 8월	2000년 8월	2001년 7월	24	11	35
제8순환기	2001년 7월	2002년 12월	2005년 4월	17	28	45
제9순환기	2005년 4월	2008년 1월	2009년 2월	33	13	46
제10순환기	2009년 2월	2011년 8월		30		
평균	-	-	-	31	18	49

*출처 : 통계청

을 합한 순환 주기가 최소 39개월에서 최대 67개월로 나타났다. 이는 3~5년 주기로 순환하는 경기 변동에 탄력적으로 대응할 수 있는 기간 이상의 장기투자를 해야 한다는 것을 의미한다.

원칙 2 : 전문가의 힘을 빌려라

직접투자보다는 간접투자 상품에 투자하기를 권한다. 전문성, 규모, 인간의 불합리한 본성 때문에 일반 투자자는 투자를 전업으로 하는 전문 투자자를 따라잡기가 힘들다.

비유를 하자면 직접투자는 초보 낚시꾼이 나룻배 한 척에 의존해 낚시를 하는 것과 같다. 책 몇 권 읽고 여기저기서 귀동냥한 노하우만 믿고 직접 노를 저어 바다로 나가서 고기를 잡는 데는 한계가 있다. 간접투자는 낚시꾼들 여럿이 돈을 모아 어군탐지기와 그물을 갖춘 대형 어선을 구입하고 선단을 만들어 전문 항해사와 어부들을 고용해 고기를 잡아 나눠 갖는 것이다.

직접투자와 간접투자는 규모와 전문성에서 비교도 안 된다. 물론 낚시의 손맛을 느낄 수는 없겠지만 투자를 재미만으로 하는 사람은 없을 것이다. 설사 전문가에 버금가는 실력을 갖추고 있다 해도 인간의 불합리한 본성을 완벽히 통제하기가 어렵다. 속된 말로 한 방에 훅 가는 것이 투자의 속성이다.

원칙 3: 분산투자로 위험을 분산하라

분산투자는 투자 종목에 대한 분산과 투자 시기에 대한 분산으로 나눌 수 있다. 한 종목에 몰아서 투자할 경우 수익을 내면 여러 종목에 나눠서 투자한 것보다 큰돈을 벌겠지만, 손실이 나면 그만큼 큰돈을 잃기 때문에 투자 종목을 나눠 위험을 분산해야 한다. 투자 시기에 대한 분산은 적립식 투자를 하라는 것이다. 목돈을 한 번에 투자하는 거치식의 경우 시장이 안 좋을 때 수익률이 급격히 하락하므로, 이로 인한 손실을 방지하기 위해 투자 시기를 분산하는 것이다.

전문가들이 힘주어 말하는 투자 3원칙의 공통점은 큰돈을 벌 수 있는 방법이라기보다 위험을 피하는 방법이다. 사실 제대로 돈을 불리려면 공격적인 투자가 필요하다. 그러나 <u>해마다 쏟아져나오는 주식이나 재테크 관련 책에서 말하는 것처럼, 누구나 또 아무나 작은 투자로 손실 없이 큰 수익을 낼 수 있는 비법은 없다.</u> 그것이 정말로 대단한 비법이라면 책으로 펴내 서점에서 공개적으로 판매할 리도 없다. 또한 그것이 사실이라면 이미 시장은 붕괴되고 세상은 혼돈에 빠졌을 것이다.

다시 한 번 강조하지만 투자를 전업으로 하지 않는 사람이라면, 원금 손실 위험을 최소화하고 은행 금리보다 다소 높은 수익률을 안정적으로 얻을 수 있는 소박한 투자에 만족하자.

놀이공원식 투자를 하자

약칭 'X게임'으로 통용되는 '익스트림 스포츠(extreme sports)'처럼 신체 부상, 심지어는 생명의 위험까지 무릅쓰고 갖가지 묘기를 펼치는 극한 스포츠는 일반인이 도전하기에는 위험 부담이 높다. 그런데 일반인도 익스트림 스포츠와 비슷한 쾌감을 느낄 수 있는 방법이 있다. 놀이공원에 있는, 시속 104km의 엄청난 속도와 낙하각 77도의 아찔함을 자랑하는 T익스프레스를 타는 것이다.

만일 놀이공원에서 T익스프레스 이용권을 구매할 때 '이 놀이기구는 안전을 보장할 수 없는 것으로 신체 부상이나 생명의 위협 등 크고 작은 사고로 인한 모든 책임은 놀이기구를 이용하는 당사자에게 있다.'라는 확인서에 자필 서명을 하게 한다면? 아무리 짜릿한 스릴을 즐기는 사람일지라도 생명의 위협까지 감수하려 들지는 않을 것이다.

놀이공원을 찾는 사람들이 놀이기구를 마음껏 즐길 수 있는 것은 안전이 보장되기 때문이다.

그리고 놀이공원에는 T익스프레스와 같은 짜릿한 놀이기구뿐만 아니라, 거의 지면 높이에서 빙글빙글 돌며 느릿느릿 상하운동을 하는 고전적 놀이기구인 회전목마도 있다.

두 놀이기구는 분명 속도, 고도, 회전각에서 현격히 차이가 나지만 그것을 타는 이들의 만족도는 크게 다르지 않을 것이다. 장기투자, 간접투자, 분산투자, 즉 투자의 3원칙을 지키는 것은 바로 익스트림 스포츠식 투자가 아닌, 자기 취향대로 골라 탈 수 있는 놀이공원식 투자를 하자는 것이다.

간혹 자신의 투자 성향을 잘못 파악해 돌이킬 수 없는 실수를 저지르는 사람들이 있다. 금융기관에서는 고객이 각종 투자 상품에 가입할 때 어느 정도의 수익을 기대하며, 수익을 위해 어느 정도의 위험을 감수할 수 있는지 분석하기 위해 고객의 투자 성향을 분석한다. 보통 안정형, 안정추구형, 위험중립형, 적극투자형, 공격투자형으로 나누는데 그 결과를 전적으로 신뢰해서는 안 된다.

<u>분석 결과는 적극투자형이나 공격투자형인데, 실제로 해당 고객이 보유한 상품은 예·적금뿐이고 주식투자나 펀드투자 경험이 전혀 없는 경우가 허다하다.</u> 투자 성향을 분석하는 도구가 정밀하지 못하고, 분석에 응하는 고객들은 대체로 보수적으로 보이기를 꺼려 하는 경향이 강해 생기는 현상이다. 그러므로 자신의 투자 성향을 냉정하게 파악하고 신중하게 결정해야 한다.

투자 주머니부터 채워라

실전 투자를 하기에 앞서, 투자 주머니를 채워 종잣돈을 마련하거나 적립식 투자를 위한 일정 금액을 매달 지출 예산에 배정해야 한다. 이때 생활비 같은 소비성 지출 주머니에서 돈을 빼내거나 투자 주머니를 마련하기 위해 저축을 흔들어서는 안 된다. 온전한 여유 자금으로 투자해야 투자 안정성을 확보할 수 있고 장기 투자도 가능하다. 투자를 위해 저축을 깬다거나 대출을 받는다면 아랫돌 빼서 윗돌 괴는 식이 되어 가계 재무구조를 망치는 결과를 초래한다.

투자 주머니가 채워지면 규모에 맞는 적정한 투자 상품을 선택한다. 주식이나 선물투자처럼 고수익을 기대할 수 있는 상품은 위험성이 높으니 가급적 쳐다보지 말기 바란다. 전문 투자자에 비해 일반 투자자가 얻는 투자 관련 정보는 그 양과 질(정확도와 관련성)이 현저히 떨어진다. 고작해야 신문이나 방송, 인터넷의 '카더라' 하는 풍문이 대부분인데, 그것은 정보라기보나 다들 아는 공공연한 비밀에 불과하다.

물론 일반 투자자 중에도 이미 전문 투자자의 반열에 오른 사람들이 있다. 이런 투자 고수가 아니라면 전문가들이 운용하는 원금 보존형 투자 상품이나 적립식 펀드에 투자하기를 권한다. 수익률 때문에 시시각각 촉각을 곤두세울 필요가 없으니 스트레스가 적다. 상품을 선택할 때 세심한 주의를 기울이고 투자한 상품에 대해 지속적인 관심을 가져주면 그것으로 족하다.

2부

대출, 악순환의 고리를 끊어라

빚은 칼이나 불과 같아서 잘 쓰면 더없이 유용하지만
잘못 쓰면 다치거나 화를 입거나 헤어날 수 없는 나락으로 빠져들게 한다.
끊임없이 반복되는 대출의 악순환에서 벗어날 수 있는 방법을 알아보자.

01

대출받을 때 이자보다 더 중요한 4가지

일시적인 소득 감소나 예기치 못한 지출이 발생해 가계의 현금흐름이 원활하지 못할 경우 대출을 이용할 수도 있다. 이때 명확한 상환 계획을 가지고 있다면 대출은 가계의 안정에 긍정적인 작용을 한다.

그러나 지출이 가처분소득(개인 소득 중 소비와 저축을 자유롭게 할 수 있는 소득)을 초과하는 경우에는 대출만으로 해결할 수 없다. 대출을 받으면 이자 비용을 부담해야 하므로 수입과 지출의 균형이 깨지고 초과 지출만큼 또 다른 부채가 발생한다. 대출 액수가 점점 커져 제1금융권에서 더 이상 대출을 받지 못하면, 금리가 더 높은 제2금융권으로, 최악의 경우에는 엄청난 고금리의 대부업체 대출로 옮아가서 결국 '악성 부채'를 짊어지게 된다.

그렇다면 대출이 필요할 때 가장 먼저 고려해야 하는 것은 무엇일까? 저축을 할 때도 가장 먼저 예·적금 이자가 떠올랐듯, 돈을 빌릴 때도 이자 비용이 얼마인지가 가장 궁금할 것이다. 이미 눈치를 챘겠지만 저축에서도 그랬듯이 대출에서도 이자보다 더 중요한 것이 있다.

다음 4가지를 반드시 차례대로 따져봐야 한다.

- 1단계 : 꼭 필요한 대출인가?
- 2단계 : 적정 대출규모와 대출시점은?
- 3단계 : 상환 계획은 있는가?
- 4단계 : 어떤 대출 상환 방식이 유리할까?

꼭 필요한 대출인가?

저축이 미래를 위해 현재의 불편함을 감수하는 것이라면 대출은 반대로 현재를 위해 미래의 불편함을 감수하는 것이다. 필요 이상으로 풍족하게 가진, 소위 금수저를 제외하고는 쓰고 싶은 만큼 쓰면서 미래의 목적자금을 준비하기 위해 저축을 하기란 쉽지 않다.

저축을 하려면 아무리 바빠도 택시보다 버스를 타야 하고, 전자제품이 고장 나면 가급적 고쳐서 써야 하며, 옷을 살 땐 디자인보다 가격표를 먼저 봐야 하고, 외식을 자제해야 한다. 이렇게 현재의 불편함을 감수해야 미래의 목적자금을 준비할 수 있다.

지급 능력을 벗어난 무언가를 얻고자 하는 욕심의 대가는 가혹하다. 이자 비용이라는 고정 지출 증가와 이로 인한 지속적인 불안과 고통을 떠안아야 한다. 일상적인 고정 지출을 줄여 이자 비용을 지급해야 할 뿐만 아니라 대출 원금도 상환해야 하므로 고통은 두 배 이상이 된다.

따라서 대출을 실행하기에 앞서 정말로 꼭 필요한 것인지 신중히 고민해야 한다. 고민에도 방법이 있다. 막연히 '할까? 말까?'라는 식의 고민으로는 현명한 판단을 내리기 어렵다.

학교 후배가 최근 SNS에 올린 글이다.

"자전거 바퀴가 망가졌는데, 바퀴를 사자니 바퀴를 갈아 끼울 공구가 없고, 공구를 사자니 바퀴 살 돈이 모자란다. 돈을 모아서 자전거를 새로 사야겠다."

이 상황에서 최악의 선택은 자전거를 사기 위해 돈을 빌리는 것이다. 최선의 선택은 시간이 다소 걸리더라도 돈을 모아 바퀴와 공구를 사는 것이다. 좀 더 경제적인 방법을 찾는다면 바퀴는 사고, 공구는 빌려 쓰는 것이다. 그런데 후배는 엉뚱하게도 돈을 모아 새 자전거를 사기로 마음먹었다. 바퀴 때문에, 아니 공구가 없어 자전거를 바꾸는 셈이다.

또 다른 사례를 들어보겠다. 아내와 이혼을 하고 두 자녀와 사는 친구가 있다. 아빠 노릇을 제대로 하며 엄마의 빈자리까지 채우고 싶은 마음에 400만 원 상당의 캠핑 장비를 구입했다. 자녀와의 유대감 강화와 진솔한 대화를 위해 최소한 한 달에 한 번 정도는 함께 캠핑을 가겠다는 쉽지 않은 결심이 지름신을 모셔온 것이다. 그런데 문제가 생겼다. 바쁜 직장 생활 속에서 한 달에 한 번 캠핑을 가겠다는 결심이 지켜질 것인가도 의문이었지만, 그건 둘째 문제였다.

드디어 세 식구가 함께 들뜬 마음으로 캠핑장을 향해 떠나려던 날 아침, 뚜렷한 명분을 가지고, 큰 맘 먹고 구입한 캠핑 장비를 자동차에 절반도 실을 수 없다는 사실을 알게 된 것이다.

이제 어떻게 해야 할까? 세 식구가 타고, 캠핑 장비도 실을 수 있는 차로 바꿔야 할까?

무엇이 내게 꼭 필요한 것인가를 판단할 때는 다음 세 가지를 확인해야 한다.

첫째, 나의 소망과 욕구가 얼마나 절실한지를 기준으로 판단하지 마라. '있으면 좋겠다'는 생각이 자라서 '꼭 필요한 것'이 되고 결국 '반드시 있어야 하는 것, 없으면 안 되는 것'이 된다. 소망이나 욕구는 주관적이고, 인간의 판단은 항상 이성적이거나 합리적이지는 않다.

둘째, 욕구가 내 이성을 마비시키기 전에 대체할 수 있거나 보완할 수 있는 것은 없는지 찾아보라. 위 사례에서 자녀와 소통할 수 있는 방법은 다양하다. 캠핑만이 유일한 대안은 아니다.

그리고 내가 처한 여건을 살펴야 한다. CD플레이어가 보급되기 시작할 즈음, 아내의 친구가 집들이 선물로 고급 CD장식장을 사가지고 왔을 때, "CD플레이어도 없는데 CD장식장을 주면 CD플레이어를 사야 하는 거야?"라며 함께 웃은 적이 있다. 캠핑 장비를 싣기 위해 멀쩡한 차를 바꾼다면 그야말로 배보다 배꼽이 더 커지는 격이다.

셋째, 경제성을 따져봐야 한다. 이용 빈도가 낮은 고가의 캠핑 장비를 구입하는 것이 과연 경제적인가? 캠핑 마니아라면 이야기가 다르지만, 대부분의 가정에서 캠핑 장비는 대개 여름 한철 한두 번 사용되고 자리만 차지하고 있는 경우가 태반이다. 캠핑 장비를 구입할 비용이면 최소한 15~20회 장비를 대여할 수도 있고 간편하게 글램핑장을 이용할 수도 있다.

최근 공유경제가 새로운 대안적 경제 모델로 대두되고 있다. 공유경제는 물품을 소유가 아니라 대여와 차용의 대상으로 인식하여 경제활동을 하는 것이다. 대표적인 사례로 우버택시가 있다. 우버는 미국 기업인 우버 테크놀로지스(Uber Technologies Inc.)가 운영하는 자동차 배차 웹사이트 및 응용 프로그램으로, 2015년 기준 58개국 300개 도시에서 사용되고 있다. 우리나라에도 2014년 10월 우버택시 서비스가 도입되었지만, 기존 택시 관련 법규와의 충돌로 불법 논란이 이어지고 있다. 우버택시 외에도 숙박(에어비엔비), 자동차(쏘카), 자전거(푸른바이크쉐어링), 캠핑장비(돌리고) 등 다양한 공유 사이트와 앱이 있다.

결론적으로 가용 자산의 범위를 벗어난 지출은 가급적 자제하는 것이 좋다. 그럼에도 반드시, 당장 필요한 지출이라고 판단되면 다른 해결 방법을 다각도로 찾아본 후 신중하게 고민하고 가족과 의논을 거쳐 대출을 결정해야 한다.

적정 대출 규모와 대출 시점은?

어쩔 수 없이 대출을 받아야 한다고 판단했다면 얼마나 받는 게 좋을지와 언제 받을지를 결정해야 한다. 적정 대출 규모와 시점을 현명하게 선택해야 불필요한 지출을 줄일 수 있다.

김고민 씨는 건축한 지 25년 지난 단독주택에 살고 있는데, 여기저기 손볼 데가 많아 대대적인 수리를 위해 집수리 업체에 비용을 알아보았다. 대략 1,700만~1,800만 원 정도 들 것 같다고 하는데, 여윳돈이 부족해 대출을 받기로 마음먹었다. 주거래 은행에 알아보니 3,000만 원까지 대출이 가능하다고 한다.

그렇다면 대출을 언제, 얼마나 받으면 좋을까?

수리 공사 시작 전 최대한 빨리? 공사 중? 공사가 끝나는 시점?

1,700만 원? 1,800만 원? 아니면 2,000만 원? 3,000만 원?

손에 쥔 돈 없이 큰 공사를 시작하려니 불안한 마음에 대개 공사를 시작하기 전에 대출을 받아야겠다고 생각한다.

김고민 씨는 다음과 같은 결정을 내렸다.

'일단 은행에서 대출해준다고 할 때 미리 받아서 통장에 넣어두면 되겠지. 공사비가 추가될지도 모르니 아무래도 한 2,000만 원은 필요할 것 같고, 공사가 끝나면 거실에 오디오장도 놓고, 내친 김에 냉장고도 바꾸면 좋을 것 같아. 기왕 은행에서 3,000만 원까지 대출해주겠다니 안전하게 받아두자. 다행히 돈이 남으면 바로 갚아버리면 되지.'

여기서 잘못된 부분을 찾아보자.

가장 큰 잘못은 기왕 받는 대출, 일단 은행 대출 한도까지 받아두자는 것이다. 얼마가 필요한지 정확히 모르는 상태에서 대출을 받으면 자금이 부족하거나 넘칠 수 있다. 자금이 모자라면 급전이 필요해 이자 비용이 늘어나고, 대출금이 남으면 공돈이 생긴 것 같아 불필요한 데 돈을 쓰게 된다. 대출받은 돈이 남으면 바로 갚겠다는 생각이 실천에 옮겨지는 경우는 거의 없기 때문이다.

　정확한 공사 견적이 나오면, 적정 예비비 규모를 산정해 예상치 못한 공사비가 늘어날 경우에 대비하면 된다. 예산 규모를 확정한 이후에는 최대한 대출 규모를 줄일 방법을 찾아야 한다.

　특별한 목적 없이 모으고 있는 예·적금이 있다거나, 필요 시기가 도래하지 않은 목적자금, 또는 필요 이상으로 넉넉하게 준비하고 있는 목적자금이 있다면 이를 활용해 대출 규모를 줄일 수 있다. 대출 이자보다 금리를 많이 주는 예·적금은 없다.

　단, 어떤 용도의 목적자금인지, 해당 예·적금의 중도 해지 수수료는 얼마인지를 고려해서 활용 여부를 결정해야 한다. 예를 들어 가족 여행을 위해 마련해둔 예금이 있다면 여행 자금을 주택 수리 용도로 당겨 쓰고, 대출을 받는다고 가정했을 때 상환해야 할 돈으로 새로운 적금을 시작하면 된다. 대출 이자 비용까지 감안해서 적금을 든다면 시기는 좀 늦춰지더라도 이자 비용만큼 돈을 더 모을 수 있으니 한층 업그레이드된 여행을 즐길 수 있다.

　그리고 주택 수리 자금의 경우 정부에서 지원하는 정책자금을 이용할 수도 있다. 보건복지부가 지원하는 장애인 주택 개량 지원 사업 외에도 각 지방자치단체에서 지원하는 농어촌, 저소득층, 불우 소외계층의 주택 개량 지원 사업이 있다. 또한 부모나 친지, 지인에게 무이자로 융통할 여지가 있는지 알아보는 것도 좋다.

　두 번째 잘못은 은행에서 대출을 해준다고 할 때 받아서 통장에 넣어두자는 것이다. 대출을 받을 때는 필요 시기를 고려하여 최대한 늦게 받아야 한다. 대출금이 입금된 그날부터 이자가 계산되기 때문이다. 물론 금리 인상을 예상하고 대출 금리가 낮을 때 앞당겨 대출을 받아두는 것이 유리한 경우도 있다. 이 경우를 제외한다면 미리 대출을 받아서 불필요한 이자 비용을 부담할 필요는 없다. 따라서 가장 좋은 대출 시점은 자금을 집행해야 할 바로 그 시점이다.

상환 계획은 있는가?

꼭 필요한 대출이라는 판단을 내렸고, 여러 여건이나 상황을 고려해서 합리적인 대출 규모를 결정했다면 마지막으로 한 가지 중요한 판단이 남아 있다. 사실 이 부분이 대출에 관한 의사결정을 할 때 가장 중요하다. 바로 상환 능력에 대한 판단과 구체적 상환 계획 수립이다. 상환 계획을 세울 수 없다면 대출 규모를 다시 조정하거나 집 수리 자체를 미루거나 포기해야 한다.

대출을 받을 때는 다들 "아껴 쓰고 열심히 일해서 반드시 갚겠다."라고 말하지만 속으로는 '어떻게 되겠지.'라고 생각한다. 빌린 돈이니 어떻게든 갚겠다는 주관적 의지만으로는 대출금을 상환하기 힘들다. 자녀 성장에 따른 향후 가계 지출 증가까지 고려해서 구체적으로 어떤 지출을 얼마나 줄여서, 또는 추가 소득을 어떻게 확보해서 언제까지 갚을 것인지 계획을 세울 수 있어야 한다.

직장에서 지위가 올라가면 소득도 어느 정도 오르겠지만 그에 못지 않게 지출도 늘어나기 마련이다. 또 자녀가 상급 학교에 진학하면서 늘어나는 지출도 무시할 수 없다. 이 정도는 누구나 예상할 수 있는 부분이다.

그런데 대출을 받음으로써 생기는 변화로 인해 파생되는 지출 증가에 대해서는 생각하지 않는 사람들이 많다. 예를 들어 제습기를 샀다면 평소보다 전기세가 많이 나오는 게 뻔한 이치다. 고작 제습기도 그러한데, 소형차를 타다 중형차로 바꾸기 위해 대출을 받는다면 자동차세, 유류비, 보험료, 수리 및 유지비 등 늘어나는 비용이 한두 푼이 아니다. 또 작은 아파트에서 큰 아파트로 이사를 한다면 새 집에 맞춰 가구나 가전제품을 사들이기 마련이다. 그 외 관리비를 비롯한 각종 공과금 증가와 이웃 주민들의 생활수준에 맞추기 위한 과시성 품위 유지비까지, 추가되는 비용들이 만만치 않게 발생한다.

그러므로 이 모든 변화를 감안하여 구체적인 상환 계획을 세울 수 없다면 대출은 원점부터 다시 고민해야 한다.

어떤 대출 상환 방식이 유리할까?

이제 대출 상품을 선택하는 단계까지 왔다. 드디어 금리 비교를 할 때가 된 것 같지만, 아직 금리보다 더 중요한 것이 남아 있다.

대출 역시 돈을 내고 구입하는 상품이다. 그러니 이것저것 묻고 따져서 더 좋은 상품을 구입하는 것이 당연하다. 대출 담당자 앞에서 주눅 들거나 비굴해질 필요가 없다.

어차피 대출 기준에 맞지 않으면 대출 담당자를 붙들고 아무리 사정을 해봤자 소용없다. 하지만 대출 기준에 맞다면 오히려 그들이 상품을 판매하고자 안달할 것이다. 앞서도 말했지만 은행은 예대마진을 먹고 사는 회사니까.

대출 상품에 대해 이것저것 묻고 따질 때 중요한 것은 대출 이자보다 상환 방식이다. 대출 상환 방식은 만기일시상환, 원리금균등상환, 원금균등상환 방식이 있다. 대출 이자 차이는 금융기관이나 상품에 따라 기껏해야 1% 미만이지만, 상환 방식에 따른 이자 차액은 두 배 가까이나 된다.

과거에는 대출 상환 방식에 대해 거의 신경을 쓰지 않았다. 그 이유가 무얼까? 인정하기 싫겠지만 다들 '금융문맹'이라서 그랬다. 금융기관이 서민 금융 소비자들의 수준을 낮춰 보아서 그랬다. 그래서 '만기일시상환' 방식 외 다른 방식의 대출 상품을 준비하거나 권할 이유가 없었다. 만기일시상환은 대출 기간 동안 이자만 내다가 만기일에 원금을 상환하는 방식이다.

이자, 즉 상품 가격을 내고 대출 상품을 구매하는 고객인데도 어찌 된 일인지 대출 창구 앞에만 서면 위축되어 행여나 대출이 안 되면 어쩌나 가슴을 졸였다. 원금을 상환할 여력도 계획도 없이 대출 승인에만 목을 매고 있는데 대출을 해주겠다고, 만기까지 이자만 내도 된다고, 연체만 하지 않으면 된다고 하니 대출 창구 직원이 고마울 따름이었다.

그리고 만기에 대출 원금을 상환하려면 적금을 들어두는 게 좋을 거라는 권유를 받거나, 심지어 대출을 받는 조건으로 반강제로 적금에 가입시키는 경우(속칭 '꺾기')도 있었다. 나와 아무 관련 없는 은행 직원이 대출 상환까지 걱정하고 배려해주니 또 얼마나 고마운가! 요즘도 이런 사례가 없지 않다.

소액이라도 적금을 들어두면 만기에 대출금을 갚는 데 보탬이 되지 않을까 생각한다면 큰 오산이다. 반복해서 말하지만 대출 이자보다 금리가 높은 적금 상품은 없다. 또한 대출은 첫 달부터 대출 총액에 대한 이자를 내야 하지만, 적금은 목돈이 만들어지기 전에는 푼돈에 이자가 붙으니 대출 이자와는 천지 차이다.

만기일시상환

대출 만기 시점에 어디선가 목돈이 굴러들어올 계획이 없는 한, 만기에 원금을 상환하는 만기일시상환 방식은 고려하지 않는 게 좋다. 만기에 원금을 상환하지 못하면 결국 만기를 연장할 수밖에 없다. 연리 10%짜리 5년 만기 대출을 5년 더 연장하면 결국 원금만큼 이자를 내는 셈이다.

부득이하게 대출이 필요하다면 원리금균등상환 방식이나 원금균등상환 방식 상품을 이용하는 것이 낫다.

원리금균등상환과 원금균등상환

'원리금균등상환'은 원금과 총이자를 더한 금액을 대출 기간(개월 수)으로 나눠 매달 균등하게 상환하는 방식이다. '원금균등상환'은 대출 원금을 대출 기간으로 나눈 할부 상환액에 월별 잔액 이자를 합산하여 상환하는 방식이다. 원금 상환액은 일정하나 이자는 시간이 지남에 따라 줄어든다. 대출 잔액이 줄어들기 때문이다.

이 두 가지 방식으로 대출을 받으면 매월 이자와 원금을 함께 상환해야 하므로 대출 규모를 최소화하게 된다. 또 상환 기간 동안 현금흐름에 문제가 생기지 않도록 소비성 지출을 줄이기 마련이므로 일석이조의 효과를 거둘 수 있다.

5,000만 원을 연리 4%로 5년간 빌렸을 때 만기일시상환, 원리금균등상환, 원금균등상환 방식의 차이를 비교해보자.

우선 만기일시상환의 경우 5년간 총이자가 1,000만 원으로, 원리금균등상환 이자(5,249,592원)나 원금균등상환 이자(5,083,319원)에 비해 두 배 가까이 된다.

이번에는 원리금균등상환과 원금균등상환을 살펴보자. 이자만 놓고 보면 근소한 차이지만 원금균등상환이 원리금균등상환보다 총이자가 낮아 분명 더 좋은 상품이라 할 수 있다. 그러나 꼭 그렇다고 볼 수 없는 면이 있다.

원리금균등상환은 첫 달부터 마지막 달까지 상환 금액이 920,826원으로 일정하다. 반면 원금균등상환은 매달 상환액이 줄어드는 방식이다. 1차월의 원금+이자 상환액은 100만 원이고, 60차월에는 836,111원이 되어 17만 원 가까이 줄어든다.

원금균등상환을 할 경우 매월 조금씩 줄어드는 총액이 500만 원 가까이 된다. 만약 이 돈을 계획적으로 꼼꼼하게 관리한다면 대출 만기가 되었을 때 빚도 갚고 500만 원의 보너스도 받게 된다. 하지만 그렇

| 대출상환 방식 비교 |

상환 방식	만기일시상환	원리금균등상환	원금균등상환
총이자	10,000,000원	5,249,592원	5,083,319원

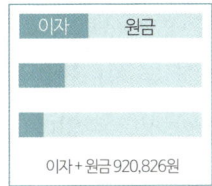
이자 + 원금 920,826원
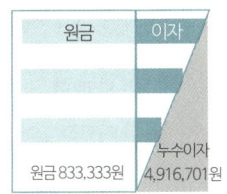
원금 833,333원   누수이자 4,916,701원

구분	만기일시상환			원리금균등상환			원금균등상환		
	이자	원금	대출 잔액	이자	원금	대출 잔액	이자	원금	대출 잔액
1차월	166,667	-	50,000,000	166,667	754,159	49,245,841	166,667	833,333	49,166,666
30차월	166,667	-	50,000,000	90,258	830,568	26,246,886	86,111	833,333	24,999,980
60차월	166,667	50,000,000	-	3,059	917,767		2,778	833,333	-

지 못할 경우에는 원리금균등상환 방식과의 이자 차액인 166,273원의 30배에 가까운 약 492만 원이 누수 지출될 가능성이 높다.

　대출은 불가피한데 대출 규모를 최소화해도 매달 이자에 원금까지 상환할 여력이 부족할 경우에는 어떻게 해야 할까? 이런 경우에는 대출금의 일부라도 분할 상환해야 만기 시의 상환 부담을 줄일 수 있다.

　예를 들어 5,000만 원을 원리금균등상환 방식으로 대출받는다면 매월 약 92만 원씩 갚아나가야 한다. 이때 상환 여력이 월 55만 원 정도밖에 안 된다면 2,500만 원은 만기일시상환 방식으로 대출받아 매월 약 83,000원씩 이자만 상환하고, 나머지 2,500만 원은 원리금균등상환 방식으로 대출받아 약 46만 원씩 원금과 함께 상환하는 것이 좋다.

그래야 만기 상환 부담을 줄일 수 있다.

만약 이마저 여의치 않아 전액을 만기일시상환 방식으로 대출받을 수밖에 없다면, 언제든 목돈이 생겼을 때 중도상환수수료를 물더라도 일부 금액을 상환해서 대출 원금을 줄여나가는 것이 좋다.

이러한 점들을 종합적으로 고려해볼 때, 어떤 대출 상환 방식이 좋은지 묻는다면 그에 대한 정답은 없다. 저축이든 대출이든 재무설계 전반에 대한 것이든 원칙은 동일하지만 구체적인 실천 방식은 다양하다. 각자가 처한 상황이나 자신의 돈 관리 스타일과 맞는 방식이라야 최선이라 할 수 있다.

대출을 받으면 신용등급이 떨어지나요?

엄밀히 말하면 신용등급을 결정 짓는 신용점수가 하락합니다. 하지만 연체 없이 대출금을 잘 상환하면 신용점수가 다시 회복됩니다. 이 밖에 신용등급 하락에 영향을 미치는 요소로는 소득 대비 부채가 2~3배, 카드 이용액 한도의 50% 이상 사용, 3개월 이상 50만 원 이상 연체, 세금 및 공과금 100만 원 이상 연체 또는 1년에 3차례 이상 연체, 제2금융권(저축은행, 캐피털) 과다 이용 등이 있습니다.

02 마이너스통장 '0원' 만들기

대출 중에 대출 같지 않은 대출이 있다. 흔히 '마이너스통장'이라고 불리는 이 대출의 정식 명칭은 '종합통장자동대출'로 버젓이 '대출'이라고 명시하고 있다. 그렇다면 왜 상품을 만들 때 금융 당국에 신고한 약관에 명시된 정식 명칭이 아닌 마이너스통장이란 이름이 통용되고 있을까?

나는 이것이 누군가 우연히 사용하다 자연스럽게 널리 퍼지게 된 것이 결코 아니라고 생각한다. 대출이라는 꼬리표를 떼냄으로써 금융 소비자의 심리적 부담을 완화시켜 판매를 촉진하려는 의도된 전략이라고 본다.

마이너스통장에 대해 좀 더 자세히 알아보자.

마이너스통장을 발급받기 위한 조건은 은행별로 다소 차이가 있지만, 일반적으로 연봉 1,600만 원 이상, 신용 등급 1~6등급 이내, 1년 이상 재직 중이며 6개월 이상 4대보험에 가입되어 있는 직장인이어야 한다. 대출 금리도 은행별로, 신용 등급에 따라 차이가 있지만 일반적으로 신용 대출 금리보다 0.5~1.0%포인트 더 높다.

그러나 일 단위로 이자가 계산되기 때문에 사용한 날짜만큼의 이자만 내면 된다. 2015년 1분기 기준 17개 시중은행의 마이너스통장 신규 대출 기준 평균 금리는 연 5.26%였으며, 신용 등급이 7~8등급인 경우에는 금리가 11%를 상회한다.

마이너스통장 대출 이자는 복리로 붙는다

마이너스통장의 최대 장점은 편하다는 것이다. 언제든지 내 돈처럼 쓸 수 있다. 머리 아프게 일일이 이자를 계산하는 수고를 할 필요도 없다. 은행에서 알아서 계산하고 알아서 정산한다. 별도로 정해진 날짜에 맞춰 원금을 갚을 필요도 없다. 나는 정말 아무것도 할 필요가 없다. 그런데 '너무 편리한 것'이 마이너스통장의 치명적인 단점이다.

마이너스통장은 대부분 급여 계좌에서 개설한다. 그리고 통장 잔액이 바닥나도 약정한 자동대출 한도까지 계좌에서 자유롭게, 아무런 심사도 승인도 서류 절차도 없이 내 돈처럼 꺼내 쓸 수 있다.

예를 들어 1,000만 원짜리 마이너스통장의 경우, 급여 계좌에 매달 입금되는 돈이 300만 원이라면 그 300만 원을 다 써도 미리 약정한 1,000만 원까지는 언제든지 쓸 수 있다. 항상 내 통장에 비상금이 들어 있는 것 같아 마음도 푸근하다.

심지어 대출받은 돈이라는 생각조차 들지 않는다. 월급이 들어오면 자동으로 상환되니 부담도 없다. 마이너스 금액에 따라 일 단위로 이자가 나가지만 그것이 얼마인지, 어떻게 계산되는지 알지도 못하고 알려고 하지도 않는다.

잔액을 초과해서 지출하면 이제 통장 잔액을 나타내는 숫자 앞에 마이너스 부호가 붙는다. 초과 지출한 금액만큼 대출을 받은 셈이다. 대출금에 대해서는 이자가 붙는데 이미 잔액이 바닥났기 때문에 대출금에 이자가 보태져 대출 총액이 늘어난다. 대출 일수에 따라 이자가 붙기 때문에 대출금을 1개월 이내에 상환한다면 이자 비용을 절감할 수 있지만 대출금을 갚지 못할 경우 이자는 복리로 붙는다.

예를 들어 급여로 입금된 300만 원을 모두 지출하고 추가로 500만 원을 더 인출했다면 통장에는 -5,000,000원이 찍힌다. 그런데 다음달 결제일에 500만 원과 이자가 입금되지 않는다면 대출금은 갚지 못한 셈이 된다. 그러면 500만 원에 대한 한 달치 이자 21,900원이 추가로 자동대출된다. -5,021,900원이 되는 것이다. 만약 다음 달에도 대출금을 갚지 못하면 대출금과 이자를 합산한 5,021,900원에 또 이자가 붙어 월 복리로 이자가 붙는 복리 대출이 된다.

마이너스통장만 믿고 소득 한도를 초과해서 사용하는 지출이 습관이 되면, 복리 이자까지 더해져 금세 마이너스 잔액이 불어나 부지불식간에 대출 한도가 꽉 차버린다. 마이너스통장이 한도에 이른 후 다음 결제일까지 원금과 이자가 채워지지 않으면 연체이자율이 적용되어 금리는 폭등한다. 마이너스 1,000만 원이 찍힌 통장에 월급이 들어오면 이자가 먼저 빠진 후 남은 금액만큼 상환된다.

마이너스통장과 체크카드를 분리하라

마이너스통장이 체크카드와 결합하면 가공할 만한 위력을 발휘한다. 체크카드는 신용카드로 인한 과소비를 막기 위해 통장 잔액 이내에서 일시불로만 결제할 수 있도록 기능을 제한한 카드이다.

그런데 은행은 대출 마진을 얻기 위해, 마이너스통장 계좌에 체크카드를 연결해 잔액을 초과해서 마이너스 대출 한도까지 결제할 수 있도록 했다. 이렇게 하여 체크카드의 순기능을 무력화시켰을 뿐만 아니라 금융 소비자를 부채의 늪으로 인도하고 있다.

금융감독원에 따르면 마이너스통장 계좌에 연결된 체크카드는 2010년 말 133만 2,600장에서 2014년 말 204만 1,600장으로 늘었고, 해당 계좌의 마이너스 잔액은 8조 5,755억 원에서 16조 6,428억 원으로 2배 가까이 늘었다.

부채 부담에 대한 민감도는 줄어들기 마련이다. 처음에는 작은 빚도 부담스럽지만 서서히 빚이 늘어나고 마이너스 인생이 지속되면 부채가 점점 대수롭지 않게 여겨진다. 1,000만 원 정도라면 언제든지 마음만 먹으면 갚을 수 있을 것 같은, 대책 없는 호기가 발동한다.

부채가 더 늘어나 자신의 연봉 정도가 되면 가장 고통스럽다. 꼬박 1년간 한 푼도 쓰지 않고 모아야 갚을 수 있다고 생각하면 한숨만 나온다. 부채가 연봉의 3배가 되면 이젠 체념 상태가 된다. 빚이 1억 원을 넘어가면 어차피 못 갚을 빚이라 생각하고 거기서 1,000만~2,000만 원 정도 더 빚지는 것을 대수롭지 않게 여긴다.

대출 갈아타기로 마이너스통장을 없애라

"내 통장 잔고액을 0원으로 만드는 것이 소원이다."라고 말하는 사람들이 많다. 하지만 마이너스통장(종합통장자동대출)을 상환하기란 쉽지 않다. 이를 악물고 아껴 쓰면 조금씩 줄어들 것이라는 순진한 생각만으로는 상환할 수 없다.

가장 간단하고 깔끔하게 해결하는 방법은 '대출 갈아타기'다. 새로운 대출을 받아서 마이너스통장 대출금과 이자를 상환하고 마이너스통장을 해지한 후, 원금균등상환 또는 원리금균등상환 방식으로 대출금을 갚아나가는 것이다.

만약 추가 대출이 여의치 않다면 무엇보다 먼저 급여 통장과 마이너스통장을 분리해야 한다. 그런 다음 월 상환액을 정해 급여 통장에서 마이너스통장으로 매월 일정 금액을 자동이체하기 바란다.

물론 이 방법은 상환이 끝날 때까지 계속해서 복리 이자를 물어야 하므로 대출을 갈아타는 방식보다는 이자 비용 손실이 크다. 그러나 '선저축 후소비'의 원리와 마찬가지로 <u>선대출상환 후소비'의 방식이 아니라면 부채의 늪에서 빠져나올 길은 요원하다는 사실을 명심해야 한다.</u>

마이너스통장은 금액이 크지 않고, 단기간에 대출금을 갚을 수 있는 경우에는 일반 대출보다 경제적일 수 있다. 하지만 소액, 단기 대출 대신으로만 활용하겠다는 원칙을 고수하기란 쉽지 않다. 이자 몇 푼 아끼려다, 급전이 필요한 비상시에 대비하려다 괜히 대출이라는 함정을 내 집 앞마당에 파두는 꼴이 되기 쉽다. 마이너스통장은 애초에 만들지 않는 것이 상책이다.

비상시를 위해 마이너스통장을 만들었습니다. 혹시 다른 대안은 없을까요?

마이너스통장은 대개 긴급, 단기, 소액 대출을 위해 개설합니다. 하지만 이런 목적을 위해서라면 마이너스통장 대신 비상예비자금통장을 만드는 것이 훨씬 좋습니다. 3~6개월치 월급에 해당하는 금액을 꾸준히 모아 이 통장에 넣어두시기 바랍니다. 일 단위로 이자가 계산되는 마이너스통장 대신 입출금이 자유롭고 하루만 맡겨도 이자가 생기는 CMA상품을 이용하면 일거양득이라 할 수 있습니다.

03

빚 권하는 사회, 빚 파는 은행

TV를 켜면 온통 초스피드로 간편하게 대출을 해준다는 고금리 대부업체의 광고가 판을 치고 있다. 제발 빚을 지라고, 빚쟁이가 되라고 한다. 전화 한 통이면 3초 만에, 차만 있으면, 카드 연체만 없으면, 여성 전용으로, 누구나 등등의 말로 유혹한다. 급전이 필요한데 신용등급이 낮거나 담보가 없어 제1금융권 신용대출이 어려운 사람들은 귀가 솔깃할 수밖에 없다. 한때는 소위 잘나가는 연예인이 대부업체 광고에 출연하면 곱지 않은 시선으로 보거나 비난했던 적도 있었지만 이제는 그런 도의적인 지탄의 정서도 시들해진 것 같다.

2007년 모 대부업체가 1개월 동안 이자를 받지 않겠다며, '무이자'를 반복적으로 부르짖는 대출 광고를 대대적으로 방영했다. 이자도 안 받고 돈을 빌려주겠다는데 뭐가 문제일까라고 생각할 수도 있다. 하지만 이것은 대부업체의 고도의 미끼 전략이다. 홈쇼핑 광고에서 흔히 볼 수 있는 일주일 무료 체험을 대출 상품에 적용한 것이다. 인터넷이나 IP-TV의 각종 콘텐츠 상품, 휴대전화 부가서비스도 1개월 무료 체험 기간을 제공하고 1개월 내에 해지하지 않으면 자동으로 유료화하는 식의 마케팅 전략을 많이 사용한다.

이들의 공통점은 '무료'라는 명분으로 고객을 유치해서 단맛을 보인 후, 반품이나 해지 절차를 까다롭게 해서 빠져나가지 못하게 만드는 것이다.

한 직장인은 무이자라기에 별 생각 없이 제2금융권 대출을 이용했다가 낭패를 당했다. 한 달 뒤 대출금을 상환했지만, 1년 뒤 부족한 결혼 자금을 대출받기 위해 은행에 갔다가 제2금융권 대출 기록이 신용등급 하락에 영향을 미쳐 대출을 받지 못했다.

헤어날 수 없는 빚의 나락에 빠져들지 마라

은행이나 대부업체들은 대출 소비자들이 대출금을 제때 갚는 것을 바라지 않는다. 기한보다 빨리 갚으려고 하면 수수료까지 물린다. 바로 '중도상환수수료'라는 것이다.

그들에게 최우량 고객은 많이 빌려가서 이자는 꼬박꼬박 내되 원금은 최대한 오랫동안 갚지 않는 고객이다. 2002년 대부업법이 제정될 당시만 하더라도 법정 최고 이자율이 무려 66%나 되었고, 온갖 명목의 수수료와 연체이자까지 더해지면 실질 이자가 200%를 넘기도 했다. 이후 네 차례에 걸친 상한 이자율 인하가 있었고, 2016년 3월 3일 법정 최고 이자율을 연 34.9%에서 연 27.9%로 인하하는 대부업법 개정안이 국무회의를 거쳐 공포되었다. 하지만 개정된 이자율을 적용하더라도 불과 3년 7개월이면 이자가 대출 원금을 초과한다.

빚은 꼬여버린 현금흐름에 숨통을 틔워주기도 하고, 다급한 위기를 모면케 해주며, 부족한 자금을 메워주기도 한다. 하지만 빚은 칼이나 불과 같아서 잘 쓰면 더없이 유용하지만 잘못 쓰면 다치거나 화를 입거나 헤어날 수 없는 나락으로 빠져들게 한다.

일본의 대표적인 미스터리 소설 작가 미야베 미유키의 소설을 원작으로 2012년 개봉한 변영주 감독의 〈화차〉라는 영화가 있다. 〈화차〉는 아버지로 인해 빚의 굴레에 빠진 한 여인이 사람답고 행복하게 살고자 처절하게 몸부림치다가 결국 비극적 결말에 이르는 이야기다.

결혼을 한 달여 앞두고 부모님에게 인사를 드리러 가는 도중 고속도로 휴게소에서 약혼녀 선영이 감쪽같이 사라졌다. 문호는 선영을 찾기 위해 전직 형사였던 사촌형에게 도움을 요청한다. 수사가 진행되면서 하나씩 밝혀지는 놀라운 사실. 문호가 알고 있던 선영이, 선영이 아니었다.

수사 과정에서 밝혀진 그녀의 이름은 차선경. 이혼 경력이 있다는 사실을 알아내곤 전 남편을 찾아간다. 그런데 그가 들려준 이야기는 실로 충격적이었다. 친정아버지의 사채 빚을 떠안게 된 차선경은 사채꾼의 끔찍한 횡포에 시달려 남편과 이혼한 뒤, 빚을 갚으려 몸까지 팔았지만 원금보다 높은 이자로 빚은 눈덩이처럼 불어갔다. 결국 그녀가 선택한 것은 끔찍한 살인과 신분세탁.

이 영화는 선영의 투신 자살이라는 비참한 종말로 막을 내린다. 다른 사람의 신분으로 살아가기 위해 살인을 한다는 설정은 극단적이지만, 본의 아니게 떠안은 거액의 고리사채와 불법적 채권 추심, 이로 인한 비극적 선택은 실제로 비일비재하게 일어나는 사건이다. 빚의 굴레에서 벗어나기 위한 최후의 수단으로 신분을 위장하고자 살인까지 감행한 선영의 섬뜩하면서도 비장한 대사가 잊히지 않는다.

"세상에 태어나 한 번쯤은 행복하게 살아도 되잖아! 신이 허락하지 않아도 상관없어, 난 살아야겠어!"

3가지 유형의 부채

살아가면서 경험하게 되는 부채는 크게 A, B, C 3가지 유형으로 나눌 수 있다.

A형 부채는 피동적 부채로, 자신의 의지와 무관하게 거액의 부채를 불시에 떠안는 경우다. 영화〈화차〉에서처럼 부모가 빚을 남기고 사망했다거나, 친척이나 지인의 보증을 섰다가 보증 채무를 지는 경우, 가장의 경제력 상실, 가족의 큰 병, 사업 실패 등이 원인이다.

B형 부채는 능동적 부채이다. 대체로 부채 규모가 크지만 스스로 원해서 부채를 짊어지는 경우다. 내 집 마련 또는 부동산 투자를 위한 주택(아파트)담보대출, 자동차 구입을 위한 자동차 할부금융이라는 형태의 캐피털 대출이 대표적이다. '은행 소유 아파트에 얹혀살면서, 캐피

털 소유 차를 빌려 타고 다닌다.'는 농담 아닌 농담이 낯설지 않다. 그리고 사업자금 마련을 위한 대출, 학자금 대출도 이 유형에 속한다.

C형 부채는 살아가면서 일상적인 것으로 당연시하는 소비성 부채이다. 필요할 때마다 내 돈마냥 쓸 수 있는 마이너스통장, 아쉬운 소리 하는 것을 싫어하는 사람들의 체면 살리는 현금서비스, 구매력에 대한 판단력을 흐리게 만들어 한도를 의식하지 않고 마구 쓰게 만드는 신용카드 대금 등이 그것이다.

A형 부채는 예고도 없이 불시에 거대한 파도처럼 덮쳐오기 때문에 자력으로 감당해내기가 힘들다. 그러나 천재지변도 사전에 대비하면 피해를 상당 부분 줄일 수 있는데 운명에 맡기고 가만히 앉아서 당할 수는 없지 않은가?

기본적인 생활 법률과 보험에 대해 알고 제대로 준비하고 대처한다면 참담한 결과는 피할 수 있다. 부모님의 사망으로 경황이 없는 상황에서 자칫하면 놓치기 쉬운 부채 상속에 대해서는 '07 빚까지 상속받진 말자'에서 자세히 다루었다.

최근에는 신용보증보험으로 대체되어 인보증이나 연대보증을 요구하지 않는 추세이긴 하지만, 친지나 지인이 보증을 부탁해올 경우 완곡히 거절하기를 권한다. 인정에 이끌려 보증을 섰다가 돈도 잃고 사람도 잃는 경우가 허다하다.

불의의 사고나 질병으로 가장이 사망하거나 경제력을 상실할 경우, 사업 실패로 인한 부채는 보험을 제대로 알고 활용하면 최소한의 대비가 가능하다. 보험에 대해서는 3부에서 상세히 다루고자 한다.

B형 부채와 C형 부채는 모두 자발적으로 채무자가 되는 경우라는 점에서 비슷한 유형이라 할 수 있다. 그럼에도 둘을 구분하는 것은 동기와 여건이 다르기 때문이다.

B형 부채는 대체로 대출 규모가 크기 때문에 대출을 결정하기까지 나름대로 심사숙고한다. 또한 대출 규모가 확정되고, 상환 능력의 유무나 실제 상환 여부를 떠나 대출 기간과 상환 방법이 대출 당시에 결정된다.

하지만 C형 부채는 분명히 자기 의지로 대출을 받지만 이를 의식하지 못하는 경우가 많다. 교묘히 대출이라는 본색을 감추고 있기 때문이다. 대출을 위한 서류나 까다로운 절차가 필요 없다. 대출을 받고도 그것이 대출이라는 개념 자체가 없다. C형 부채는 보통의 경우 대출 규모가 크지 않아 상환 의무를 잊게 하거나 상환에 대한 부담감을 마비시킨다. 그러나 C형 부채의 가공할 마력은 자기증식을 한다는 점이다. 방심하는 사이에, 부지불식간에 감당할 수 없는 규모로 불어나는 증식력을 가지고 있다.

아파트 담보대출은 빚도 아니다?

정도전 씨는 1억 5,000만 원짜리 전셋집에 살고 있다. 모아둔 돈은 없다. 그런데 비슷한 처지의 친구는 담보대출로 아파트를 샀다. 친구뿐 아니라 다들 그렇게 한단다. 정도전 씨도 고민 끝에 과감하게 결단을 내려 아파트를 사기로 했다. 근처 동네 재개발 소식도 들려 혹시 아파트 값이 오르면 시세 차익이 생길지도 모른다는 기대감도 한몫했다. 다들 그렇게 한다니까, 아파트 담보대출은 빚도 아니라니까!

시세 차익이 생긴다면 그만큼 버는 것일까?

정도전 씨는 2억 5,000만 원을 대출 받아서 4억 원짜리 아파트를 구입했다. 그런데 정도전 씨의 기대에 부응하듯 18개월 뒤 아파트 값이

5억 원이 되었다. 그럼 정도전 씨는 1억 원을 번 것일까? 이는 지금 살고 있는 아파트를 5억 원에 팔고 같은 지역에 동일한 조건의 4억 원짜리 아파트를 살 수 있을 때 가능한 얘기다. 그러기 위해서는 다른 집의 집값은 그대로이고 정도전 씨가 살고 있는 집값만 올라야 한다.

억세게 운이 좋아 5억 원에 팔고 유사한 조건의 아파트를 4억 원에 샀다 하더라도 시세 차익 1억 원에 대한 양도소득세를 내야 한다(1가구 1주택 비과세 혜택을 받아 양도소득세를 내지 않으려면 2년 이상 소유해야 한다). 그리고 취·등록세도 내야 하고, 중개수수료와 이사할 때 발생하는 각종 비용(인테리어비, 도배·장판비, 이사비, 가전·가구 교체비 등)도 무시할 수 없다. 참고로 양도소득세는 홈텍스(www.hometax.go.kr)에서, 취·등록세는 위텍스(www.wetax.go.kr)에서 모의 계산을 해볼 수 있다.

정도전 씨가 전세보증금 1억 5,000만 원에 담보대출 2억 5,000만 원을 더해서 4억 원짜리 아파트를 구입한 뒤, 18개월 뒤 5억 원에 팔고 다시 비슷한 조건의 4억 원짜리 아파트를 구입하는 경우 들어가는 비용과 시세 차익을 정리해보면 다음 그림과 같다.

2년 이상 보유해서 양도소득세를 감면받더라도 시세 차익은 6,565만 원이다. 18개월 동안 보유하다 매도할 경우에는 시세 차익이 5,200만 원에 불과하다. 둘 다 이사 비용과 기타 비용은 감안하지 않았다.

물론 계획대로만 된다면 거뜬히 1년 연봉만큼은 버는 셈이다. 하지만 시세 차익으로 생긴 돈으로 대출을 갚아도 여전히 2억 원에 가까운 부채가 남아 매월 대출 이자를 내야 한다는 게 문제다.

| 아파트 시세차익 예시 |

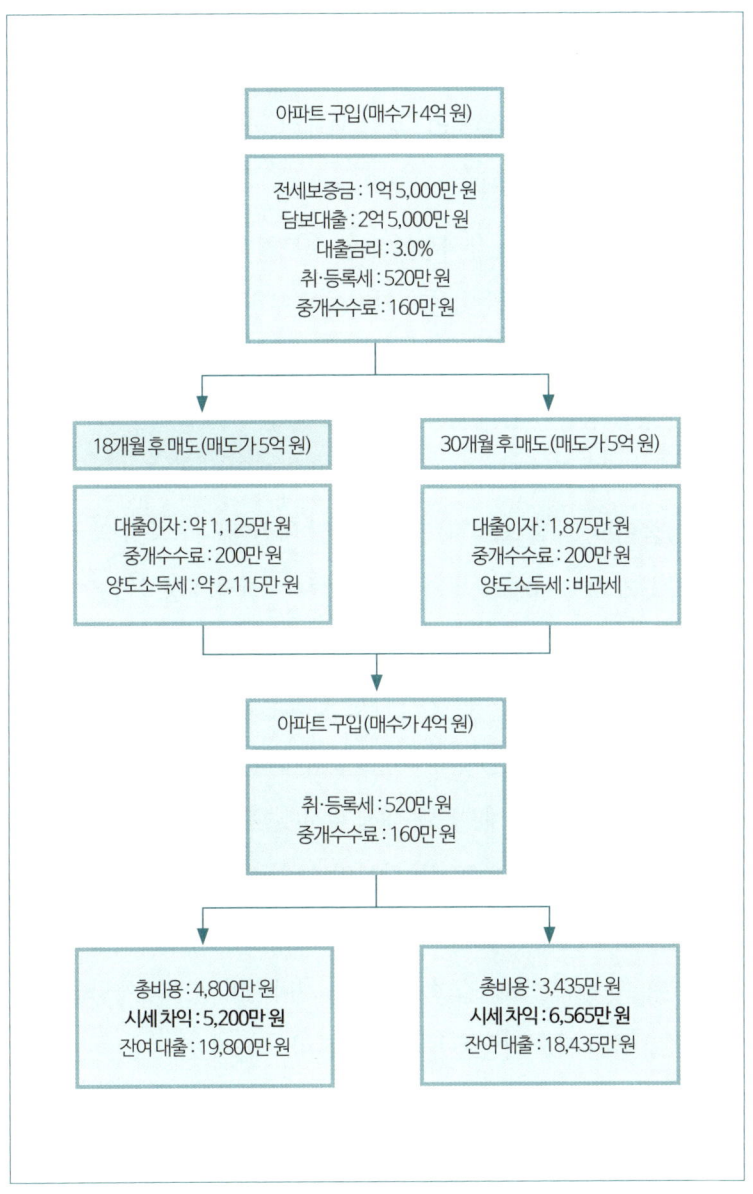

대출받아 집 사기 힘든 시대가 됐다

가계 부채 1,200조! 실로 어마어마하다. 더 놀라운 사실은 잠재적 가계 부채라 할 수 있는 전세보증금 약 900조 원과 사채, 사금융 부채는 포함되지 않았다는 점이다. 국가 부채와 기업 부채까지 고려한다면 약 2,000조 원에 달하는 천문학적 규모다.

IMF 외환위기 이후 신용시장에 대한 정부의 기능이 약화되고, 은행이 기업 금융시장보다 수익성과 안정성이 우월한 소비자 금융시장의 영역을 확대함으로써 가계 부채가 늘어나는 시발점이 되었다. 여기에 가장 큰 몫을 담당한 것이 '주택담보대출'이다.

주택담보대출은 은행으로서는 신용 위험과 대출 관련 비용이 낮은 효자 상품이고, 대출 소비자로서도 내 집 마련에 대한 욕구와 부동산 가격 상승에 따른 시세 차익 기대에 부합하는 최적의 상품이었다.

집을 장만하기 위해서라면 3억~4억 원 정도의 대출은 대수롭지 않은 것이라 여기게 만든 '내 집'에 대한 집착과 시세 차익 욕심에 대한 이해를 돕기 위해서, 전 세계에서 유일하게 우리나라에만 있는 주택 임대차 계약 방식인 전세제도에 대해 잠시 살펴보겠다.

일제강점기인 1910년 조선통감부의 관습조사보고서에는 "전세는 조선에서 가장 일반적인 가옥 임대차 방법이다. 차주가 일정한 금액(가옥 가격의 반액 내지 7, 8할)을 소유자에게 기탁하며 별도의 차임을 지불하지 않고 반환 시 기탁금을 돌려받는다."라고 쓰여 있다.

우리나라에서 전세제도가 보편화되고 현재에 이르기까지 대표적인 주택임대차제도로 존속하게 된 데에는 이유가 있다. 급격한 경제성장과 도시화로 주택이 절대적으로 부족한 반면 주택 정책이나 금융제도는 이를 뒷받침하지 못했기 때문이다.

주택 수요 증가와 공급 부족은 가격의 폭등을 초래했고 소위 '부동산 불패신화'를 낳았다. 전세제도가 부동산 불패신화의 1등 공신이었고, 부동산 투자가 최고의 재테크 수단이었다. 주택 가격의 20~30%만 있으면 나머지는 대출을 받아 전세를 끼고 집을 살 수 있었고, 가파른 집값 상승으로 얼마 지나지 않아 그 이상의 차익을 남길 수 있었다.

그러나 이제는 상황이 달라졌다. 주택 공급 과잉, 저출산, 오랜 경기침체로 부동산 경기도 얼어붙었다. 무리한 담보대출로 이자 부담은 늘어가는데 시세 차익을 기대할 수 없자 전세금을 대폭 올리거나 전세와 월세를 결합하는 방식을 선택하게 되었다. 이제 부동산 불패신화도 서서히 막을 내릴 때가 된 것이다. <u>무리한 대출을 받았다가 부동산 가격이 추락하거나 금리가 오르기라도 한다면 그야말로 낭패가 아닐 수 없다.</u>

가계 부채를 잡기 위해 LTV(주택담보대출비율, 주택을 담보로 대출해줄 때 적용하는 담보 가치 대비 대출 금액 비율)나 DTI(총부채상환비율, 소득으로 부채를 얼마나 잘 상환할 수 있을지 따져서 대출 한도를 정하는 계산 비율) 규제를 강화하자니 부동산 경기가 얼어붙고, 이를 완화하자니 악성 가계 부채가 급증할까봐 금융 당국과 은행연합회가 궁여지책으로 내놓은 대책이 '여신(주택담보대출) 심사 선진화 방안'이다.

이에 따르면 앞으로 은행에서 담보대출을 받아 새 집을 살 경우 소득 능력이 아주 충분한 예외적인 경우를 제외하고는, 일부 또는 전부를 비거치 분할상환 조건부로만 받을 수 있다. 따라서 대출을 받기 위해서는 원천징수영수증 등의 객관적 소득 증빙 자료를 제출해야 한다. 소득 증빙이 어려운 경우에는 국민연금이나 건강보험료 등을 바탕으로 추정한 인정 소득이나 신용카드와 체크카드 사용액, 매출액 등으로 추정한 신고 소득을 활용해 소득을 추정한다.

 LTV와 DTI가 60%를 초과하면 원칙적으로 대출 전액을 비거치식 분할상환 방식으로 대출을 받아야 하고, 60% 이하이면 주택 소유가 1~2채인 경우는 대출 일부에 대해서 은행이 자율적으로 비거치 분할상환 대출 비중을 정하게 했다. 이 제도는 수도권은 2016년 2월 1일, 수도권 이외의 지역은 2016년 5월 2일부터 적용되었다. 아직 시행 초기여서 확실한 판단은 이르지만, 제도가 시행되면 소득 증빙이 어려운 저소득자나 자영업자 등은 대출을 받기 힘들어질 것으로 보인다.

05

판단력을 흐리게 만드는 소비성 대출

마이너스통장, 현금서비스처럼 대출 규모가 크지 않은 소비성 부채(C형 부채)를 조심해야 한다. 금액이 얼마 안 되니 금세 갚을 수 있을 거란 안일한 생각으로 현금서비스를 받았다가, 카드 돌려막기에 대부업체의 사채까지 끌어쓰다 헤어나오기 힘든 빚의 구렁텅이에 빠지는 사람도 많다.

부채 클리닉 상담을 요청해온 사모아 씨도 소비성 부채로 인해 빚더미에 오른 사례다. 친구와 함께 구경만 하려고 했던 백화점 명품숍 아이쇼핑이 문제의 발단이었다. 사모아 씨의 마음을 사로잡은 문제의 가방은 신입사원인 그녀의 거의 두 달 치 월급과 맞먹었다(당시 월급은 200만 원이었다).

그러나 갖고 싶다는 간절한 욕구와 일단 질러놓고 생각하라는 주위의 부추김, 명품 가방 하나쯤은 사치도 아니라는 자기 합리화, 그리고 조만간 있을 친구들 모임에서 나를 지켜줄 자존심……. 이 정도면 두 달 치 월급 정도는 투자하고도 남는다고 생각했다.

갖고 싶은 고가의 물건이 있다면 적금을 들어라

한때 루이비통이 '3초백'이라 불린 적이 있었다. 길거리에서 3초마다 한 번씩 루이비통 가방을 든 여성을 볼 수 있어 생긴 별칭이다. 온 나라 여성이 명품 가방에 얼마나 열광하고 있는지 잘 보여주는 대목이라 씁쓸하다. 특히나 이제 갓 취업한 20대 여성의 경우 명품 가방에 대한 욕구가 더욱 강하다.

사치니 과소비니 하는 구세대의 우려는 차치하고, 정말 명품 가방을 갖고 싶다면 월 30만 원씩 1년 만기 정기적금을 드는 것이 합리적이다. 물론 사모아 씨의 경우처럼 월급 200만 원으론 한 달 생활하기도 빠듯할 것이다. 사실 매달 30만 원씩 저축하는 것이 쉬운 일은 아니다.

하지만 적금을 붓는 1년 동안 다양한 감정을 느낄 수 있다. '남의 돈 벌기 쉽지 않다.'라는 생각과 함께 '돈의 소중함'을 뼈저리게 절감할 것이다. 적금이 4개월째 접어들고 적립금이 100만 원을 넘어가면 그때부터 '돈 모으는 재미'를 느낀다. 만기가 도래했을 때는 짜릿한 '성취감'을 맛볼 수 있다.

그리고 무엇보다 1년간 각고의 노력 끝에 갈구하던 가방을 보란 듯이 살 수 있다는 기쁨이 무엇보다 클 것이다. 게다가 가방을 사러 갔을 때 1년 전보다 훨씬 더 마음에 드는 가방을 발견하게 된다면 또 하나의 기쁨이 더해지지 않겠는가!

350만 원이 2년 6개월 만에 2,000만 원으로 자기증식하다!

그러나 안타깝게도 인간은 그다지 합리적이지 않다. 사모아 씨는 현금서비스 350만 원을 받아서 가방을 구입했다. 차라리 신용카드로 12개월 할부를 했다면 적지 않은 이자를 물긴 했겠지만, 할부금을 갚아 나갈 수 있었을 것이다. 그랬더라면 빚더미에 오르지 않았을 것이고.

그런데 왜 현금서비스를 받았을까? 명품 가방을 사면서 "12개월 할부요."라고 말하기가 부끄러웠던 것이다.

현금서비스 이자율은 카드사에서 자체적으로 정한 회원 등급에 따라 차이가 난다. L사의 경우 1등급은 7.89~10.99%이지만 6등급의 경우 24~27.67%까지 이자율이 올라간다. 갓 입사해 카드 이용 실적이 별로 없던 그녀는 본인의 회원 등급이 몇 등급인지, 현금서비스 이자가 얼마나 되는지 알지도 못했고, 알려고도 하지 않았다. 단지 현금이 필요해 가장 손쉬운 방법을 이용한 것뿐이었다.

사모아 씨가 현금서비스에 대해 공포를 느끼기까지는 그리 오랜 시간이 걸리지 않았다. 원금 상환을 못하니 매달 원금에 이자까지 더해 현금서비스를 받고 그 돈으로 결제하는, 소위 '돌려막기'로 버티다 보니 불과 1년 만에 현금서비스 금액이 500만 원을 넘어섰다.

돌려막기에 지친 그녀는 카드론 대출을 받아 현금서비스를 상환하고서야 안도의 한숨을 쉬었다. 그러나 그것도 잠시뿐이었다. 1년 동안 힘들었던 자신을 위로한다는 명분으로 구두를 한 켤레 샀다. 그런데 구두 값이 100만 원이 넘었다. 현금서비스 돌려막기, 카드론, 거기에 기분 전환을 위한 쇼핑이 이어지면서 그녀의 빚은 1,000만 원을 넘어섰고 결국 대부업체의 문을 두드렸다.

350만 원의 현금서비스를 받은 지 2년 6개월 만에 사모아 씨의 부채는 2,000만 원이 되었다. 어마어마하지 않은가? 이것이 자기증식을 하는 소비성 부채의 가공할 위력이다.

다 이유가 있다고 합리화하지 마라

보험 영업을 시작한 지 갓 1년차인 설계사 박자만 씨가 월급으로 받아가는 수당은 300만 원에 못 미친다. 그런데 선배 설계사로부터 고액 보험 계약을 체결하려면 고객층을 업그레이드해야 하고 그러기 위해 골프는 필수라는 말을 들었다.

영업을 위한 투자라 생각하고 일단 골프 레슨을 시작한 박자만 씨는 이내 자신의 골프클럽이 필요하다는 사실을 알았다. 가격을 알아보니 140만~160만 원. 그뿐만 아니었다. 골프화, 골프복, 모자, 가방(캐디백, 보스턴백)까지 골프 한 번 치기 위해 기본적으로 갖춰야 할 것들만 계산기를 두드려보니 300만 원 밑으로는 어림도 없었다.

한 달 치 월급을 털어넣자니 엄두가 나지 않지만 영업은 해야 하고 레슨도 이미 시작했으니 이제 와서 포기할 수도 없었다. 결국 골프에 필요한 모든 용품을 풀세트로 구입하고 신용카드를 긁었다. 예산을 초과하면 어쩌나 걱정했는데 풀세트로 구매한다고 할인도 해주고 사은품도 끼워줘서 한결 마음이 가벼워졌다. 결제 금액은 280만 원, 10개월 할부를 선택했다.

300만 원짜리 월급쟁이가, 그것도 성과수당을 받는 영업직이라 그마저도 불안정한 영업사원인 그에게 신용카드가 없었다면 감히 엄두도 내지 못할 일이었다. 일시불로 280만 원을 내기는 힘들지만 한 달에 28만 원쯤이야 감당할 수 있을 것이라고 생각했던 박자만 씨는 곧 뼈저린 후회를 할 수밖에 없었다.

영업을 하는 그에게 자동차는 필수라 36개월 만기 캐피털 할부로 매월 50만 원씩 나간다. 골프 레슨비로 매달 38만 원, 월세 40만 원, 유류비 30만 원, 보험료 30만 원, 그 외 각종 공과금과 통신비 10만 원 등 고정비만 어림잡아 200만 원인데 골프 장비를 할부로 구입한 탓에 28만 원이 추가되어 매달 청구되는 신용카드 결제대금이 100만 원을 넘었다.

고객을 만나 식사를 하고 차를 마실 때는 물론, 가끔 친구를 만나 술을 마시거나 영화를 볼 때도, 담배 한 갑을 사도 신용카드로 결제할 수밖에 없었다. 지출이 월 소득을 초과하니 월급날이 되어도 그의 수중에는 단돈 만 원도 남아 있지 않았다.

통장에 급여가 들어오기가 무섭게 모두 자동이체로 빠져나갔지만 잔액이 부족해 연체가 시작되었다. 한번 연체가 시작되고 연체 이자가 붙어나가자 미결제 대금이 급속도로 불어갔다. 스트레스는 쌓여갔고 영업 활동은 위축되었다. 이로 인해 계약 실적마저 떨어지자 소득은 점점 줄었다. 결국 그는 골프 레슨을 중단했고 골프 장비는 애물단지가 되고 말았다. 1년 뒤 그는 보험 영업을 그만두었다.

'올바른 소비 습관이 중요하다, 충동구매하지 말고 계획적인 지출을 해야 한다, 신용카드는 가급적 사용을 자제해야 한다.'라고 배웠고, 고객들에게도 강조해왔던 그가, 정작 본인은 그 기본적인 원칙을 지키지 않았다. '원칙은 누구보다 잘 알고 있으니 걱정할 것 없다. 내 행동에는 다 이유가 있고 생각이 있다.'라고 합리화하고 자만한 것이 원인이다.

우리가 살아가면서 몰라서 못하는 것이 아니라 알고도 하지 않는 일이 대부분이라는 사실을 잊지 말자.

신혼 초부터 급한 대로 조금씩 현금서비스를 사용했는데 어느새 1,000만 원에 육박하고 있습니다. 어떻게 해야 갚을 수 있을까요?

현금서비스를 받아서 청산하지 못하고 있다면 현금흐름에 여유가 없다는 것이겠지만, 현금서비스 이자율은 신용 등급에 따라 7~27% 내외로 매우 높은 편이므로 우선적으로 상환해야 할 부채입니다. 가족이나 지인의 도움을 받을 수 있다면 더할 나위 없이 좋겠지만, 그럴 형편이 아니라면 저금리 상품으로 대출을 받아 원리금균등상환 방식으로 갚아나가기 바랍니다. 대출을 갈아탈 방법이 없다면 매달 일정 금액씩 갚아나가는 수밖에 없습니다. 무엇보다 유의할 것은 카드론이나 대부업체 대출 등 악성 부채를 이용하지 않는 것입니다.

06 신용카드, 이왕이면 현명하게 사용하자

결제를 위해 계산대 앞에 선 손님(유해진)에게 질문이 쏟아진다. "할인되는 카드 있으세요? 마일리지 카드 있으세요? 통신사 카드 있으세요? 멤버십 카드 있으세요? 엄마 카드 있으세요? 아빠 카드 있으세요?" 점원을 바라보는 유해진의 귀찮은 듯 무표정한 얼굴이 클로즈업되며 그의 독백이 들린다. "아무것도 안 하고 싶다. 이미 아무것도 안 하고 있지만 더 격렬하게 아무것도 안 하고 싶다."

잠시 뒤 유해진은 양손에 쇼핑백을 들고 거리로 나와 춤을 추며 다음과 같은 멘트를 날린다. "쉬우니까 실용이다. 즐기자 실용, ○○카드~"

이 광고는 각종 카드에 탑재된 할인 혜택이 지나치게 많고 복잡하다는 것에 착안해 카드 한 장으로 다양한 혜택을 간편하게 누릴 수 있다는 메시지를 전한다.

다양한 자동제어 기능으로 로봇에 가까워진 자동차와 로봇 청소기, 컴퓨터를 능가하는 스마트폰까지, 갈수록 편하고자 하는 인간에게 이제는 손바닥보다 작고 얇은 사각형의 플라스틱 조각마저 사람의 두뇌를 대신하려 한다.

신용카드의 유혹에서 벗어날 수 없다면?

충동구매를 예방하고 지출을 줄이거나 계획적으로 지출하기 위해 신용카드를 없애고 싶어도 신용카드의 유혹에서 자유롭기는 어렵다.

지난 여름방학이었다. 고등학생인 딸아이가 친구들과 워터파크로 놀러 가려고 하는데 특정 신용카드로 예매하면 50% 할인이 된다며 예매를 부탁했다. 인터넷 예매를 하려고 해당 사이트에 들어가 보곤 깜짝 놀랐다. 1일 입장료가 무려 6만 7,000원이라니……. 아이들과 물놀이를 가본 지도 꽤 오래됐구나, 나도 세상 물정에 어두운 부분이 있구나 싶었다.

어쨌든 신용카드로 할인받는 금액이 33,500원이나 되니 어찌 신용카드의 유혹을 뿌리칠 수 있으며, 무조건 신용카드를 버리라고 말할 수 있을까!

신용카드는 합리적이고 계획적인 소비를 무너뜨리는 복병이 되곤 한다. 그러나 그 유혹을 뿌리칠 수 없거나 꼭 사용해야 한다면 제대로 알고 현명하게 활용하자. 그렇게 하면 이 또한 생활 속의 재테크가 될 수 있다.

한 마리 토끼를 쫓아라

초보 낚시꾼의 미끼만 빼먹는 약삭빠른 물고기가 있다. 낚시꾼은 자기 실력을 탓하지 않고 미끼만 먹고 달아난 물고기를 원망한다. 비록 물고기지만 입장을 바꿔 생각해보자. 고작 지렁이 반 토막으로 자기를 유혹해서 목숨을 앗아가려는 낚시꾼이야말로 파렴치한 악한이 아닌가?

금융회사가 낚시꾼이면 신용카드는 낚싯대이고 포인트와 할인 혜택은 미끼라 할 수 있다. 낚시꾼에게 걸려들지 않고 미끼만 빼먹을 수 있다면 나쁠 것도 없다.

나 역시 한때 모든 종류의 신용카드를 거의 빠짐없이 가지고 있었고 지금도 다섯 장이나 있지만, 지갑 속에 휴대하고 다니는 것은 단 한 장이다. 용도는 두 가지다. 대중교통을 이용할 때 교통카드로, 그리고 비상금을 대신하는 용도로 사용한다. 그 외 나머지 카드는 집에 두고 꼭 필요한 경우에만 활용한다.

지출 통제를 위해 신용카드를 없애라고 하면 대부분 신용카드를 사용할 때 지급받는 포인트나 할인 혜택을 무시할 수 없다며 주저한다. 그런데 아이러니한 사실은 이렇게 포인트 때문에 신용카드를 포기 못한다고 말하는데, 한 해 소멸되는 카드 포인트만 1,000억 원에 이른다는 사실이다. 사람들이 생각보다 미끼는 빼먹지 못하고 카드사의 배만 불려주고 있는 셈이다.

포인트를 제대로 활용하는 한 가지 팁이 있다. 바로 한 마리 토끼를 쫓는 것이다.

얼마 전 한 선배를 만나서 실제로 이러한 팁을 제대로 활용한 사례를 들었다. 대개 카드사마다 20~30여 종의 카드가 있다. 각종 카드는 저마다 포인트, 마일리지, 할인 등 다양한 혜택을 내세우는데, 그 선배는 항공 마일리지를 가장 많이 쌓을 수 있는 카드를 집중적으로 사용해 적립한 마일리지로 무료 항공권을 받아 딸과 함께 유럽 여행을 다녀왔다. 항공 마일리지라는 한 마리 토끼만 쫓은 것이다. 물론 수수료를 물어야 하는 카드 할부 구매는 이용하지 않았다고 한다(대개의 경우 할부 구매 시 마일리지가 적립되지 않는다).

신용카드 포인트 활용하기

신용카드 포인트 활용 팁을 몇 가지 더 알아보겠다. 각 신용카드사에서 제공하는 포인트는 일정 기간이 지나면 소멸되기도 한다. 카드 포인트 통합조회 시스템(www.cardpoint.or.kr)을 이용해 여러 카드에 흩어져 있는 포인트가 얼마나 되는지 확인해보자.

포인트 통합

각종 카드에 흩어져 있어 쓸모없어 보이던 포인트를 하나로 통합하면 유용하게 사용할 수 있다. 포인트 통합 사이트로는 포인트아울렛(www.pointoutlet.com), 포인트파크(www.pointpark.com), 넷포인트(www.netpoint.co.kr), 포인트체크(pointcheck.co.kr) 등이 있다.

기부

카드 포인트로 현금처럼 기부를 할 수도 있다. 보통 1포인트에 1원 정도로 환산되는데, 기부 액수에 따라 연말정산 시 소득공제 혜택도 받을 수 있다.

구매

카드 포인트로 생활용품을 구매하거나 백화점, 주유소, 패밀리레스토랑, 영화관 등에서 현금처럼 사용할 수 있다. 포인트 사용이 가능한 가맹점을 확인하는 것이 번거롭다면 카드 포인트로 기프트 카드를 구매해서 이용하면 된다. 또한 카드사 홈페이지에 있는 포인트 전용 쇼핑몰에서 다양한 상품을 시중가보다 할인된 가격으로 살 수 있다.

국세납부

카드 포인트로 부가가치세, 양도소득세 등 모든 세목의 국세를 납부할 수 있다. 최대 한도는 500만 원이며 국세 신용카드 전용 납부 사이트 카드로택스(www.cardrotax.kr)에 들어가면 신용카드별 포인트를 확인하고 결제할 수 있다.

어디선가 헤매고 있을지도 모를 내 돈을 찾아라

카드 포인트뿐만 아니라 주인이 누군지도 모른 채 금융회사에 잠자고 있는 휴면 금융 재산이 2016년 2월 말 기준 무려 1조 4,000억 원이 넘는다. 휴면 금융 재산이란 은행, 우체국, 보험회사 등의 금융기관에서 5년 이상 거래 기록이 없는 예금과 보험 계약 만료 후 2년 이상 찾아가지 않은 보험 등을 말한다.

'휴면 금융재산 통합조회'(http://www.sleepmoney.or.kr) 서비스를 이용하면 은행, 보험회사, 우체국, 미소금융중앙재단에 있는 본인 명의의 모든 휴면 예금 및 휴면 보험금 현황을 한 번에 확인할 수 있다.

그리고 휴면성 증권 계좌는 각 증권회사 홈페이지에 접속하거나 금융투자협회 홈페이지(www.kofia.or.kr)에 링크된 증권회사별 휴면성 증권 계좌 조회 사이트를 통해 확인할 수 있다.

빚까지 상속받진 말자

살아서 힘이 되어줄 배경도, 죽어서 물려줄 재산도 없는 서민들이 상속이니 증여니 고민할 게 뭐가 있겠냐만, 상속법의 기본은 어느 정도 알고 있어야 한다. 안 그래도 고단한 인생, 부모에게서 빚까지 물려받아 가난을 대물림할 수는 없지 않은가!

상속에 대한 적극적인 의사 표시를 해야 한다

모 기업 은퇴 설계 교육을 진행하고 있을 때였다. 쉬는 시간에 한 교육생이 내게 다가와 조심스레 물었다.

"몇십 년째 서로 왕래도 없고 잘 알지도 못하는 친척으로부터, 뜬금없이 어젯밤 12시가 넘어 전화가 와서 상속 포기를 하셔야 하니 인감

증명서와 상속포기 신청서를 보내달라고 하는데 무슨 뚱딴지 같은 소리지 몰라 화를 내고 끊어버렸는데 어찌해야 하느냐?"

만약 그것이 사실이라면 상속 포기 절차를 밟지 않을 경우 잘 알지도 못하는 먼 친척을 대신해 빚 벼락을 맞을 수도 있는 상황이다. 그렇다고 무작정 인감증명서를 보내줄 수도 없는 일이다.

일단 관할 법원이 어딘지 알아보고, 직접 전화를 걸어 사실 관계를 확인한 다음, 해당 상속 포기 건이 사실이라면 귀찮더라도 직접 서류를 가지고 찾아가는 것이 안전하다고 알려드렸다. 빈번한 사례는 아니지만 자칫 잘못하면 큰 낭패를 볼 수도 있는 사안이라 교육생 모두에게 부채 상속과 관련된 내용을 간략하게 알려줬다.

민법 제1005조는 "상속인은 상속이 개시된 때로부터 피상속인의 재산에 관한 포괄적 권리의무를 승계한다. 그러나 피상속인의 일신에 전속한 것은 그러하지 아니하다."라고 규정하고 있다.

헷갈리는 용어부터 정리하자. '상속인'은 상속을 받는 사람이고, '피상속인'이 상속을 해주는 사람이다. 이 조항은 포괄승계원칙에 관한 것으로, 상속인은 피상속인의 재산뿐만 아니라 채무(부채)도 승계하게 된다는 것이다.

또한 동법 제997조는 피상속인의 사망으로 상속이 개시된다고 규정하고 있다. 누군가 당신을 찾아와 "당신 아버지는 재산보다 부채가 많은데 상속을 받겠습니까?"라고 친절하게 물어보지 않는다. <u>부모의 빚을 물려받지 않으려면 적극적으로 상속 여부에 대한 의사 표시를 해야 한다.</u>

단순승인? 한정승인?

의사 표시 방법으로는 승인과 포기가 있으며, 승인에는 단순승인과 한정승인이 있다.

'단순승인'은 피상속인의 권리, 의무를 무제한, 무조건 승계하는 것으로 별도의 의사 표시 절차가 필요 없다. 상속 개시 이후 3개월 내 한정승인 또는 상속 포기에 대한 의사 표시가 없으면 자동적으로 단순승인을 한 것으로 간주한다.

부모님, 특히 아버지가 돌아가시면 장례식이 끝나기 무섭게 남겨진 재산이 얼마나 되는지, 가족들이 모르는 부채는 없는지 철저히 조사해야 부채를 상속받는 황당한 일을 피할 수 있다.

'한정승인'은 민법 제1028조의 규정에 따라 상속인이 상속 재산의 한도에서 피상속인의 채무와 유증을 변제한다는 조건을 붙여서 상속을 수락하는 것을 말한다. 다시 말해 물려받은 재산 범위 내에서만 빚을 갚으면 된다. 물려받을 부채보다 재산이 많을 경우 한정승인이 유효하다. 그러나 반대의 경우라면 상속인의 지위를 포기함으로써 재산과 빚 모두 물려받지 않을 수 있는데, 이것이 '상속 포기'다.

한정승인과 상속 포기는 모두 상속 개시가 있음을 안 날로부터 3개월 이내에 관할 가정법원에 신고해야 한다. 그런데 한정승인을 할지 상속 포기를 할지 판단하는 게 단순한 문제가 아니므로 내용을 잘 알고 있어야 한다.

한정승인의 경우 상속 재산 한도 내에서 상속 채무와 유증(유언에 의하여 유산의 전부 또는 일부를 무상으로 다른 사람에게 물려주는 행위)을 변제하므로 신문 공고, 채권자 통지 및 청산 절차를 거쳐야 해 절차도 복잡하고 비용도 많이 든다.

　상속 포기의 경우도 간단치 않다. 2010년 1월 이황당 씨는 아버지가 돌아가시자 법원에 상속 포기(어머니와 형제 둘을 포함한 상속 1순위자 모두) 신고를 했다. 그런데 3년 뒤 자신의 5살짜리 아들이 아버지의 빚 1억여 원을 물어야 한다는 사실을 알게 되었다. 자신과 직계가족이 포기한 상속권이 상속 2순위인 자신의 자녀에게 넘어간다는 사실을 몰랐던 것이다.

　상속 포기의 경우 1순위 상속인(직계비속과 배우자) 중 한 명이 상속 포기를 하면 나머지 1순위 상속인에게 상속되고, 1순위 상속인 전원이 상속 포기를 하면 2순위 상속인(직계존속과 배우자)에게 상속되고, 3순위 상속인(형제자매)을 거쳐, 4순위 상속인(4촌 이내의 방계혈족)까지 차례로 상속된다(참고로 배우자는 직계비속이 있을 경우에는 직계비속과 공동 상속하고, 직계비속이 없으면 직계존속과 공동 상속한다). 따라서 평소에 왕래도 없고 잘 알지도 못하는 친척의 사망으로 엉뚱하게 부채를 떠안을 수도 있으므로 4순위 상속인까지 전원이 상속 포기를 해야만 한다.

　이런 이유로 1순위 상속자 중 한 사람이 한정승인을 하고, 나머지 1순위 상속자 모두 상속 포기를 하는 방식을 많이 사용한다. 그러면 나머지 상속자들에게 피해가 가지 않는다.

08
도저히 감당할 수 없는 부채가 있다면?

부채는 감추려고 들면 오히려 커지기 마련이다. 소득은 뻔한데 주변 사람들에게 들키지 않으려면 다른 빚으로 돌려막는 방법밖에 없기 때문이다. 부모님 몰래, 남편 몰래, 아내 몰래 숨기려다 걷잡을 수 없는 상태에서 사실이 드러났을 때는 이미 늦다. 병도 빚도 숨기면 커지고, 감당할 수 있는 한도를 벗어나면 당사자는 물론이고 주변 사람들에게까지 피해를 준다.

가래로 막지 말고 호미로 막자

조그만 인테리어 회사에서 월급 120만 원을 받으며 경리 일을 하고 있는 박순진 씨가 상담을 요청해왔다. 남편은 대기업 부장이고, 40평대 아파트를 부부 공동 명의로 가지고 있다. 그녀에게는 결혼한 언니 한 명과 미혼인 남동생 한 명이 있는데, 문제의 발단은 남동생이었다.

가게를 한번 해보겠다고 사업 자금을 빌려달라는 동생의 간곡한 부탁에 남편들 몰래 본인이 3,000만 원, 언니가 2,000만 원을 대출을 받아 빌려줬는데, 언니가 대출받은 사실을 형부에게 들키는 바람에 본인이 언니 부채 2,000만 원까지 떠안게 되었다. 설상가상으로 동생이 3,000만 원의 빚을 지고 가게 문을 닫게 되어 순식간에 박순진 씨가 감당해야 될 부채가 8,000만 원으로 늘어났다.

"엉뚱한 일을 벌인 것도 아니고 하나뿐인 동생이 벌어먹고 살겠다고 해서 도와준 건데, 그것도 빌려준 건데……. 만약 잘 안 되더라도 3,000만 원 정도야 내가 어떻게든 갚을 수 있겠지라고 생각했어요."

남편을 속였다기보다 미안해서 말을 못한 것이다.

그렇게 부채 규모가 커지고 보니 이자만 다달이 갚아나가기도 어려웠다. 결국 현금서비스에 사채까지 빌려서 돌려막기를 하다가 빚이 1억 원으로 늘었다.

어디서부터 문제가 있었는지 돌아보자. 애초에 남편과 의논했더라면 가지고 있는 여유자금을 빌려주거나, 좀 더 나은 조건의 대출을 받았을 수도 있다. 그랬더라면 문제가 발생했을 때 함께 해결책을 찾을 수 있었을 것이다. 혹은 동생이 빚으로 자영업을 시작하는 것을 반대해 돈을 아예 빌려주지 않아 문제가 생기지 않았을지도 모른다.

물론 각별한 부부지간이라도 이런 문제를 터놓고 의논하기가 말처럼 쉽진 않을 것이다. 그래서 혼자 판단하고 결정할 수밖에 없었더라도 본인의 월급이 120만 원에 불과한데 '3,000만 원 정도야 어찌 되겠지.'라고 안일하게 생각했다는 것이 문제다. 더욱이 남편이 부인의 월급이 얼마인지 알고 있는 상태라 일정 기간 동안의 대출 이자 정도라면 모르겠지만, 남편 몰래 3,000만 원을 갚는다는 것은 가능한 일이 아니었다.

아무리 유능한 재무설계사라도 이런 상태에서 1억 원의 돈을 남편 몰래 갚을 수 있는 묘수를 찾아줄 수는 없다. 남편에게 사실을 있는 그대로 밝히고 함께 풀어나가는 것이 최선이다.

5,000만 원은 여유자금으로 상환하고, 나머지 5,000만 원은 부부 공동 소유의 아파트를 담보로 원리금균등상환 방식으로 대출을 받아 고금리 부채를 상환한 다음, 동생으로 하여금 다달이 대출금을 갚게 하라고 대안을 제시해줬다. 동생의 빚을 대신 갚아주는 게 아니라 우선 급한 불은 꺼주되 스스로 책임지고 갚아나가게 하는 것이 중요하다. 하지만 박순진 씨는 남편에게 사실을 털어놓을 용기가 나지 않는다며 오랫동안 망설였다. 그러다 결국 연락이 끊어지고 말았다. 아쉬운 일이다. 재무설계사는 전문가적 조언은 해줄 수 있지만 용기를 내어 결단하고 실천하는 것은 본인의 몫이다.

가래로도 막을 수 없는 빚이라면?

박순진 씨에게 남편도 아파트도 없다면 어떤 해결책이 있을까? 이럴 땐 채무자 구제제도를 이용해야 한다. 개인회생과 개인파산, 프리워크아웃과 개인워크아웃이 대표적인 채무자 구제제도이다.

이 네 가지는 운영 주체나 채무 조정 수준, 신청 절차 등에 다소 차이가 있으므로 각자의 상황에 맞는 제도를 이용해야 한다. 개인회생과 개인파산은 법원이 관할하고, 프리워크아웃과 개인워크아웃은 신용회복위원회가 관할한다. 대한민국 법원 전자민원센터(http://help.scourt.go.kr)와 신용회복위원회(http://www.ccrs.or.kr) 홈페이지에 자세한 안내가 나와 있으니 참조하기 바란다.

개인회생과 개인파산은 법원에서 판결을 받아야 하고 절차가 다소 복잡해 법무사나 변호사에게 위임하는 경우가 대부분이다. 수임료는 80만~200만 원으로 결코 적은 금액이 아니다.

자신의 상황에 맞는 구제제도가 어떤 것인지 알고 싶다면 인터넷에서 불확실한 정보를 뒤지며 혼자 머리 싸매고 고민하지 말고 대한법률구조공단을 찾아가 무료 상담을 받는 것이 최선이다.

개인회생

개인회생은 빚을 일부라도 갚을 의지가 있는 사람이 3년 내지 5년간 일정 금액을 변제하면 나머지 채무를 면제받을 수 있는 제도다. 이때 월 변제액은 소득에서 최저생계비의 1.2~1.5배를 제외한 나머지 금액으로 결정된다. 총채무액 15억 원(무담보 채무 5억 원, 담보 채무 10억 원) 이하인 개인 채무자로서 대상 채권에 사채도 포함된다. 현재 그리고 장래에 계속적으로 소득이 있을 가능성이 있는 사람만 해당한다.

개인파산

봉급생활자, 주부, 학생 등 비영업자가 소비 활동의 일환으로 물품을 구입하거나 돈을 빌린 뒤 도저히 채무를 변제할 수 없는 상태에 빠진 경우 채무 정리를 위해 개인파산제도를 이용할 수 있다. 파산선고 이후 면책을 받으면 모든 채무를 탕감받을 수 있지만, 파산자라는 사실이 기록에 남고 금융 거래 등에서 불리한 측면이 있다.

프리워크아웃

신용카드 대금이나 대출 원리금이 30일 초과 90일 미만 연체된 단기 연체 채무자에 대해 이자율 인하, 상환 기간 연장 등을 통해 금융 채무 불이행자로 전락하지 않도록 지원해주는 제도이다. 총채무액은 15억 원(무담보 채무 5억 원, 담보 채무 10억 원) 이하이다. 무담보 채무는 최장 10년, 담보 채무는 최장 20년 이내에 분할 상환할 수 있다. 이자율은 약정 이자율의 50%까지 인하할 수 있다. 이때 최저 이율은 5%이다.

개인워크아웃

신용카드 대금이나 대출 원리금이 90일 이상 연체된 장기 연체 채무자에 대해 채무 감면이나 상환기간 연장 등을 통해 채무 상환을 지원해주는 제도다. 총채무액은 15억 원(무담보 채무 5억 원, 담보 채무 10억 원) 이하이다. 무담보 채무에 한해 이자가 전액 감면되며, 원금은 채무 성격에 따라 최대 50%, 사회 소외 계층은 최대 70%까지 감면된다. 최장 10년 이내에 분할 상환할 수 있다.

채무자도 최소한의 권리는 보호받을 수 있다

보통 은행 등 제도권 금융회사들은 회수가 불가능하다고 판단한 부실 대출 채권을 대부업체에 양도하고 손실 처리한다. 2~5% 내외의 헐값에 부실 채권을 사들인 대부업체는 채무자를 닦달해 수익을 챙긴다. 이 과정에서 무리한 채권 추심으로 채무자의 인권이 유린되는 경우가 허다하게 발생하지만, 채무자는 빚진 죄인이라는 생각에 아무런 대응을 못해온 것이 사실이다.

2015년 8월 성남시가 부채탕감운동 단체와 손잡고 빚으로 고통받는 채무자들을 구제하기 위한 '주빌리은행'을 설립했다. 주빌리은행은 미국의 부채탕감운동인 '롤링 주빌리(Rolling Jubilee) 프로젝트'에서 아이디어를 가져왔다. 《구약성서》〈레위기〉에는 50년에 한 번씩 노예를 해방하거나 빚을 탕감해주라는 내용이 나오는데, 이 날이 바로 '주빌리'이고 우리말로는 '희년(禧年)'이다. 주빌리은행은 원금의 5% 수준으로 부실 채권을 사들인 뒤 채무자가 원금의 7%만 갚으면 빚을 탕감해준다. 부실 채권의 매입 비용은 기부금과 채무자들의 상환금 등으로 조달한다.

빚을 갚지 않는 것은 분명 위법한 일이지만 아무리 채무자라 하더라도 최소한의 권리는 보호받아야 마땅하다. 채무자의 권리와 관련한 제도로 '유체동산에 대한 무분별한 압류의 제한'과 '채권의 공정한 추심에 관한 법률'을 들 수 있다.

유체동산 압류 제한의 주요 내용은 소액 채무자 및 취약 계층에 대한 압류를 제한한다는 것과 임산부, 중증환자, 장애인, 70세 이상 고령자, 어린이, 심신박약자 등이 심리적 충격을 받지 않도록 유의하라는 것이다.

'채권의 공정한 추심에 관한 법률'은 2009년 8월 처음 시행된 이후 다섯 차례 개정이 이루어졌다. 주요 내용은 다음과 같다.

채권 추심에 착수하기 전까지 채권 추심자의 성명·명칭, 연락처를 채무자에게 서면으로 통지해야 하고(제6조), 채무자가 대리인을 선임하고 서면으로 통지한 경우 채무자에게 연락하는 것을 금지하고 있으며(제8조의2), 채무와 관련하여 관계인에게 연락하거나 채무 내용을 알리는 것을 금하고 있다(제8조의3). 그리고 채권 추심자는 채무자 또는 관계인에 대한 폭행, 협박, 반복적인 방문이나 야간(오후 9시~익일 오전 8시까지) 방문을 할 수 없다. 직장이나 거주지 등 채무자의 사생활과 관련된 장소에서 채무자 외의 사람에게 채무에 관한 사항을 공연히 알리는 행위도 금하고 있다(제9조).

무엇보다 동법 3조에서는 채권 추심자의 권리 남용, 불법적 채권 추심 행위로부터 채무자 또는 관계인을 보호하는 것을 국가와 지방자치단체의 책무로 규정하고 있다. 그러므로 불법적 채권 추심을 당할 경우에는 도움을 요청할 수 있다.

보험을 정리해 새는 돈을 막아라

그동안 지인의 부탁 때문에, 또는 다른 사람들이 좋다고 하니
별 생각 없이 보험에 가입하지는 않았는지…….
보험 가입 시 주의점, 내 월급에 적당한 보험료,
보험을 정리해 새는 돈을 막는 방법 등을 살펴본다.

01

기본 용어를 알아야 상품이 보인다

"보험? 나는 딱 70까지만 살다가 깨끗이 죽을 건데 보험은 무슨!"
"70세가 되셨는데 돌아가시지 않고 건강하게 살아계시면 어쩌죠?"
"죽은 다음에 돈 나오면 뭐 하겠어? 다 소용없다!"
"오래오래 건강하고 행복하게 사셔야겠지만, 인명은 재천이라고 사람 목숨이 어디 자기 뜻대로 됩니까? 운 나쁘게 갑자기 돌아가시게 된다면 남아 있는 가족들을 어찌합니까? 좀 억울하실 수도 있겠지만, 졸지에 가장을 잃은 가족들에게 호강은 못 시켜줄망정 최소한의 생계비라도 남겨줄 수 있다면 좋은 것 아니겠습니까?"

보험 관련 교육을 할 때 자주 오가는 대화다. 다치거나 아프거나 심지어 죽어야 돈이 나오는 것이 보험(보장성 보험)이니 유쾌할 리 없겠지만, 살다 보면 언제 내게도 닥칠지 모르는 각종 위기 상황에 보험이 경제적으로나마 보탬이 된다면 제대로 알고 활용할 필요가 있겠다.

보험, 왜 드는 것일까?

저축이 예측 가능한 미래를 준비하기 위한 것이라면, 보험은 예기치 못한 미래의 위험에 대비하기 위한 것이다. 여기서 예기치 못한 미래의 위험이란 다치거나 병들거나 부양할 가족을 남겨두고 일찍 사망하는 것이다. 이상하게 들릴 수도 있지만, 경제적 대책 없이 너무 오래 사는 것도 위험에 해당한다.

위험이 발생하면 대개 회피, 경감(통제), 보유, 전가 등 네 가지 방법으로 대처한다.

어릴 적 어머니는 매년 정월이면 어딘가 다녀오셔서 "7, 8월에 물가에 가지 말라고 하더라."라고 말씀하셨다. 애초에 손해를 유발할 수 있는 행위 자체를 기피하는 소극적 대처 방법으로 '위험 회피'의 예다.

자전거 타기를 즐기는 사람이 헬멧과 보호대를 착용하거나 야간 라이딩을 위해 전조등과 후미등을 장착했다면 손실 발생 횟수 또는 규모를 축소하는 '위험 경감' 방법을 취한 것이다.

평소 건강만큼은 자신이 있으니 독감 예방주사를 맞지 않고 버티는 것은 위험 발생에 따른 장래의 손실을 자기 스스로 부담하겠다는 '위험 보유' 방법이다.

은행의 변동 금리 대출은 대표적인 '위험 전가' 방법이다. 은행은 기준 금리가 올라가면 대출 금리를 인상해 이자 수입의 감소를 막는다.

| 위험 대처 방법 |

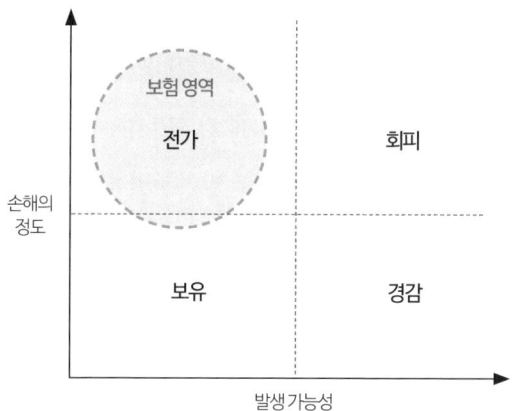

보험은 이런 네 가지 대처 방법 중 위험 전가에 해당한다. 불의의 상해, 심각한 질병, 사망 등 발생 가능성은 낮지만 회피하거나 경감하기 어렵고, 발생하면 손해의 정도가 커서 보유하기에 벅찬 위험을 보험에 전가하는 것이다.

반드시 알아두어야 할 보험 기본 용어

앞서 설명한 것처럼 예상치 못한 위험에 대처하기 위해 보험을 들었지만, 약관을 잘못 이해하거나 내용을 정확히 인지하지 못해 억울하게 보험금을 지급받지 못하는 경우가 생기기도 한다.

어쩌면 자동차나 전자제품보다 이해하기 어려운 것이 보험 상품인 듯하다. 우리나라 사람들은 가뜩이나 사용설명서를 읽지 않기로 유명한데, 보험 상품설명서나 보험 약관은 정신을 바짝 차리고 읽어도 제대로 이해하기가 쉽지 않다. 그리고 보험설계사의 설명만 듣고 보험 약관을 제대로 읽어보지 않거나, 보험설계사가 아는 사람일 경우에는 설명도 제대로 듣지 않은 채 계약서에 서명만 하는 사람도 많다.

하지만 보험과 관련된 기본 용어를 알아두면 약관을 이해하기가 훨씬 수월할 뿐만 아니라 피해를 어느 정도 방지할 수 있다.

다음 문장에 등장하는 보험 용어를 찬찬히 살펴보자.

"김수지 씨는 4세인 개구쟁이 아들 아름이를 위해 보험료 23,000원을 월납하는 ○○생명의 튼튼어린이보험에 가입하였다. 보험금은 5,000만 원이고, 보험료 납입 기간은 7년, 보험 기간은 아름이가 만 18세가 될 때까지다."

보험료와 보험금

보험료와 보험금을 헷갈려 하는 사람들이 많다. 보험료는 납입 주기마다 보험회사에 내는 돈이다. 위 예문에서 보험료는 23,000원이다.

보험금은 보험회사로부터 받는 돈이다. 보험 사고가 발생했을 때 받는 보험금, 만기에 돌려받는 만기환급금, 중도에 해지할 때 받는 중도환급금 등 세 가지가 있다.

납입 주기와 보험 기간

납입 주기는 매달 납부하는 '월납'이 대부분이다. 간혹 분기납(3개월마다 내는 것으로 '3개월납'이라고도 한다), 연납(1년마다 내는 것), 일시납(보험

계약을 할 때 한꺼번에 내는 것)이 가능한 상품도 있다. 참고로 전기납은 보장받는 전체 기간 동안 납입하는 방식을 말한다. 예를 들어 80세 만기, 80세납일 경우에는 80세가 될 때까지 보험료를 계속 납부해야 한다.

보험 기간은 보험 계약에 따라 보장을 받는 기간을 말한다. 보험료를 납부하는 기간인 '보험료 납입 기간'과 헷갈리지 않도록 하자.

보험 계약자와 피보험자

보험 계약자는 보험회사와 보험 계약을 맺고 보험료를 납부하는 사람이다. 그리고 피보험자는 보험 사고의 대상이 되는 사람, 즉 다치거나 질병에 걸리는 사람이다. 위 예문에서 보험 계약자는 아름이 엄마인 김수지 씨이고, 피보험자는 아름이다. 반면 자동차보험의 경우 보험에 가입한 차량의 차주가 피보험자다.

참고로 보험 계약자와 피보험자가 다를 경우에는 피보험자의 자필 서명이 없으면 보험금을 지급받을 수 없다. 피보험자 몰래 보험에 가입한 뒤 거액의 보험금을 받는 보험 범죄를 막기 위한 규정이다.

보험 수익자

보험 사고 발생 시 보험회사로부터 보험금을 받는 사람이다. 사망보험을 제외한 나머지 보험의 경우 피보험자가 수익자가 된다. 사망보험의 경우에는 아버지가 사망보험에 가입해 사후에 자식이 보험금을 받도록 계약했다면, 보험 계약자와 피보험자는 아버지, 보험 수익자는 자식이 된다.

생명보험과 손해보험의 차이

건강보험, 국민연금, 고용보험, 산재보험 등과 같이 국가 또는 지방 공공단체, 자치단체가 직접 또는 간접적으로 보험 사업의 경영 주체가 되는 보험을 '공영보험'이라고 한다. 그리고 개별적으로 일반 보험회사에 가입하는 보험을 '민영보험'이라 한다. 민영보험은 생명보험, 손해보험, 제3보험으로 구분되는데, 기본 개념과 차이를 살펴보자.

생명보험

조기 사망과 장기 생존에 따른 위험을 보장하는 보험으로 '정액(定額) 보상'을 원칙으로 한다. 정액 보상은 정해진 액수를 보상하는 것을 말한다. 다시 말해 사망, 질병, 상해 등이 발생할 경우 사망보험금 1억 원, 암 진단 보험금 3,000만 원 등과 같이 보험에 가입할 당시 계약자가 약정한 보험금 정액을 보상한다. 종신보험과 연금보험이 대표적인 생명보험이다.

손해보험

물적 위험인 재산 피해나 배상 책임을 보장하는 보험으로 '실손(實損) 보상'을 원칙으로 한다. 실손 보상은 질병이나 상해로 입원 또는 통원 치료 시 의료비로 실제로 부담한 비용, 다시 말해 실제 손해액을 보상하는 것을 말한다. '실비 보상'이라고도 한다.

제3보험

질병에 걸리거나 재해로 인해 상해를 당했을 때 또는 질병이나 상해가 원인이 되어 간병이 필요한 상태를 보장하는 보험이다. 손해보험과 생명보험의 두 가지 성격을 모두 갖추고 있어 어느 한 분야로 분류하기가 곤란하여 제3보험으로 분류하고 있다. 생명보험사와 손해보험사 모두 이들 보험을 취급하고 있어 일반인들에게 제3보험이라는 용어는 생소할 것이다.

제3보험은 보상 역시 정액 보상과 실손 보상을 겸하고 있다. 그리고 생명보험사와 손해보험사 모두 제3보험 영역에서는 실손 보상과 정액 보상이 가능하다.

2008년부터 해당 자격만 취득하면 생명보험사와 손해보험사의 설계사가 서로의 상품을 판매할 수 있게 되어 양사의 고유 영역이 갈수록 허물어지고 있다. 또한 보험회사들이 양사의 장점을 곁들인 상품들을 경쟁적으로 출시하면서 생명보험사 상품과 손해보험사 상품이 가진 고유의 특성도 점점 희석되고 있다.

보장성 보험과 저축성 보험

사망, 질병, 재해, 상해 등 보험 사고가 발생했을 때 약정한 보험금이나 실손 보상을 받는 보험을 '보장성 보험'이라 한다. <u>보장성 보험은 말 그대로 보장을 주목적으로 한다. 그래서 중도 해지 시 받는 해지환</u>

급금이나 만기 시 받는 만기환급금이 총납입보험료를 초과하지 않는다. 종신보험, 건강보험, 암보험, 실손보험 등이 대표적이다.

저축성 보험은 장기 목적자금이나 노후자금 마련을 위한 상품으로, 저축보험과 연금이 이에 해당한다. 장기간 유지할 경우 소득공제, 비과세 등의 세제 혜택을 받을 수 있다. 또한 시중 금리보다 다소 높은 공시이율을 적용하고, 복리로 이자가 붙어 만기 시 총납입보험료보다 많은 금액을 받을 수 있다.

그런데 이러한 저축성 보험을 비과세 저축으로 오인하는 사람들이 많아, 저축성 보험에 대해 좀 더 살펴보겠다.

저축성 보험은 안전하다?

우리나라는 2003년 8월부터 '방카슈랑스(bancassurance)'라는 이름으로 은행과 증권회사에서 저축성 보험을 판매하기 시작했고, 2007년 4월 보험 상품 판매가 전면 허용되었다. 참고로 2011년 기준 프랑스는 생명보험 상품의 50% 이상을 은행에서 판매하고, 유럽 전체로는 20% 이상, 미국은 13%를 판매한다. 방카슈랑스는 사업비가 적어 보험료가 다소 저렴하고, 금융 업무를 한곳에서 처리할 수 있는 원스톱서비스(one-stop-service)를 받을 수 있다는 장점이 있다.

2015년 상반기 수입 보험료 상위 9개 생명보험사의 방카슈랑스 매출 비중이 평균 69.3%로 폭발적으로 성장했다. 이는 우리나라 사람들이 갖고 있는 보험(회사)에 대한 불신과 은행에 대한 근거 없는 신뢰, 보험회사와 은행에 대한 고객들의 상반된 신뢰도를 이용한 은행의 판매 행태에서 비롯되었다 해도 과언이 아니다.

그리고 방카슈랑스 매출의 대부분이 저축성 보험에 편중되어 있다는 점도 눈여겨볼 만하다. 한국소비자원에 따르면 방카슈랑스 관련 소비자 상담의 65% 이상이 불완전판매에 따른 불만이며, 상당수 소비자가 방카슈랑스와 예·적금의 차이를 알지 못하거나, 방카슈랑스를 예·적금으로 오인해 가입하는 경우가 있다고 한다. 다시 말해 보험을 가입하러 은행에 간 것이 아니고 은행에 갔다가 창구 직원의 권유로 보험에 가입하는 경우가 많다는 얘기다.

<u>저축성 보험은 예·적금과 달리 조기에 해지하면 해지환급금이 원금의 절반에도 못 미칠 위험이 있다.</u> 하지만 이런 내용보다 연복리 비과세 저축이라는 점을 부각시켜 안내한다. 보험설계사 역시 저축성 보험을 비과세 저축으로 오인하도록 설명하는 경향이 있다. 그러나 방카슈랑스는 은행 직원이 은행 창구에서 판매한다는 점에서 오해의 소지가 더욱 클 수밖에 없다.

혜택을 누리려면 10년 이상 유지하라

저축성 보험은 사실 매력적인 상품이다. 일반 예·적금에서 찾아보기 힘든 연복리 상품인 데다 비과세 상품이다. 과거에 한시적으로 존재했던 '장기주택마련저축'이나 가입 자격과 한도가 극히 제한적인 '생계형 비과세 상품'과 달리 누구나 자유롭게 가입할 수 있다. 다만, 10년 이상 유지하지 않으면 비과세 혜택이 없다는 단서가 붙는다.

하지만 생애목표에 따른 합리적인 저축 설계, 즉 현재뿐만 아니라 미래의 수입과 지출 구조에 대한 예측을 통해 장기 저축성 보험의 규모를 결정하고, 장기저축을 지킬 수 있도록 단기저축과 중기저축을 병행하는 저축 포트폴리오를 구축한다면 단점을 보완할 수 있다.

그뿐만 아니라 어쩌면 치명적일 수도 있는 약점이 오히려 장점으로 받아들여질 수도 있다. 10년 이상 유지하지 못하고 해지하면 원금 손실을 보게 된다는 단점이 웬만해선 중도 해지를 못하게끔 장기저축을 지켜주는 자물쇠 역할을 하기 때문이다.

내 월급에 적당한 보험료는 얼마?

중소기업에 다니는 김방만 씨와 박알찬 씨가 재무설계를 위해 상담을 요청해왔다. 월급이 360만 원인 김방만 씨는 저축은 단 한 푼도 못한 채 초과 지출 때문에 고민인 반면, 월급이 280만 원인 박알찬 씨는 매달 130만 원을 저축하고 있는데 더 효과적으로 저축할 수 있는 방법을 고민 중이었다.

김방만 씨 부부가 과소비 성향이 있는 것도 아니었고 특별히 문제가 되는 지출도 없었다. 그렇다면 비슷한 처지의 박알찬 씨와 비교한다면 최소한 130만 원은 저축해야 하는데, 원인을 도무지 찾을 수 없었다. 상담을 시작한 지 2시간이 지나고 나서야 김방만 씨의 아내가 조심스럽게 서류뭉치를 보여줬는데 바로 보험증권이었다. 보험료를 합산해보니 무려 180만 원이나 되었다.

김방만 씨에 비해 월급이 80만 원이나 적은 박알찬 씨가 매달 적지 않은 돈을 저축할 수 있었던 것은, 물론 다른 이유들도 있겠지만, 종신보험과 건강보험, 자녀 보험까지 총보험료 34만 원으로 합리적으로 설계된 보험을 가지고 있었기 때문이다. 그럼 김방만 씨는 얼마의 보험료를 지출해야 적정한 것일까?

끝까지 유지할 수 있는지 따져보라

자동차 보험처럼 해마다 새로 가입해야 하는 보험 외에 대부분의 보험은 납부 기간이 길다. 특히 종신보험의 경우 보험료 납부 기간은 대개 20~30년으로 장기이다. 그런데 대부분의 일반적인 가정에서 소득의 증가 속도가 지출의 증가 속도를 따라가지 못한다는 문제가 있다. 그래서 중도에 피치 못할 사정이 생겨 해약하는 경우가 다반사다.

따라서 보험에 가입할 당시를 기준으로 보험료를 낼 수 있는 경제적 여력이 되느냐가 아니라, 보험료 납입 만기까지 중도에 해지하지 않고 끝까지 유지할 수 있는지를 잘 따져보아야 한다.

한때 "당신의 보장 자산은 얼마입니까?"라는 광고 카피가 유행한 적이 있었다. 여기서 '보장 자산'이란 다름 아닌 '사망보험금'을 일컫는 말인데, 생명은 그 자체로 존귀해서 값을 매기거나 경중을 따질 수 없지만, 보험에서는 목숨값을 정할 수가 있다.

생명보험은 가입 규모에 따라 사망보험금이 몇천만 원이 되기도 수억 원이 되기도 한다. 피보험자의 사회적 지위나 인격, 빈부를 차별하지 않으며 오로지 계약자가 부담하는 보험료가 목숨값을 결정한다.

대표적인 생명보험 상품인 종신보험은 사망 시 유가족의 생계비를 충당하는 것을 일차적인 목적으로 한다. 그래서 보험회사는 가족 사랑을 마케팅의 전면에 내세웠다. 진정 가족을 사랑한다면 땡빚을 내서라도 고액의 종신보험에 가입하라는 논리이다.

또 하나 비난이 무성했던 보험 광고가 있다.

햇살 가득한 오후, 한 젊은 여인이 거품을 가득 묻혀 세차를 하고 있고 비눗방울을 불며 그네를 타고 노는 아이의 표정은 해맑다. 말쑥한 정장 차림의 남성이 찾아와 정중히 인사를 하고, 여인은 하던 일을 멈추고 정원 테이블에 앉아 미소를 지으며 이야기를 나눈다. 이때 "10억을 받았습니다~"라는 광고 내레이션이 시작된다. 남편의 사망으로 슬퍼해야 할 아내와 딸이 거액의 사망보험금을 받고 오히려 행복해하는 모습으로 비쳐져 논란을 불러일으켰다.

연봉 5,000만 원을 받던 가장이 질병이나 사망으로 갑자기 경제활동을 못하게 되면 남은 가족들은 빈곤층으로 떨어지기 십상이다. 그동안 직장에 다니지 않던 아내가 곧바로 취업을 하기도 쉽지 않고, 취업을 한다손 치더라도 대개 남편의 소득만큼 벌기는 어렵다. 이런 경우를 대비하기 위해 종신보험에 가입하는 것이다.

기왕이면 보험금이 많을수록 좋겠지만 보험금을 많이 받으려면 보험료를 많이 내야 한다. 40대 남성이 종신보험에서 일반사망 보험금 10억 원을 받으려면 매달 약 300여만 원, 연간 3,600여만 원의 보험료를 내야 한다. 우리나라 직장인의 48%가 연봉 3,000만 원 미만이고,

26%가 3,000만~5,000만 원이어서 이 같은 고액의 종신보험은 애초에 엄두도 못 낼 일이다.

통계청 자료에 따르면 2014년 총사망자수는 267,692명으로, 우리나라 총인구수가 5,100만여 명이니 0.52% 정도 된다. 1%도 안 되는 확률 때문에 매달 고액의 보험료를 낸다는 것은 어리석인 일이 아닐 수 없다. 금융감독원 자료에 따르면 2005년 8월에 계약된 종신보험의 10년 유지율은 불과 36.1%에 그치고 있다.

보장 범위는 어디까지?

실손보험은 정해진 몇 가지를 제외하고 전부 다 보상받는 포괄주의 방식이지만, 대부분의 보험은 정해진 몇 가지 항목(질병분류코드)에 대해서만 보상을 받는 열거주의 방식을 취하고 있다.

한국표준질병사인분류코드(한국질병분류코드)는 의무 기록 자료, 사망원인 통계 조사 등 질병이환 및 사망 자료를 그 성질의 유사성에 따라 체계적으로 유형화한 것으로, 그 종류가 무려 2,534개에 달한다.

너무 건강해서 보험 같은 건 전혀 필요 없다고 큰소리치던 사람들도 막상 설계사와 마주 앉으면 생각이 달라진다. 이것도 있어야 할 것 같고, 저것도 필요하겠고, 또 어떤 건 보험료가 몇백 원밖에 안 되니 넣어두면 나쁘지 않을 것 같고……. 어영부영 갖다 붙이다 보면 어느새 처음 생각했던 보험료를 훌쩍 넘어선다.

차라리 보험이 없다면 모르겠지만, 보험을 들었는데 가입하지 않은 특약 때문에 혹시라도 보험금을 받지 못하면 어쩌지 하는 생각에 소소한 특약 하나도 무시할 수가 없다.

그러나 경제적으로 너무나 풍족해서 보험료 걱정 따위는 전혀 할 필요가 없는 경우라면 모르겠지만, 살아가면서 발생 가능한 모든 위험을 보험으로 대비할 수는 없다.

따라서 보장의 범위는 가족력(부모, 조부모, 형제자매, 남편, 아내, 자녀, 그 밖의 혈연자의 질환 유무, 원인 등)에 따라, 피보험자의 건강 상태나 생활 패턴에 따라 발생 가능성과 확률을 고려해서 결정해야 한다. 예를 들어 부모와 조부모가 건강하게 장수했다면 암보험을 과도하게 들 필요가 없을 것이고, 운전할 일이 거의 없는 전업주부에게 운전자보험은 꼭 필요한 보험이 아니다.

실손보험은 저렴한 금액으로 포괄적인 보장을 받을 수 있는 착한 보험이다. 그리고 발생 확률은 낮지만 한번 발생하면 고액의 치료비 부담뿐만 아니라 경제활동에도 지장을 초래하여 가계에 치명적인 영향을 미치는 암, 뇌혈관질환, 심혈관질환에 대해서는 가족력이나 경제적 상황에 따라 적정한 규모의 보험을 준비하기를 권한다.

개인적인 생각이지만 특별한 가족력이 없다면 암보험의 경우 수술, 입원 등 각종 특약을 제외한 일반암 진단금을 기준으로 3,000만 원, 뇌혈관질환, 심혈관질환의 경우 2,000만 원 정도면 족하다.

보장 기간은 언제까지?

'이제 100세 시대라는데 내가 가진 보험은 전부 80세 만기인데 어떻게 해야 하나?'라고 고민하는 사람들이 많다.

그래서 보험설계사들은 이렇게 말한다.

"100세까지 보장되는 ○○보험으로 갈아타시죠!"

보장 기간은 보험회사가 보험계약자에게 보험금을 지급할 책임을 지는 보험 기간을 말한다. 보장 기간으로 명확히 구분되는 보험이 종신보험과 정기보험이다. 종신보험과 정기보험의 주계약은 모두 사망에 대한 보장이지만, 종신보험의 보장 기간은 계약자가 사망할 때까지이고, 정기보험은 계약자가 정한 기간까지이다.

종신보험과 정기보험은 가장이 사망할 경우 유가족의 생계 보장이 주목적이다. 따라서 정기보험의 보장 기간은 자녀의 독립 시기(막내의 대학 졸업 또는 취업)를 기준으로 하는 것이 바람직하다. 그 외 특약의 보험 기간은 임의로 정하는 것이 아니라 상품에 따라 달라진다. 평균수명이 늘어난 만큼 보장 기간이 늘어나 최근에는 80세 만기와 100세 만기 상품이 대부분이다. <u>가급적 보장 기간은 길수록 좋다.</u>

문제는 기존의 80세 만기 보험을 해지하고 100세 만기 보험으로 갈아탈 것인가이다. 보험료는 계약 당시 피보험자의 나이에 따라 증가한다.

20년납, 80세 만기, 일반암 기준 진단금 3,000만 원인 암보험의 경우 보험 나이(생일+6개월) 40세의 보험료는 33,000원인데 43세에 가입하면 37,890원이 된다. 월 보험료 차이는 4,890원이지만 20년이면 약

70만 원이 인상된다는 점을 고려해야 한다.

따라서 3년 이상 유지해온 보험이라면 총보험료 인상분을 따져보고 이를 부담할 것인지 결정해야 한다. 또한 80세 만기 비갱신형 상품을 100세 만기 상품으로 바꾸려는데, 만일 그것이 갱신형 상품이라면 보험료 차이도 더 커질뿐더러 가입 기간 중 병력에 따라 갱신 시 보험 인수가 거절될 가능성도 있다. 이런 점을 고려하면 가급적 기존 상품을 유지하는 것이 좋다.

적정 보험료는 얼마일까?

보험료는 보장 크기(보험금 규모), 보장 범위(질병, 상해 등 담보하는 보험사고), 보장 기간에 따라 달라진다. 또한 보험 가입 시점의 나이가 많을수록 보험료가 비싸다.

보장성 보험을 기준으로 적정 규모의 보험료는 가족 구성원에 따라, 소득에 따라, 개인의 병력에 따라 상대적이지만, 가구 소득의 10~12% 내외가 적정하다고 보는 것이 일반적이다. 따라서 가구 소득에 따라 적정 보험료 기준을 먼저 결정한 다음, 보장의 순서대로 위험도와 위험 발생 확률에 근거하여 보장의 크기와 범위를 결정해야 한다.

보험 가입에도 우선순위가 있다

가족 구성원 모두 넉넉한 보장 금액으로 어떤 보험이든 가입할 수 있을 만큼 경제적 여력이 충분하다면 우선순위를 논할 필요가 없다. 하지만 현실은 그렇지 않다.

40대 초반에 늦깎이 결혼을 한 교사 부부가 있다. 적지 않은 연봉에 정년도 보장되는 데다 각자 모아둔 돈도 있고, 둘이 받는 연금만으로도 은퇴 생활에 큰 걱정이 없는 그들이지만, 둘만의 더욱 의미 있고 행복한 삶을 위해 아이를 갖지 않기로 뜻을 모았다. 이른바 딩크족(DINK, Double Income No Kids) 선언을 한 것이다. 자녀 없이 맞벌이를 하는 이들 부부의 경우 보험 가입 순서는 의미가 없다.

이처럼 예외적인 경우를 제외하고 일반적인 가정의 보험 가입 순서는 다음과 같은 방식으로 흘러간다. 희소성의 원칙이라 했나? 뭐든 적을수록 값나가고 귀한데 사람이야 오죽할까! 자녀가 적을수록 자녀에 대한 애정과 기대는 각별하다. 베이비붐 세대는 상상도 못했던 태아보험이 보편화된 것도 바로 이런 이유일 것이다.

우리나라에서 1962년 보험업법이 제정된 이래 1980년대까지 가장 인기 있는 상품은 다름 아닌 교육보험이었다. 과거에는 자녀에 대한 교육열이, 현재에는 하나뿐인 자녀에 대한 사랑이 보험 가입에서 자녀를 1순위로 올려놓았다.

2순위는 아내가 차지한다. '난 회사에서 꼬박꼬박 건강검진도 받고 있고, 아직 체력 하나만큼 끄떡없지만, 아내에게는 보험이 하나쯤 있어야 하지 않을까?'라고 생각하기 때문이다. 그런데 보험 홈쇼핑 채널이나 TV 광고를 보니 종신보험, 실손보험, 암보험, 건강보험, 치아보험, 장기간병보험 등등 바쁘다는 핑계로 미처 알아보고 챙겨주지 못한 보험이 한두 가지가 아니다.

결국 이 가정은 자녀 → 아내 → 남편의 순서로 보험을 가입했다. 그러나 올바른 보험 가입 순서는 정확히 이와 반대가 되어야 한다. 엄밀히 말하자면 경제적 가장 → 배우자 → 자녀의 순서로 가입하는 것이 원칙이다.

가족 구성원 중 어느 누구도 질병, 상해, 조기사망으로부터 자유로울 순 없지만, 나이가 많을수록 해당 위험률은 높기 마련이다. 또한 경제적 가장의 사망이나 노동력 상실은 본인뿐만 아니라 가족 전체에 치명적인 위기를 초래한다. 우선순위를 정할 때 반드시 이 점에 유의하기 바란다.

> **아프거나 다치거나 사망해야 받을 수 있는 보험보다 그냥 보험료만큼 적금을 들면 필요할 때 찾아 쓸 수도 있으니 보험보다 낫지 않을까요?**
>
> 암에 걸렸을 경우에 대비해 수술비와 치료비로 3,000만 원을 준비하려면 20년 동안 매월 125,000원씩 모아야 합니다. 그런데 불행히도 적금 가입 10개월째 암 진단을 받았다면 준비된 자금은 고작 125만 원에 불과합니다. 하지만 암진단금 3,000만 원의 보험에 가입했다면 월 보험료는 월 저축액보다 훨씬 작을 뿐만 아니라, 보험 계약 후 암보험 면책기간인 90일만 지나면 암 진단 보험금 3,000만 원을 받을 수 있습니다(상품에 따라 1~2년까지는 보험금의 50%를 지급하는 경우도 있다). 이것이 중대한 위험을 보험에 전가하는 이유입니다.

설계사의 말을 곧이곧대로 믿지 마라

말쑥한 차림에 정중한 매너, 마음을 사로잡는 화술로 낯선 전문용어를 쏟아놓는 보험설계사들과 마주 앉으면 지금 당장 보험을 들지 않으면 큰일이라도 날 것 같은 생각이 든다. 그런데 문제는 해당 설계사가 진정한 전문가인지, 내 편에서 나의 이익을 우선으로 생각하는지 알 수가 없다는 것이다.

물론 설계사의 입장에서도 애로가 많다. 급변하는 사회·경제적 환경과 금융 관련 제도 변화 속에서도 고객의 욕구에 부응할 수 있도록 준비해야 하고, 쏟아져 나오는 신상품에 대해서도 연구해야 한다. 더구나 여러 보험회사 상품을 취급하는 독립법인대리점(GA, General Agency) 소속 설계사는 상품을 이해하고 장단점을 분석하는 데 각 보험회사가 직영하는 영업소 설계사보다 몇 배의 노력을 기울여야 한다.

내가 만난 설계사는 우수인증설계사일까?

고객의 이익이 곧 설계사의 이익이 되어야 이상적이지만, 설계사의 수익이 보험 계약 수수료(commission)에서 발생하기 때문에 설계사의 이익과 고객 이익이 반드시 일치하는 것은 아니다.

직영 영업소 설계사의 경우 체계적인 교육이 이뤄지고 다뤄야 하는 상품이 적기 때문에 상품에 대한 이해도가 높은 편이다. 그러나 자사 상품만 판매할 수 있다는 한계가 있어 자사 상품의 장점을 부각시키는 경향을 배제할 수 없다. 반면 GA 소속 설계사는 다양한 상품을 비교 분석해서 최적의 상품을 권할 수 있다는 장점이 있다. 하지만 시스템에 의한 교육보다는 개인의 역량에 의존하는 경향이 높고, 여러 상품들 중에서 수수료가 높은 상품을 추천할 수 있다는 우려가 있다.

2008년, 보험 상품의 완전판매와 건전한 모집 질서 정착을 위해 설계사들의 근속 기간, 계약 유지율, 완전판매 여부 등을 종합적으로 평가해 인증을 부여하는 우수인증설계사제도가 도입됐다. 여기서 '완전판매'란 자필 서명, 청약서 부본 전달, 약관의 주요 내용 설명 및 교부라는 '보험 계약의 3대 기본'을 지킨 상품 판매를 말한다.

2015년 말 기준으로 약 23만 5,000명에 달하는 생명보험사와 손해보험사 설계사 중 우수인증설계사는 2만 8,000여 명으로 12% 내외다. 또한 22개 생명보험사 중에서 우수인증설계사의 비율이 5% 이상인 보험회사는 9개사에 불과하다.

우수인증설계사가 되려면 한 회사에 3년 이상 장기 근무하고, 1년 이상 보험 계약 유지율이 90% 이상이며, 1년간 불완전판매(보험 계약의

3대 기본을 지키지 않은 판매) 등으로 인한 민원 발생 건수가 1건도 없어야 한다. 그런데 장기 근무 기준이 3년으로 비교적 짧은 데다 민원 발생 평가 기준마저 1년으로 턱없이 짧다는 점을 고려하면, 10명의 설계사 중 고작 1명이 우수인증설계사라는 것은 심각한 문제라 할 수 있다.

| 생명보험사 우수인증설계사 현황 |

(단위: 명, %)

보험회사명	2013년		2014년		2015년	
	인원수	비율	인원수	비율	인원수	비율
푸르덴셜생명	634	28.6	718	33.8	777	37.3
ING생명	1,051	15.5	859	14.4	893	18.1
메트라이프생명	841	13.3	749	13.9	759	15.5
삼성생명	5,945	15.3	5,296	16.4	4,681	14.6
한화생명	3,268	13.2	3,400	14.2	3,222	14.6
PCA생명	117	6.8	98	10.6	127	13.7
교보생명	2,367	10.3	2,049	9.8	2,538	13.2
미래에셋생명	555	9.6	475	8.9	582	12.5
알리안츠생명	194	3.5	213	4.8	270	6.8
AIA생명	284	8.1	164	4.4	163	4.7
DGB생명	25	1.6	30	2.3	33	4.0
KDB생명	165	3.3	130	2.8	152	3.9
농협생명	133	6.5	135	4.7	89	3.5
하나생명	4	1.4	4	2.9	1	3.4
신한생명	378	3.4	349	3.3	361	3.3
동양생명	161	3.5	88	2.2	140	3.2
KB생명	—	—	—	—	13	3.2
흥국생명	131	2.1	147	3.0	130	2.9
ACE생명	33	2.2	25	1.5	24	2.6
현대라이프생명	24	2.2	28	1.5	43	2.5
동부생명	40	1.2	52	1.6	54	1.7
라이나생명	46	1.9	36	1.5	18	1.1
계	16,386	10.3	15,045	10.5	15,070	11.3

*출처: 2015년 7월 27일 신학용 의원실

| 손해보험사 우수인증설계사 현황 |

(단위: 명, %)

보험회사명	2013년		2014년		2015년	
	인원수	비율	인원수	비율	인원수	비율
서울보증보험	101	17.3	158	25.3	164	25.8
삼성화재	3,956	12.9	4,675	18.6	4,852	21.1
현대해상	1,223	6.4	1,980	10.6	2,581	14.2
KB손보	1,032	6	1,263	8.6	1,708	12.9
동부화재	1,152	5.9	1,599	8.8	2,209	12.5
한화손보	381	4.6	548	6.3	739	8.2
메리츠화재	423	3.9	623	5.1	820	7.3
흥국화재	185	5	163	4.8	191	5.9
MG손보	40	2.6	57	4	82	5.5
롯데손보	61	1.4	106	3	133	4.3
농협손보	-	-	-	-	2	0.5
계	8,554	7.4	11,172	10.5	13,481	13.3

*출처: 2015년 7월 27일 신학용 의원실

이런 말을 하는 보험설계사를 조심하자

"정말 좋은 상품이 나와서 소개해드리려고······"

보험 상품 자체만을 두고 좋다 나쁘다로 평가할 수는 없다. 내게 맞는 상품과 맞지 않는 상품이 있을 뿐이다. 또한 내게 맞는 상품도 잘못 설계하면 맞지 않는 상품이 된다. 그러니 상품의 우수성을 설명하려 드는 설계사가 있다면 가급적 멀리하는 게 좋다. 처음에는 필요 없다고 생각하다가도 이야기를 반복해서 듣다 보면 "나쁘지 않네······ 괜찮네······ 형편이 되면 하나 있으면 좋겠네."라고 생각이 움직인다. 이쯤 되면 노련한 설계사는 고객이 동요하고 있다는 사실을 읽어낼 것이고, 계약이 반쯤 성사된 거나 다름없다. 그게 그들의 노하우니까!

"기존 보험 적정성 평가만 해드릴테니……"

기존 보험이 제대로 설계되어 있는지 평가만 해주겠다고 다가와서 정보 제공 동의서를 요구하는 설계사가 있다. 고객의 정보 제공 동의가 있어야 가입 정보를 열람하고 새롭게 설계를 해볼 수 있으니 당연한 요구다. 하지만 그것만으로 그친다면, 또는 월 소득이 대충 얼마나 되는지 물어보는 것만으로 그친다면 조심해야 한다.

이런 설계사의 진짜 의도는 고객과 접점을 만들고, 어떤 보험에 가입하고 있는지 파악해서 해당 상품의 단점을 찾아내고, 어떤 상품으로 유혹할 수 있을지 판단하는 데 있다.

기존 보험이 제대로 설계되어 있는지, 필요하거나 불필요한 보험이 무엇인지 판단하려면 고객의 과거, 현재, 미래를 알아야 한다. 가족력과 과거 병력, 현재 재무 상태와 수지 구조, 고용 안정성, 그리고 미래의 재무목표도 알아야 한다. 정보 제공 동의서만으로는 제대로 된 적정성 평가를 할 수 없다. 다시 말해 상품 자체에 대한 분석은 가능하지만 그 상품의 설계가 내게 최적화되어 있는지는 판단할 수 없다.

"다른 상품은 이런 게 보장 안 되지만, 이 상품은……"

필요한 보험(보장)이 있다면 여러 상품을 비교해보는 것이 맞다. 그러나 다른 상품의 단점을 들춰내고, 특정 상품의 장점만 부각시키려는 설계사가 있다면 이야기를 차분히 들어보고 다음과 같은 질문을 던져보라. "그럼 이 상품의 단점은 뭔가요?"

04

보험금은 3억 원인데 2,000만 원만 준다고?

종종 어떤 보험회사가 좋은 회사인지 어떤 상품이 좋은 상품인지 물어오는 사람들이 있다. 보험회사의 규모나 해당 상품의 판매율 등으로 순위를 정할 수는 있겠지만, 보험 상품은 공산품과 달리 그 자체로 완제품이 될 수 없는 것이어서 특정 보험회사가 좋다거나 특정 상품이 최고의 상품이라고 단정 지어 말하기는 어렵다. 똑같은 상품이라도 고객의 상황에 맞춰 얼마나 합리적이고 효과적으로 설계하는가에 따라 좋은 상품이 되기도 나쁜 상품이 되기도 한다.

생명보험회사만 해도 20여 개가 넘고, 각 보험회사마다 수많은 상품이 개정되거나 사라지고 새로 나와 일일이 설명하기는 어렵다. 하지만 <u>각종 보장과 관련된 몇 가지 기준만 가지고 있다면 최소한 설계사에게 질문을 던지거나 제대로 된 설명을 요구할 수 있다.</u>

사망보험금을 제대로 받으려면 사망 조건이 맞아야 한다고?

초등학교 졸업 이후 연락이 끊겼던 친구를 길을 가다 우연히 만났다. 며칠 뒤 그의 집에 초대를 받아 저녁식사를 함께하며 그간 각자 살아온 이야기를 나누며 회포를 풀다가 그 친구가 현장에서 일하다 크게 다쳤던 이야기를 하며 이런 말을 했다.

"다른 건 몰라도 우리 아들 두 놈은 남부럽지 않게 잘 키워야겠는데, 요즘 참 먹고살기 힘드네. 그래도 내가 만약 애들 뒷바라지 다 못하고 죽더라도 보험 하나는 빵빵하게 들어둬서 그나마 다행이다."

나도 모르게 직업의식이 발동했다.

"거 참 잘했네. 어렵다더니 보험은 들어놨구나. 그래 얼마나 빵빵하게 들었기에?"

"마침 아는 후배한테 좋은 보험을 소개받아서, 보험료는 한 달에 3만 원 정도밖에 안 되는데, 사망보험금이 3억이나 된다! 마누라 1억 원 주고, 큰 놈하고 작은 놈 1억 원씩 하면 딱 맞는기라."

정말 그런 보험이 있다면 훌륭한 보험이 틀림없겠지만 보험회사가 바보가 아닌 이상 그런 상품을 만들 리가 없다. 나는 그 자리에서 보험증권을 가져오라 해서 확인을 했다.

사망보험금은 3억 원이 분명했다. 단, 휴일에 비행기, 배, 열차 탑승 중 사망 시라는 조건이 붙어 있었다. 휴일이 아닌 평일일 경우는 2억 원이었고, 일반재해로 사망할 경우에는 2,000만 원에 불과했다. 거기다 '지하철은 제외'라는 단서도 붙어 있었다. 3억 원의 사망보험금을 받을 확률은 전생에 나라를 구했어도 10번은 구했어야 한다는, 로또

복권에 1등으로 당첨될 확률보다 낮다. 매주 7~8명 이상 1등이 나오는 로또복권의 1등 당첨 확률은 814만 5,060분의 1이라고 하는데 비행기, 배, 열차의 사망 사고가 일주일에 몇 번이나 일어난단 말인가?

사실 이 정도는 조금만 주의를 기울이면 충분히 알 수 있는 것이었다. 그런데 그 친구는 보험설계사의 설명만, 그것도 장점이라고 부각시켜 강조한 내용(보험회사에서는 이것을 '세일즈 포인트'라고 한다)만 들었던 것이 분명하다.

상품을 제대로 이해하기 위해서는 다음과 같은 보장 내용에 대한 이해와 기준이 필요하다.

사망 보장 : 일반사망에 대한 보험금이 중요하다

보험에서 말하는 사망에는 일반사망, 질병사망, 재해사망, 상해사망 네 가지가 있다.

일반사망은 모든 사망을 예외 없이 보장해준다. 자살도 보험에 가입한 지 2년이 경과했을 경우에는 사망보험금을 받을 수 있다. 질병사망은 말 그대로 질병, 즉 신체 내부 요인으로 인한 사망을 말한다. 노환이나 자연사도 질병사망으로 간주한다.

재해사망과 상해사망은 구분하기가 어렵다. '재해'는 생명보험에서, '상해'는 손해보험에서 사용하는 용어 정도로 이해하면 되겠다. 재해는 '우발적인 외래의 사고'이며, 상해는 '급격하고 우연한 외래의 사고'를 의미하는데, 실질적으로는 차이가 없다고 해도 무방하다. 다만 재해는 약관상 재해분류표에 포함되어 있어야 보상받을 수 있고, 상해는 급격성, 우연성, 외래성을 갖추어야 보상받을 수 있다.

여기서 또 익숙한 듯 낯선 용어들이 등장했다. 급격성, 우연성, 외래성이라니?

'급격성'이란 예견하지 못하거나 예견할 수 없는 상태에서 사고가 발생하는 것을 의미한다. 2015년 10월 용인의 한 아파트에서 고양이 집을 짓던 55세 여성과 29세 남성이 옥상에서 떨어진 벽돌에 맞아 여성은 사망하고 남성은 중상을 입은 사건이 있었다. 옥상에서 벽돌이 떨어진 것은 급격성의 예라 할 수 있다.

'우연성'은 고의에 의한 것이 아니고, 예견치 않았는데 우연히 발생하는 것을 의미한다. 질병 치료를 위해 약물을 복용했는데 일정 기간이 지난 뒤 약물 부작용이 나타나면 이를 상해로 인정할 여지가 있다.

'외래성'은 질병이나 체질적 요인이 아닌 외부 요인으로 사고가 발생하는 것을 말한다. 예를 들어 고혈압으로 쓰러져 다치면 외래성을 인정하지 않지만, 계단에서 넘어져 다치면 외래성을 인정한다.

또 다른 차이로 법정 전염병의 경우 재해에만 해당하고 상해에는 해당하지 않는다. 반면 질병 또는 체질적 요인이 있는 사람이 '경미한 외부 요인' 때문에 발병하거나 그 증상이 더욱 악화된 경우 경미한 외부 요인은 우발적인 사고가 아니므로 재해에 포함하지 않는다. 이는 사고 자체가 경미한 경우 재해가 아닌 질병으로 해석한다는 의미다.

불의의 사고나 질환으로 사망할 경우 남은 가족을 위해 보험을 들었는데, 사망의 종류에 따라 보험금이 나올 수도 있고 아닐 수도 있다면 얼마나 기가 막힐 것인가. 자신이 어떻게 죽을 것인지 스스로 결정할 수 있는 사람은 없다. 따라서 <u>사망 보장의 규모를 판단할 때는 사망의 원인이 재해인지, 상해인지, 질병인지 따지지 않고 아무런 조건 없이 모든 사망에 대해 보장해주는 '일반사망' 보험금이 얼마인지를 기준으로 삼아야 한다.</u>

암보장 : 특약에 현혹되지 말고 진단금을 확인하라

눈부신 의학 기술의 발전에도 불구하고 여전히 인류가 정복하지 못한 질병이 있다. 치료가 거의 불가능한 희귀 난치성 질병뿐만 아니라, 아주 흔한 감기에서부터 치매와 각종 암 등이 그것이다. 그리고 아프리카 풍토병으로 알려진 에볼라 바이러스, 2015년 발병하여 확진자 186명에 36명의 목숨을 앗아간 메르스 등 정확한 원인과 치료법이 밝혀지지 않은 치명적 질병들도 하나둘 생겨나고 있다.

특히 암은 발병률이 꾸준히 높아져 우리나라 국민 3명 중 1명꼴로 발생하고 있을 정도로 아주 흔한 병이 되었다. 그렇지만 다행히 치료를 통한 완치율도 점점 높아져 5년 생존을 기준으로 한 완치율이 70%에 육박하고 있다.

암은 발병률도 완치율도 높지만 고액의 치료비가 들어가는 질병이라 보험에 대해 부정적인 사람도 웬만하면 암보험 하나쯤은 가지고 있을 정도다. 그래서 보험회사 입장에서는 암보험 판매를 통한 매출을 더 이상 기대할 수 없을 것 같지만, 암과 관련된 다양한 상품을 개발해 꾸준히 판매해오고 있다.

　암은 조기 발견 여부와 자각 증상 정도나 전이 속도에 따라 완치율이 달라진다. 보험회사는 이런 점에 착안해 암 보장을 발생 부위별로 세분했다. 예전에는 모든 암에 대해 보장을 해주다가 요즘은 소액암, 고액암, 특정암, 중대암 등으로 복잡하게 구분하여 특약을 만들었다.

　한편 재발 가능성이 높은 특성을 고려하여 '두 번 주는 암보험'까지 등장했다. 재발암도 원발암, 전이암, 재발암, 잔류암으로 세분하여 모든 재발에 대해 보장해주는 보험이 있는 반면 특정 재발에 대해서만 보장해주는 보험도 있다.

　보장 내역에서도 진단금 위주의 보장에서 암 수술비 특약, 암 입원비 특약, 암 통원치료비 특약을 별도로 추가했고, 암 사망 특약도 만들었다.

　그리고 무엇보다 비갱신형이었던 암보험에 각종 갱신형 특약을 하나둘 추가하면서 조만간 비갱신형 암보험은 찾아보기 어려울 것으로 예상된다.

　이상과 같은 현상은 무엇을 의미할까? 다양한 이름의 암보험을 개발하면서 기존 암보험에 대한 불안감을 조성하여 신계약을 유도하고, 특약을 세분하여 보험료는 높이고, 보험금은 낮추겠다는 의도가 엿보인다. 설계사로부터 암보험과 관련된 각종 특약에 대한 설명을 듣다 보면 어느 것 하나도 가볍게 넘길 수가 없어 보험료 부담만 늘어난다. 그럼 어떻게 해야 하는가?

　보험으로 발생 가능한 모든 위험을 완벽하게 보장받겠다는 것은 어리석은 생각이다. 그만큼의 보험료를 감당할 수도 없다. 소득 대비 적정 규모의 보험료 범위 내에서 합리적으로 보장 규모를 배분해야 한다.

결론적으로 암보험은 일반암에 대해서, 진단 확정 시 지급되는 진단금을 많이 받을 수 있는 보험이 좋다. 암 수술비 특약, 암 입원비 특약, 암 통원치료비 특약 등에 현혹되지 마라. 사실 진단금만 충분하면 나머지는 없어도 그만이다. 그리고 가급적 보험료가 인상될 수 있는 갱신형 특약보다 비갱신형 특약으로 설계하라.

뇌혈관질환과 허혈성 심장질환 보장을 확인하라

우리나라 성인의 사망 원인 1위인 암에 이어 2, 3위를 차지하는 뇌혈관질환과 심장질환에 대한 보장도 주의를 기울여야 할 부분이다.

뇌혈관질환으로 분류되는 질병은 모두 10개인데, 특약에 따라 보장해주는 개수가 다르다. 뇌혈관질환 특약은 10개 모두 보장해주지만, 뇌졸중 특약은 6개, 뇌출혈 특약은 3개만 보장해준다.

그리고 심장질환으로 분류되는 질병은 모두 6개인데, 이것 역시 특약에 따라 보장해주는 개수가 다르다. 허혈성 심장질환 특약은 6개 질병 모두 보장해준다. 하지만 급성 심근경색증 특약은 가장 발병률이 높은 협심증, 만성 허혈성 심장병, 기타 급성 허혈성 심장질환과 같은 3개 질병은 보장해주지 않는다.

생명보험은 뇌경색 특약과 허혈성 심장질환 특약은 없고, 뇌출혈 특약과 급성 심근경색증 특약만 있다. 반면 손해보험은 뇌경색 특약과 허혈성 심장질환 특약이 모두 있었는데, 손해율이 높다는 이유로 없애버려 두 특약이 있는 곳은 두 군데 손해보험사뿐이다. 따라서 뇌혈관질환 특약과 심장질환 특약에 가입할 때는 이들 특약이 보장하는 질병에 대해 제대로 확인해야 한다.

| 뇌혈관질환 분류 |

코드	질병명	환자수	뇌혈관질환	뇌졸중	뇌출혈
I60	지주막하 출혈	3%	○	○	○
I61	뇌내출혈	5%	○	○	○
I62	기타 비외상성 두개 내출혈	1%	○	○	○
I63	뇌경색증	46%	○	○	×
I64	출혈 또는 경색증으로 명시되지 않은 뇌졸중	2%	○	×	×
I65	뇌경색증을 유발하지 않은 뇌전동맥의 폐쇄 및 협착	5%	○	○	×
I66	뇌경색증을 유발하지 않은 대뇌동맥의 폐쇄 및 협착	3%	○	○	×
I67	기타 뇌혈관질환	20%	○	×	×
I68	달리 분류된 질환에서의 뇌혈관 장애	0%	○	×	×
I69	뇌혈관질환의 후유증	14%	○	×	×

| 심장질환 분류 |

코드	질병명	환자수	허혈성 심장질환	급성 심근경색증
I20	협심증	68.1%	○	×
I21	급성 심근경색증	9.2%	○	○
I22	이차성 심근경색증	0.2%	○	○
I23	급성 심근경색증에 의한 특정 현존 합병증	0.1%	○	○
I24	기타 급성 허혈성 심장질환	0.8%	○	×
I25	만성 허혈성 심장병	21.6%	○	×

갱신형 VS 비갱신형

나이가 들수록 위험률은 높아지기 마련이라 보험료도 함께 올라가는 것이 정상이다. 그것을 그때그때 보험료에 반영하는 것이 갱신형 보험이고, 보험에 가입할 당시 보장 기간 동안의 위험률 상승을 예상해서 보험료를 산출하는 것이 비갱신형 보험이다. 쉽게 말해 갱신형은 일정한 주기로 보험료가 올라가는 것이고, 비갱신형은 만기까지 보험료가 인상되지 않는 것이다. 따라서 비갱신형 보험이 갱신형 보험보다 초기 보험료가 비싸다.

갱신형 보험의 장점은 초기 보험료가 비교적 저렴하다는 것이다. 나이가 젊을 때는 보험료가 저렴해서 보장 대비 보험료 효율이 높다. 하지만 나이가 많아질수록 동일한 보장을 받으려면 지속적으로 더 인상된 보험료를 내야 하므로 보험료 효율이 떨어진다.

| 갱신형 보험과 비갱신형 보험의 보험료 결정원리 |

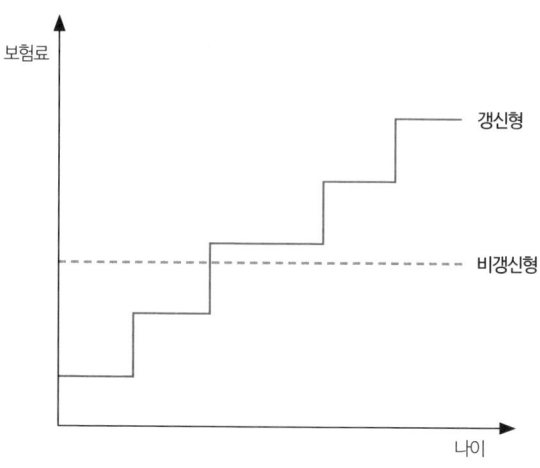

　게다가 향후 보험료가 어느 정도 인상될 것인지 인상률을 규정하지 않고 있다는 점에 유의해야 한다. 연령 증가에 따른 위험률, 보험회사의 손해율과 물가 상승까지 반영해서 인상률을 정하기 때문에 얼마나 오를지 예측할 수 없다. 실제로 판매 중인 3년 주기의 갱신형 보험 인상률 조사 결과를 보면 1차 34.1%, 2차 40.9%로 상당히 높았음을 알 수 있다.

갈수록 갱신형 상품이 느는 이유

　보험회사가 새로 출시하는 상품에는 갈수록 비갱신형 특약이 갱신형 특약으로 대체되고 있다. 그 이유가 과연 무엇일까? 각종 리스크를 고객에게 떠넘겨 손실을 방어하려는 보험회사의 생리를 이해한다면 답은 뻔하다. 그러므로 기존에 가지고 있는 비갱신형 보험을 해지할 때는 더욱 신중을 기해야 할 것이고, 새로 가입하는 경우에는 비갱신형 상품이 있는지 꼼꼼히 살펴 가급적 비갱신형 상품을 선택하자.

주관이 명관인 보험

노인 인구의 증가와 핵가족화로 우리 사회에서 노후 대책이 본격적인 사회문제로 대두되자 1979년부터 1985년까지 동방생명(현 삼성), 대한교육보험(현 교보), 대한생명(현 한화), 흥국생명, 동해생명(현 KDB), 제일생명(현 알리안츠) 등 6개 생명보험사가 앞다퉈 '백수보험'이라는 저축성 보험 상품을 판매했다. "33세인 사람이 매월 3만 4,600원씩 7년간 납부하면 22년 뒤인 55세부터 사망할 때까지 매년 1,000만 원 이상을 받게 된다."며 홍보를 했다. 상품 이름도 '노후자금 걱정 말고 오래오래 살라.'는 취지에서 '백수(白壽)보험'이었다.

고금리 기조로 시중 금리는 25% 선이었고, 예정 이율이 12.5%였기 때문에 이런 상품이 나올 수 있었는데, 예정 이율과 실세 금리의 차이를 '확정배당금'이라는 이름으로 지급한다는 것이었다.

하지만 이후 실세 금리인 정기예금 이자율이 계속 떨어져 1982년 이후에는 단 한 번도 예정 이율을 넘어서지 못했다. 주 고객층이 30대였기 때문에 이들의 보험금 지급 개시일이 도래하는 2000년대 들어서면서 기대 금액의 10분의 1밖에 안 되는 연 100여만 원의 보험금을 받게 되자 민원이 끊이지 않았고 개별 소송에 이어 집단 소송까지 벌어졌으며, 수년 동안 법률 분쟁이 계속되었다.

보험회사들은 예나 지금이나 어떤 이유에서든 해당 상품의 손해율이 높아지면 가입자들을 다른 상품으로 전환하도록 유도한다. 심지어 일부 보험설계사들은 계약 체결을 위해 기존 상품의 단점을 들추어 해약을 유도하기도 한다.

민영기업인 보험회사가 이윤 추구를 위해 노력한다고 해서 그들을 파렴치한 집단으로 매도할 수는 없다. 하지만 분명한 것은 과거에 가입한 상품이 새로 개발된 상품보다 반드시 좋다고는 단정 지어 말할 수는 없지만, 기존 상품을 해약할 때는 각별한 주의가 필요하다는 것이다.

06
실손보험, 끼워 팔기를 조심하라

고액의 치료비가 드는 질병이 많아짐에 따라 병원비 부담을 줄이기 위해 실손보험(실비보험)에 가입하는 사람들이 많다. 사실 실손보험은 가입해두면 많은 도움이 된다. 그런데 실손의료보험이 표준화된 2009년 이전에는 실손보험이 중복 보장이 안 된다는 사실을 모르고, 여러 상품에 가입해 보장을 제대로 못 받았다며 하소연을 해오는 사람들이 있었다.

실손 보상은 중복 보장을 해주지 않는다

보험 계약 시 정해진 액수만큼 보상해주는 정액 보상의 경우 여러 보험에 가입해도 모두 보험금을 받을 수 있다. 예를 들어 암보험 진단금을 A보험회사에 2,000만 원, B보험회사에 1,000만 원, C보험회사에 2,000만 원 가입하고 각각의 보험이 2년 이상 정상 유지되고 있는 상태에서 암 진단을 받았다면 5,000만 원의 보험금을 받을 수 있다.

그러나 실손 보상은 질병이나 상해로 입원 또는 통원 치료 시 의료비로 실제로 부담한 비용만큼만 보상해준다. 예를 들어 실손보험을 세 군데 보험회사에 가입 유지하고 있다가 자동차 사고가 나 입원 치료를 받는다면 이때 발생한 의료 실비를 각각의 보험회사로부터 받는 것, 다시 말해 의료실비의 세 배를 총보험금으로 수령할 수 있는 것이 아니라, 전체 의료 실비를 보험회사별 가입 보험료 비율로 나누어 각각 받는다. 실손 보상은 중복 보장을 해주지 않기 때문이다.

이런 사실을 모른 채 실손보험을 중복으로 가입해서 불필요한 보험료를 지출한다거나, 일부 보험설계사의 고의 또는 부주의로 인한 소비자들의 피해를 예방하기 위해 실손보험이 표준화되었다.

표준화 실손보험은 보험회사별로 보험료는 다소간 차이가 있지만 보장 내역은 어떤 보험회사에 가입하든 동일하다. 따라서 <u>실손보험만 가입한다면 보험료가 저렴한 상품에 가입하는 것이 유리하다.</u> 다만 보험금 지급 심사나 보험금 지급에 소요되는 시간은 보험회사별로 다소 차이가 있다.

실손보험 중복 가입 여부는 손해보험협회 홈페이지(www.knia.or.kr)에서 보험가입내역 조회를 해보면 확인할 수 있다.

각종 건강보험의 부가 특약을 점검하자

실손보험에 가입할 때 한 가지 조심해야 할 사항은 '끼워팔기'이다. 표준화 실손보험만 단독으로 가입할 경우 보험료는 만 20세 기준 6,000원 내외다. 만 45세일 경우에도 2만 원 내외면 충분하다. 그런데 보험료를 높이기 위해 각종 보장이 포함된 건강보험에 실손보험을 끼워 실손보험으로 판매하는 관행이 있으니 유의해야 한다.

만일 종신보험이나 통합보험 또는 각종 건강보험을 가지고 있다면 부가된 여러 가지 특약을 점검해본 후 실손보험만 가입할지 필요한 특약을 포함해서 가입할지 잘 판단하기 바란다.

07 본전 생각하다 밑지는 만기환급형

우리나라 사람들은 보험을 들면서도 유별나게 본전 생각을 한다. 그래서 유난히 많이 판매되는 보험이 만기환급형 보험이다. 보장은 보장대로 다 받고 만기가 되면 그동안 낸 보험료를 돌려주는 만기 환급형 보험 상품을 보험회사에서 왜 만들까?

상식적으로 생각해봐도 보험회사가 손해 보는 상품을 만들 리는 없다. 고객의 본전 심리를 이용해서 보험 가입에 대한 거부감을 최소화하고 돈을 벌겠다는 꿍꿍이를 가진 것이 만기환급형 보험이다.

순수보장형과 만기환급형의 차이

순수보장형과 만기환급형의 가장 큰 차이는 만기에 보험료가 소멸되는지, 되돌려주는지에 있다. 다시 말해 소멸되면 순수보장형이고, 되돌려주면 만기환급형이다. 많은 사람들이 만기환급형의 보험료가 좀 비싸긴 해도 결국 모두 돌려받을 돈이니 손해 볼 것이 전혀 없다고 생각한다.

바로 여기에 세 가지 함정이 있다.

첫째, 순수보장형보다 만기환급형이 보험료가 다소 비싼 것이 아니라 비교적 많이 비싸다.

둘째, 보험료가 비싸진 만큼 순수보장형보다 더 나은 보장을 받는 것도 아니다. 더 받은 보험료는 따로 적립해서 보험회사가 마음껏 운용하다가 10년, 20년 뒤 보험 기간 만기가 되어 물가가 오르고 화폐가치는 떨어졌을 때 이자 없이 원금만 돌려준다.

셋째, 위험 보험료나 특약 보험료는 만기환급금에서 제외돼서 만기에 환급해주는 보험료가 내가 낸 보험료의 전부가 아닐 수도 있다.

정말 만기에 보험료를 돌려받고 싶다면 만기환급형 대신 순수보장형으로 가입하고, 보험료 차액만큼 정기적금에 가입하는 것이 이득이다.

종신보험 대신 만기환급형 정기보험

그렇다고 만기환급형이 무조건 나쁜 것은 아니다. 상황에 맞게 잘 활용하면 경우에 따라서 이득이 될 수도 있다. 그 좋은 예가 정기보험이다. 보험료가 비싸 종신보험에 가입할 여력은 없지만 자녀가 독립할 때까지 최소한의 사망보장이 필요하다고 느낀다면, 특히 요즘같이 저금리 상황이라면 만기환급형 정기보험을 고려해볼 수 있다.

　보장 기간을 자녀의 독립 시기(대학 졸업 또는 취업)로 정하면, 보장 기간 중에 사망할 경우 약정된 사망보험금을 받을 수 있고, 보장 기간이 만료될 때까지 사망하지 않으면 보장 기간 만료와 함께 납입한 보험료를 이자 없이 전부 돌려받는다. 다시 말해 보장 기간 동안 발생하는 이자 수익만큼의 비용으로 사망보험에 가입하는 것이다.

　지금과 같은 저금리 상황이라면 이자 대신 사망 보장을 받는 무이자 적금 역할을 하는 만기환급형 정기보험을 활용하는 것도 나쁘지 않다.

08 수익률은 높지만 손실 위험도 큰 변액보험

앞서 소개한 백수보험으로 혼쭐이 난 보험회사들로서는 IMF 이후 금리 하락이 지속되자 대비책이 절실했다. 이에 구미 선진국에서 일찍이 1950년대부터 판매되었고, 이웃 일본에도 도입된 선진형 상품이라며 변액보험 도입을 준비하기 이르렀다. 투자신탁업법상의 유사신탁 금지조항에 명백히 위배된다며 투자신탁업계의 반발이 거셌지만, 2001년부터 변액보험 판매가 시작되었다.

변액보험은 보험 계약자가 낸 보험료에서 사업비와 위험 보험료를 제외한 적립 보험료를 펀드로 만들어 채권이나 주식 등 유가증권에 투자하고, 운용 실적에 따라 투자 수익을 계약자에게 나눠주는 상품이다.

인플레이션에 따른 자산 가치 하락에 대응하고 고수익에 대한 소비자의 욕구를 충족시킨다는 명분을 내세웠지만, 보험회사의 운용 수익과 무관하게 일정한 수익을 받는 기존 공시이율형 상품과 달리 보험회사의 투자 리스크를 소비자에게 전가한 측면을 간과할 수 없다. 보험회사로서는 가입자에게 보험료도 내지 않고 보험을 든 셈이다.

저금리가 지속되고 은행 실질금리가 제로 또는 마이너스로 떨어지자 변액보험의 인기가 치솟은 때도 있었다. 실질금리란 은행 금리에 물가상승률을 제한 것으로, 예·적금 금리가 물가상승률을 따라가지 못하면 예·적금 가입자는 손해를 보게 된다.

변액보험은 가입자 수의 급등락을 경험하면서도 꾸준한 인기를 누리고 있다. 하지만 금융감독원에 접수된 투자 상품 관련 민원 중 계속해서 높은 비중을 차지하고 있으므로 다음 몇 가지는 단단히 짚어봐야 한다.

변액보험은 실적배당형 투자 상품이다

이론상으로는 보험계약자의 투자 성향에 따라 자산 운용 형태를 결정할 수 있고, 약관에 따라 1년에 4차례 정도 펀드 변경도 가능하다. 하지만 투자 전문가가 아닌 일반인이 스스로 주식과 채권 투자의 비율을 조정해 높은 수익률을 실현하기가 쉽지 않다.

그렇다고 신규 고객 유치에 바쁜 보험설계사가 보유 고객의 수익률을 수시로 점검해 조치를 취하는 경우도 극히 드물다. 심지어 변액보험판매관리사 자격증을 갖고 있는 보험설계사조차 투자 경험이 전무하고 전문 지식이 부족한 경우가 허다하다.

거듭 말하지만 변액보험은 투자 상품이며, 투자의 책임은 계약자에게 있다. 높은 수익률이 장점인 만큼 손실의 위험도 본인이 감수해야 한다. 또한 보험회사가 운용하는 제한된 펀드 중에서 선택해야 하므로 상품 선택의 폭도 좁다.

변액보험의 보험료 구성에 대해 제대로 알아야 한다

변액보험의 보험료는 저축보험료와 위험보험료, 사업비로 구성된다. 이때 중요한 사실은 납입하는 보험료가 모두 적립되고 투자·운용되는 것이 아니라는 점이다. 위험보험료와 사업비를 제외한 저축보험료 부분만 투자·운용된다. 투자·운용되는 금액이 적은 만큼 기대치보다 수익률이 떨어질 수밖에 없다.

계약 관리 수수료를 살펴보라

금융위원회가 2015년 10월 '보험산업 경쟁력 강화 로드맵'을 발표하면서 보험료 산정 시 적용되는 위험률 조정한도(±25%)를 폐지한다고 밝혔다. 또 보험료 산정 및 보험금 지급 등에 적용하는 이자율(할인율) 규제도 단계적으로 폐지하기로 했다.

이는 보험료에 대한 결정권을 전적으로 보험회사에 부여한 것으로, 향후 보험료가 인상되리란 전망이 우세하다. 따라서 변액보험 사업비에 해당하는 계약 관리 수수료를 경쟁적으로 올릴 것으로 보인다.

| 변액보험 수수료 비교 |

(단위: 원)

구분	삼성생명	미래에셋생명	푸르덴셜생명	PCA생명	메트라이프생명	동부생명
계약체결 수수료 (설계사 수당)	1,264,000	920,000	1,248,000	1,068,000	1,200,000	1,188,000
계약관리 수수료 (유지+관리비)	1,324,800 (월보험료의 4.6%)	864,000 (월보험료의 3%)	1,872,000 (월보험료의 6.5%)	3,456,000 (월보험료의 12%)	2,664,000 (월보험료의 9.25%)	2,808,000 (월보험료의 9.75%)
총수수료	2,588,800	1,784,000	3,120,000	4,524,000	3,864,000	3,996,000
원금 도달 시점 (투자수익률 3.25% 가정)	9년	8년	11년	13년	12년	12년

* 40세 남자 기준, 월 보험료 20만 원, 12년납, 채권형 100%, 저축성
* 출처: 〈머니투데이〉

    2015년 10월 〈머니투데이〉 기사에 따르면, 변액보험에 가입해 매달 꾸준히 보험료를 내더라도 원금 이상을 돌려받는 데 8년에서 13년 이상 걸리는 것으로 분석됐다. 원금 도달 기간이 오래 걸리는 결정적 이유는 설계사 수당(계약 체결 수수료)보다는 보험회사 몫으로 돌아가는 계약 관리 수수료 때문이며, 보험회사별로 최대 5년 이상 기간이 벌어진 이유는 수수료가 제각각인 탓이다.

    변액보험에 대한 찬반양론이 분분한 가운데 마땅한 투자 대안이 없는 일반인들에게 변액보험이 단정적으로 좋다, 나쁘다라고 평가하기는 어렵다. 그러나 변액보험 역시 투자 상품이라는 것을 인식하고, 경기 상황에 따른 펀드 변경을 통해 기대수익률을 달성하기 위한 노력을 게을리하지 않아야 한다. 단기에 높은 투자수익률을 기대할 수 없는 상품이라는 것을 정확히 인지하고 장기투자를 계획한다면 고려해볼 만하다.

유니버설 기능 정말 우월할까?

보험 상품은 연복리에 시중금리보다 높은 공시이율을 적용하고 있고, 상품에 따라서는 최저이율도 보증해준다. 대체로 보험 상품이 은행 예·적금 상품보다 더 나은 조건을 가지고 있다. 하지만 급전이 필요할 때가 문제다. 피치 못해 조기에 해약하면 원금도 못 찾는다.

유니버설 기능을 단다고 자전거가 오토바이가 되진 않는다

은행의 예·적금 상품에 맞서 보험회사가 만들어낸 것이 유니버설 기능이 탑재된 보험 상품이다. 유니버설이란 '만능의', '다기능의' 정도로 풀이할 수 있는데, 보험 상품 고유의 기능 외에 단점을 보완할 수 있는 여러 기능들을 덧붙였다는 의미이다. 처음에는 저축성 보험에만 유니버셜 기능을 장착했는데, 이후 보장성 보험인 종신보험에도 유니버셜 기능을 적용했다.

대표적인 유니버셜 기능은 추가 납입, 중도 인출, 납입 유예 세 가지다. 매월 납입보험료의 세 배까지 '추가 납입'을 할 수 있는데, 추가 납입분에 대해서는 사업비가 부과되지 않으므로 그만큼 사업비 절감 혜택을 볼 수 있어 더 많은 금액을 적립할 수 있다. 그리고 급전이 필요할 때 보험을 해약하지 않고도 소정의 수수료를 내면 인출 시점 해약 환급금의 50%까지 '중도 인출'이 가능하다. '납입 유예'는 형편이 어려워 보험료를 납부하지 못하고 2개월 이상 보험료가 연체되더라도 보험 계약이 해지되지 않고 유지될 수 있도록 한 것이다.

이러한 기능들을 가진다고 유니버셜 상품이 보험의 태생적 약점을 보완하고 은행의 예·적금 상품을 능가하는 상품으로 거듭날까?

완벽한 비유는 못 되겠지만 장기보험 상품에 유니버셜 기능을 추가하는 것은 자전거에 엔진을 장착하는 것과 비슷하다. 자전거는 직접 페달을 밟으며 타야 땀도 나고 운동도 된다. 페달 밟는 것이 힘들고 더 빨리 달리고 싶다면 각종 동력 장치를 장착할 것이 아니라 차라리 오토바이를 타는 것이 낫다.

유니버셜 기능은 최후의 보루로 활용하자

이와 마찬가지로 보험은 합리적인 설계를 통해 만기까지 유지함으로써 안정적인 보장과 복리 혜택을 얻는 것이 원래의 기능이다. 보험료를 내지 않고 납입을 중지할 경우에는 납입 유예 기간 동안 저축성 보험이 가진 보장 기능(소액의 사망보험금)을 유지하기 위해, 그동안 적립된 보험료에서 보장성 보험료 부분이 '월 대체 보험료'로 자동납부된다. 이런 내용을 모르거나 잊어버린 채 장기간 보험료 납입을 유예한 결과 환급금이 모두 사라져 0원이 된 사례도 있다.

또한 저축처럼 수시로 중도에 인출하면 적립금이 줄어들어 복리 효과가 제 힘을 발휘하지 못하고, 심할 경우 저축보다 못한 상품이 되고 만다.

결론적으로 말해 보험의 유니버설 기능은 해당 상품을 업그레이드 해주는 장점이 아니다. 사람 사는 게 모두 마음먹은 대로 계획대로만 되는 것이 아니다 보니 해약 외엔 달리 아무런 방법이 없을 때 마지막 순간 최후의 보루로 활용하는 것이다. 결국 장점이라기보다는 보완책이다. 따라서 유니버설 기능을 장점으로 활용할 생각은 아예 잊어라!

변액유니버설보험을 하나 가지고 있습니다. 장기저축을 조금 더 할 수 있을 것 같은데 어떤 상품이 좋을까요?

대부분의 저축성 보험은 기본 보험료의 200%까지(기본 보험료가 20만 원일 경우 40만 원까지) 추가 납입이 가능하며, 기본 보험료에 대한 사업비(수수료)는 15% 내외지만 추가 납입금에 대한 사업비는 0~3%입니다. 따라서 새로운 상품에 가입하는 것보다 추가 납입을 활용한다면 그만큼 사업비를 절감할 수 있습니다.

10 '묻지 마 보험', 정말 묻지도 따지지도 않을까?

"묻지도 따지지도 않습니다." 국내에선 모르는 사람이 거의 없을 정도로 유명한 한 원로 배우가 출연한 광고에 사용된 카피이다. 속칭 '묻지 마 보험'은 주로 고령자를 대상으로 무심사, 무진단으로 가입하는 간편 심사 보험이다.

누구나 가입할 수 있을까?

상식적으로 따져본다면 있을 수 없는 보험이다. 그런데 현실적으로 이러한 보험이 존재한다면 신중하게 묻고 따져봐야 한다. 금융감독원에 따르면 2011년까지 전체 생명보험 분쟁의 6.1%(505건)였던 고령자 분쟁이 2014년 11.4%(1,093건)로 늘었다. 이 중에서도 보험금 지급 관련 분쟁이 331건에서 820건으로 2배 이상 급증했다.

대표적인 '묻지 마 보험'인 OO실버보험을 두고 제대로 따져보자.

| 간편심사 보험 예시 |

● 가입 안내

가입 나이	55~83세	가입 기준 상세	보험 기간	가입 나이	납입 기간
보험 기간 및 납입 기간	5년 만기 전기월납, 7년 만기 전기월납, 10년 만기 전기월납, 15년 만기 전기월납, 80세 만기 10년납		15년만기	55~60세	전기월납
			10년만기	61~70세	
			7년만기	71~78세	
가입 한도	500만~2,000만 원 (단, 계약자와 피보험자가 다를 경우 최대 1,000만 원 한도)		5년만기	79~83세	
			80세만기	55~69세	10년납

● 보험료 예시표

(단위: 원)

나이	여자	만기	남자
55세	22,800	15년	45,000
65세	32,500	15년	58,500
75세	57,000	15년	92,500

*가입 금액 1,000만 원, 만기환급금이 없는 순수보장형, 전기월납

우선 보장 내역부터 살펴보자. 이 보험은 질병, 상해에 대한 보장은 없다. 오로지 순수보장형으로 사망보장만 있다. 다음으로 보장 기간을 살펴보자. 55세에 가입해 15년 만기면 70세, 65세 가입해 10년 만기면 75세, 75세 가입해 7년 만기면 82세이다. 딱 평균수명까지 보장해준다.

이번에는 총납입보험료와 보험금의 관계를 살펴보자. 55세 남자 기준으로 월 45,000원씩 15년간 납입하면 총납입보험료가 810만 원이

다. 70세 이전에 사망하면 보험금이 1,000만 원인데 살아 있으면 810만 원을 보험회사에 갖다 바치는 셈이다. 65세 남자 기준으로 10년간 58,500원을 납입하면 총납입보험료는 702만 원이다. 75세 남자 기준으로 7년간 92,500원을 납부하면 777만 원이 된다.

결국 보험료를 1,000만 원 가까이 내지만 보험 기간 중 사망했을 경우 1,000만 원의 보험금(가입한도는 2,000만 원)을 받을 수 있다. 보험료에 비해 보험금이 지나치게 작은 상품이다. 그리고 보험 기간 만료일까지 생존해 있거나 보험 기간 이후 사망하면 보험금을 받을 수 없다. 순수보장형이므로 당연히 해약환급금도 받을 수 없다. 게다가 이 상품이 갱신형이라면 문제는 달라진다. 보험료가 언제, 얼마나 인상될지 알 수 없다.

물론 최근에는 비갱신형 상품도 나오고, 고혈압과 당뇨를 앓고 있어도 급성 심근경색과 뇌출혈을 보장해주는 상품도 나오고 있다. 그런데 이 상품 역시 자세히 살펴보면 일반 가입자를 위한 1형은 표준 체형으로, 고혈압이나 당뇨병이 있는 가입자는 2형인 유병자형으로 나누고 있다.

당연히 1형보다 2형의 보험료가 훨씬 비싸다. 특히 뇌출혈은 추가로 특약에 가입해야만 보장받을 수 있다. 누구나 가입할 수 있고 뇌출혈과 급성 심근경색도 보장되는 보험이라고 광고하고 있지만, 보험료 예시는 일반 가입자의 특약 없는 주계약 보험료를 기준으로 안내하고 있다.

반드시 묻고 따지자

나이가 많거나 병력이 있을 경우 가입할 수 있는 보험 상품을 찾기가 어렵기 때문에 간편심사 보험을 무조건 기피하기는 어렵다. 묻지도 따지지도 않는 보험에 가입할 때는 반드시 '묻고 따져서' 가입 여부를 판단하도록 하자.

보험료가 너무 싸면 다음 사항을 묻고 따져라

① 갱신형인가?
② 갱신형이라면 갱신 시 보험료 인상폭은 얼마나 되는가?
③ 갱신 거절 사유로는 무엇이 있는가? (갱신형 상품은 보험료 인상뿐만 아니라 보험회사로부터 갱신을 거절당할 위험도 있다.)
④ 주계약 보장 내역은 정확히 무엇인가?
⑤ 특약의 보장 내역과 보험료는 얼마인가?

'계약 전 알릴 의무(고지의무)' 사항은 묻지 않아도 알려야 한다

과거 병력에 대한 고지 의무는 계약자가 반드시 지켜야 할 사항이다. 만일 이를 위반할 경우에는 보험금 지급이 안 된다. 특히 전화로 보험에 가입할 경우 전화상으로 설계사에게 병력을 알렸더라도 청약서에 고지 내역이 기재되지 않으면 고지 의무 위반이 된다는 것을 명심하자.

그러므로 청약서를 받으면 반드시 고지 내역을 확인해야 한다. 또 한 가지 알아둘 것은 고지 의무는 계약일로부터 5년 이내의 병력이므로 5년이 지난 병력은 알리지 않더라도 고지 의무 위반이 아니라는 점이다.

보험 계약을 철회할 수 있는 권리를 잊지 마라

청약일로부터 30일이 지나지 않았다면 이유 여하를 막론하고, 단순히 마음이 변했다고 해도 보험 계약을 철회할 수 있다. 따라서 이미 청약한 보험에 대해서도 전달받은 약관과 계약 내용을 꼼꼼히 살펴보고 확인하는 수고로움을 감수하도록 하자.

자동차보험, 한 푼이라도 줄이자

2015년 12월 말 기준으로 우리나라 자동차 등록 대수는 2,099만 대로 국민 2.46명당 1대를 보유하고 있는 셈이다. 하루 평균 600건 가까이 자동차 사고가 발생하고 있고, 사망자는 1년에 5,000명에 이른다. 준법운전, 방어운전으로 사고를 미연에 방지하기 위해 노력해야 하지만, 자동차 사고는 자신이 조심한다고 완전히 막을 수 있는 게 아니다. 그러므로 사고로 인한 인적·물적 피해를 보상해주는 자동차보험을 운전자라면 누구나 가입해야 한다.

의무적으로 가입해야 하는 책임보험(대인배상I+대물배상 1,000만 원)과 가입자가 임의로 가입하는 종합보험이 있는데, 종합보험 가입률은 60%에 그치고 있다.

대물배상은 내가 다른 사람의 차량이나 재물에 손해를 입혔을 때 보상해주는 것이다. 그리고 대인배상은 자동차 사고로 피해를 입은 사람에 대해 보상해주는 것인데 I, II로 구분된다.

대인배상I은 보상 한도가 사망후유장애 1억 원, 부상 2,000만 원으로 정해져 있다. 대인배상II는 대인배상I의 보상 금액이 부족할 경우에 대비하기 위한 것이다.

인적 사고는 대개 대인배상I로는 충분한 보상이 힘들기 때문에 가입하는 것이 좋다. 이때 가입 금액을 무한으로 선택해야 형사상 책임을 면할 수 있다. 다만 뺑소니와 무면허 운전, 음주 운전 등의 경우에는 면책되지 않는다.

자동차 보험에 가입할 때 대개 보험료 액수와 부부한정, 연령한정, 블랙박스 특약의 가입 여부 정도만 확인한다. 하지만 꼼꼼히 챙겨야 보험료를 줄이고 혜택은 제대로 누릴 수 있으므로, 이번 기회에 중요한 몇 가지를 알고 넘어가도록 하자.

대물배상은 얼마로 할까?

대물배상은 보험회사별로 차이는 있지만 보통 사고 1회를 기준으로 2,000만~7,000만 원, 1억~5억 원까지 선택할 수 있다. 배상 금액이 커지면 보험료도 늘어나지만 그 차이가 적고, 갈수록 고가의 외제 차도 늘어나고 있으니 만일의 경우에 대비해 2억 원 정도 가입해두는 것이 좋겠다.

물적사고 할증 기준 금액					(단위: 원)
A. 물적사고 할증 기준 금액	최소 자기부담금 (A의 10%)	최대 자기부담금	총수리비	수리비의 20%	실제 자기부담금
500,000	50,000	500,000	① 200,000	40,000	50,000
			1,500,000	300,000	300,000
			3,000,000	600,000	500,000
1,000,000	100,000		200,000	40,000	100,000
			1,500,000	300,000	300,000
			3,000,000	600,000	500,000
1,500,000	150,000		200,000	40,000	150,000
			1,500,000	300,000	300,000
			3,000,000	600,000	500,000
2,000,000	200,000		② 200,000	40,000	200,000
			1,500,000	300,000	300,000
			3,000,000	600,000	500,000

할증기준금액과 수리비

자동차 사고가 나면 가장 고민되는 부분이 자기 비용으로 수리할지, 보험으로 처리할지 선택하는 문제일 것이다. 무조건 보험으로 처리하면 다음 해를 포함해서 3년간 할증된 보험료가 적용될 수도 있기 때문이다.

이런 고민을 해결하려면 물적 사고 할증기준금액과 자기부담금의 관계를 이해해야 한다. 할증기준금액이란 다음 연도에 보험료 할증 여부를 결정하는 기준으로, 50만 원, 100만 원, 150만 원, 200만 원 중에 선택할 수 있다. 보험회사가 지급한 물적 사고 보험금(대물배상+자기차량손해)이 할증기준금액을 넘으면 다음 해에 보험료 할증이 시작되고, 그렇지 않으면 할증되지 않는다.

그러면 어떤 것을 선택하는 것이 좋을까? 이를 결정하기 위해서는 자기부담금을 함께 고려해야 한다. 자기부담금이란 자기차량손해로 보상받을 때 본인이 부담하는 금액으로, 손해액의 20%로 산정하는 것이 원칙인데 최소치와 최대치가 정해져 있다. 최소 자기부담금은 할증기준금액의 10%이고, 최대 자기부담금은 할증기준금액에 상관없이 모두 50만 원이다.

예를 들어보자. 위 표의 ①에서처럼 할증기준금액이 50만 원일 경우 총수리비가 20만 원이 나오면 원칙적으로 자기부담금은 4만 원(수리비의 20%)이지만 최소 자기부담금인 5만 원(할증기준금액의 10%)을 부담해야 한다. 그러나 ②에서처럼 할증기준금액이 200만 원이라면 최소 자기부담금이 20만 원이므로 총수리비 20만 원을 모두 부담해야 한다.

결국 할증기준금액이 낮으면 보험료가 할증될 가능성이 높아지고, 할증기준금액이 높으면 보험 처리를 해도 실제 자기부담금이 높아져 자동차보험의 혜택을 제대로 받지 못하는 문제점이 있다. 대형 사고가 나면 할증 여부를 떠나 보험 혜택을 받을 수밖에 없다. 그러나 어중간한 사고로 차량을 수리해야 하는 경우라면 할증기준금액에 따라 보험 적용을 하는 것이 유리한 구간을 따져보아야 한다.

그러기 위해선 보험 적용 여부를 결정하기 전에 총수리비 견적부터 내보아야 한다. 그 결과 총수리비의 20%가 최소 자기부담금을 넘고(그렇지 않으면 원칙적으로 부담해야 하는 액수보다 최소치가 높아 상대적으로 손해다), 총수리비가 할증기준금액보다 적어야 한다(그렇지 않으면 다음 연도에 할증이 시작된다). 예를 들어 할증기준금액이 50만 원일 경우에는 총수리비 25만~50만 원의 사고, 할증기준금액이 200만 원일 경우에는 총수리비 100만~200만 원의 사고가 났을 때 보험을 적용하면 유리하다.

할증기준금액은 평소 자신의 운전 습관과 사고 빈도, 사고당 평균 수리비 등을 고려해서 설정해야 한다. 하지만 승용차가 고급화되고 외제차도 늘어나 차량 사고 시 수리비가 많이 높아진 것을 감안한다면 할증기준금액은 가급적 높게 설정하는 것이 유리하다 할 수 있다.

자기차량손해

자기차량손해는 차량 간 사고뿐만 아니라 도난, 화재, 침수, 또는 알 수 없는 외부 충격으로 인한 차량 파손에 대해서도 보상받을 수 있는 담보이다. 보험료에서 차지하는 비중이 커서, 보험료를 아끼기 위해 가입을 고민하는 사람들이 있다. 자기 차량의 연식, 보험의 실효성, 보험료 등을 종합적으로 감안하여 가입 여부를 결정하기 바란다.

자동차 보험료 줄이는 방법

자동차 보험에 가입할 때 보험회사를 따지는 경우가 많지만 이는 그다지 중요한 부분이 아니다. 가입하기 전에 비교 견적을 내보고 저렴한 보험에 가입하기를 권한다. 특히 매년 보험회사별로 새로운 특약이 만들어지는데, 이에 따른 보험료 차이가 크다. 전화나 인터넷으로 가입하는 다이렉트 보험도 수수료가 낮아 보험료가 저렴한 편이다. 최근 서비스가 많이 개선되어 고려해볼 만하다.

자동차 보험료는 가입 또는 갱신 시점의 운전자 연령, 차종, 연식, 운전 경력, 사고율 등에 따라 달라진다. 보험 시작일은 새 차를 살 때는 출고일 전, 중고차는 차를 인수하는 시점으로 정하는 것이 좋다. 갱신 시기를 놓치면 벌금을 내야 하므로 미루지 않도록 한다.

그리고 다음 사항을 지키면 보험료를 줄일 수 있다.

운전자 범위 최소화

운전자 범위가 좁아질수록 보험료가 줄어든다. 누구나, 가족한정, 부부한정, 1인한정 외 1인, 기명 1인, 1인한정 순이다. 운전자 범위 특약은 보험회사 선택에 따라 가입 여부가 다를 수 있다. 어쩌다 가족이나 지인 등이 운전하는 경우를 대비해서 단기 운전자 확대 특약을 활용하는 것도 좋다. 누구나 보장이 가능하다.

연령 한정특약 이용

연령 한정특약을 이용하면 보험료를 줄일 수 있다. 전 연령, 만 21세, 22세, 24세, 26세, 28세, 35세, 43세, 48세로 세분화되어 있는데, 가입 당시 생일까지 몇 달이 부족해 더 비싼 연령 한정특약에 가입할 경우에는 생일이 지나자마 해당 한정특약으로 바꾸면 남은 기간 동안 보험료 차액을 돌려받을 수 있다. 운전자 연령특약은 보험회사에 따라 달라질 수 있다.

안전 장치가 많을수록 좋다

내 차량에 설치된 안전 장치가 얼마나 되는지 자세히 살펴보자. 블랙박스, ABS, 에어백, 도난 방지 장치, 자동변속기가 있다면 반드시 고지하고 할인을 받기 바란다.

상품 할인특약 활용

연간 운행량에 따른 마일리지할인특약, 특정 요일에 자동차를 운행하지 않는 승용차요일제특약 등이 있다. 단, 이 두 가지 할인특약은 동시에 선택할 수 없다.

무사고운전

사고 횟수, 사고 피해 정도에 따라 보험료가 할증(최고 250%)되지만, 무사고인 경우에는 할인 혜택이 주어진다. 그리고 교통 법규를 위반할 경우에도 할증(최고 20%)된다. 교통안전공단의 주정차 단속 사전 알림(pvn.ts2020.kr/index.do)을 확인하면 도움이 될 것이다.

순간의 선택이 잘못되었다면?

보험은 고액의 장기 할부 상품이다. 납입기간이 보통 20~30년에 이르는 종신보험의 경우 월납 보험료가 20만 원이라면 그 보험은 20만 원짜리 상품이 아니라 4,800만~7,200만 원짜리 상품으로, 웬만한 고급 승용차 가격과 맞먹는다.

섣불리 구매했다가 마음에 들지 않는다고 계약을 취소하고 납입한 보험료를 돌려받거나, 다른 사람에게 중고로 되팔 수 있는 것도 아니다. 승용차와 같은 고가의 상품을 구입할 때 판매사원의 말만 듣고 그 자리에서 구매하는 일은 드물다. 인터넷에서 동급 차량들의 사양을 비교해보고 시승기를 읽어본다거나 실제로 동종 차량을 가지고 있는 주변 사람들의 의견을 물어보고, 매장을 찾아가 실물을 살펴본 뒤 가족들과 의논을 거쳐 신중하게 결정을 내린다.

보험 계약을 체결할 때도 그만큼의 주의가 필요하다. 특정 설계사의 설명에만 전적으로 의존하지 말고 생명보험사와 손해보험사를 포함해 적어도 세 군데 이상의 보험회사를 찾아가 상품 설명을 듣고 비교 견적을 내보아야 한다. 몇 번을 들어도 이해하기 어려운 것이 보험 상품이다. 지인이니 알아서 해줄 것이라고 무작정 믿고 맡겨서도 안 된다. 상품에 대해 완벽하게 이해할 때까지 계속 물어보는 것이 최선이다.

보험 청약 철회권과 보험계약 해지권

만일 설계사의 설명에 혹해 순간적인 판단 실수로 보험을 잘못 들었다는 사실을 깨닫게 되었다면 어떻게 해야 할까? 이럴 때는 보험 청약 철회권과 보험 계약 해지권 제도를 이용하자.

보험 청약을 한 날로부터 30일이 지나지 않았다면 단순 변심 등 이유 여하를 막론하고 청약을 철회할 수 있다. 보험회사를 직접 방문하지 않더라도 우편, 전화, 이메일 등으로도 가능하다. 다만 보험 계약 전 건강진단을 받고 체결한 보험 계약이나 보험 기간이 1년 미만인 단기 계약, 자동차보험과 단체보험, 타인을 위한 보증보험 등은 청약 철회를 할 수 없다(진단 계약의 청약철회와 관련해서는 민원이 지속적으로 제기되고 있어 이를 허용하자는 논의가 진행 중이다).

그리고 보험 가입 시 약관과 청약서 부본을 받지 못한 경우, 청약서에 자필 서명을 하지 않았을 경우, 약관의 주요 내용을 설명받지 못했을 경우에는 계약 성립일로부터 3개월이 지나지 않았다면 보험 계약

해지권 제도를 이용해 보험 계약을 해지할 수 있다.

이전에는 청약일로부터 3개월 이내에 품질보증 해지가 가능하도록 약관에 규정돼 있어 일부 보험회사가 계약 취소 기간을 '보험 계약 성립일'이 아닌 '청약일'로 보았다. 하지만 2015년 3월 상법 개정으로 계약이 성립한 날부터 3개월 이내에 계약을 해지할 수 있게 됐다.

한편 상법 제638조의2에 따르면 3대 기본 지키기 위반에 따른 보험 계약 취소 기산일인 계약 성립일은 보험회사가 '승낙 의사를 표시한 시점'이며, 보험회사가 승낙에 관한 특별한 의사 표시를 하지 않는 경우에는 '계약자가 청약서를 작성하고 1회 보험료를 납입한 뒤 30일이 경과한 시점과 계약자에게 증권을 발행한 시점 중 빠른 날'이다.

높은 해지환급률에 현혹되지 마라

일반적으로 보험 가입 시 설계사가 제시하는 가입 제안서를 받고 설명을 듣는데, 가입 제안서에는 경과 기간별 납입 보험료와 해지환급금, 환급률이 나와 있는 해지환급금 예시표가 있다. 이때 해지환급률을 너무 신뢰해서는 안 된다. 그야말로 예시일 뿐이다.

공시이율형 보험일 경우에는 투자수익률이 0%일 경우를 포함해서 세 가지 경우로 가정하여 예상 환급금을 보여주고, 공시이율형 보험이 아닌 경우에는 최저보증이율과 공시이율을 적용한 예상 환급금을 보여준다. 해지환급금 예시의 함정은 바로 여기에 있다. 만약 설계사가 높은 투자수익률 예시나 저축보험에서 공시이율을 적용한 해지환

| 공시이율형 저축보험 |

(단위 : 원)

기간	납입 보험료	최저보증이율 가정		연복리 2.96% 가정	
		해지환급금	환급률	해지환급금	환급률
3개월	900,000	-	0.0%	-	0.0%
6개월	1,800,000	730,380	40.5%	737,230	40.9%
9개월	2,700,000	1,577,100	58.4%	1,591,780	58.9%
1년	3,600,000	2,426,830	67.4%	2,452,280	68.1%
3년	10,800,000	9,334,870	86.4%	9,557,730	88.4%
5년	18,000,000	16,442,370	91.3%	17,072,560	94.8%
10년	36,000,000	35,185,770	97.7%	37,888,330	105.2%
15년	54,000,000	54,807,140	101.4%	62,572,680	115.8%
20년	72,000,000	75,412,430	104.7%	91,115,320	126.5%

*40세, 20년납, 월 30만 원 가정

| 변액 저축보험 |

(단위 : 원)

기간	납입보험료	투자수익률 연 0% 가정		투자수익률 연 3.5% 가정		투자수익률 연 5.25% 가정	
		해지환급금	환급률	해지환급금	환급률	해지환급금	환급률
3개월	900,000	-	0.0%	-	0.0%	-	0.0%
6개월	1,800,000	713,680	39.6%	729,730	40.5%	737,630	40.9%
9개월	2,700,000	1,540,000	57.0%	1,574,450	58.3%	1,591,460	58.9%
1년	3,600,000	2,364,330	65.6%	2,424,100	67.3%	2,453,760	68.1%
3년	10,800,000	8,887,150	82.2%	9,402,450	87.0%	9,667,000	89.5%
5년	18,000,000	15,283,700	84.9%	16,713,600	92.8%	17,473,280	97.0%
10년	36,000,000	30,783,970	85.5%	36,627,690	101.7%	40,009,440	111.1%
15년	54,000,000	35,858,770	83.0%	48,990,070	113.4%	57,328,390	132.7%
20년	72,000,000	33,921,090	78.5%	55,219,910	127.8%	70,351,740	162.8%
30년	43,200,000	30,210,700	69.90%	70,202,120	162.50%	106,136,490	245.60%

*40세, 12년납, 월 30만 원 가정

급금을 강조하여 설명한다면, 그리고 가입제안서에 나와 있는 예시가 아닌 별도의 투자수익률 예시를 보여준다면 반드시 주의해야 한다.

저축보험의 경우 최저보증이율을 적용할 경우와 연복리 2.96%를 적용할 경우 만기 수익률이 21.8%나 차이가 난다. 변액보험은 저축보험보다 훨씬 격차가 심하다. 투자수익률이 5.25%일 경우 20년차 해지환급률이 무려 162.8%인 데 반해, 투자수익률 0%일 경우는 납입 원금에도 못 미치는 78.5%에 불과하다. <u>따라서 변액보험 외의 보험은 최저보증이율을 기준으로 판단하고, 변액보험은 투자수익률 0%일 경우 원금 손실의 위험도 있다는 가정하에 판단해야 한다.</u>

어쩔 수 없이 중도 해약해야 한다면?

보험을 해약하는 이유는 크게 두 가지다. 보장 내용이 합리적이지 않거나, 가계 형편상 보험료를 계속 납부하기 어려운 경우이다. 이런 저런 이유로 보험을 해약하고자 할 때 가장 신경 쓰이는 것이 해약환급금이다. 보장성 보험은 저축성 보험에 비해 해약환급금이 그다지 중요한 요소가 아니다. 더구나 순수보장형 보험이라면 보험 가입 기간 동안(만기 또는 해약 시점까지) 보험 사고가 없었다면 '안전'이라는 보상을, 보험사고가 있었다면 '보험금'이라는 보상을 받은 대가로 보험료를 낸 것이라 볼 수 있다.

보험료 부담 때문에 보험을 유지할 수 없다면 어차피 손해를 감수할 수밖에 없다. 보험을 해약할 때는 반드시 보험회사 콜센터에 해지 시점에 따른 해약환급금을 조회해보아야 한다. 두서너 달 뒤 환급률이 오르는 경우에는 해지 시점을 미루는 것이 중도 해약에 따른 손해를 줄이는 방법이다.

13 인터넷 보험으로 알뜰하게

흔히 보험에 가입할 때 보험설계사를 통해 계약을 하는데, 최근에는 설계사를 만나지 않고 인터넷을 통해 가입하는 사람들이 늘고 있는 추세다. 보험료 부담을 조금이라도 줄이기 위함이다.

전화 또는 인터넷을 통한 보험 영업은 2001년 교보생명이 기존 자동차보험보다 보험료가 15~17% 저렴한 다이렉트 전용 상품을 출시하면서 시작되었다. 이후 KDB생명이 처음으로 인터넷 생명보험을 시작했고, 뒤이어 교보생명과 미래에셋, 삼성생명 등 10여 개 보험회사가 온라인 보험 시장에 진출했다.

아직까지는 인터넷 보험의 시장 점유율이 1% 미만이지만 조만간 급속한 성장을 보일 것이라 예상된다.

일반 보험과 인터넷 보험의 장단점

설계사를 통한 일반(오프라인) 보험과 인터넷(온라인) 보험은 서로 장단점이 있다.

일반 보험은 설계사로부터 상품에 대한 상세한 설명을 들을 수 있고, 궁금한 점을 물어볼 수 있으며, 유사 상품의 비교 분석도 요구할 수 있어 상품에 대해 이해하기가 수월하다. 그리고 언제든지 내가 필요할 때, 원하는 장소에서 설계사를 만날 수 있다는 편의성도 장점이다. 그러나 담당 설계사의 전문성과 객관성, 신뢰성에 따라 서비스의 질에 큰 차이가 날 수 있다는 단점이 있다.

인터넷 보험의 가장 큰 장점은 저렴한 보험료다. 일반 보험에 비해 10~40% 저렴하다. 또한 사업비가 절감되기 때문에 해지환급률도 높다. 그러나 아직까지 일반 보험에 비해 상품이 다양하지 못하고 보험 기간이나 납입 기간 등에서 선택의 폭이 좁다. 무엇보다 보험에 대한 최소한의 전문 지식과 인터넷 활용 능력이 뒷받침되어야 한다는 단점이 있다.

집을 구할 때도 직접 인터넷 검색을 하고 발품을 팔아 중개수수료를 절감하는 사람이 있고, 시간과 노력을 쏟는 대신 중개수수료를 지불하고 공인중개사를 통해 구하는 사람이 있듯이 선택은 소비자의 몫이다. 인터넷 보험을 설계하다 궁금한 점이나 어려운 점이 있으면 주저하지 말고 온라인 고객센터를 이용하기 바란다. 모든 인터넷 보험은 전화 상담, 채팅 상담, 이메일 상담 등 다양한 상담 채널을 마련해두고 있다.

인터넷 보험, 얼마나 저렴할까?

S생명의 정기보험, 암보험, 저축보험의 보험료를 일반 보험과 인터넷 보험 두 가지로 비교해 차이를 살펴보겠다.

| 정기보험 |

구분	일반 정기보험	인터넷 정기보험	보험료 차이
보험료	41,000원	30,000원	11,000원(약 27% 저렴)

*48세 남자 기준, 사망보험금 1억 원, 10년납, 10년 만기

| 암보험 |

구분	일반 암보험	인터넷 암보험	보험료 차이
보험료	23,250원	18,771원	4,479원(약 20% 저렴)
보장 내역	일반암 2,500만 원 암사망 4,000만 원 고액암 6,000만 원	암사망 5,000만 원 일반암 3,000만 원 고액암 2,500만 원 소액암 360만~180만 원	

*40세 남자 기준, 순수보장형, 15년납, 15년 만기

| 저축보험 |

기간	납입보험료 누계	일반 저축보험		인터넷 저축보험		환급금 차이	
		해지환급금	환급률	해지환급금	환급률	해지환급금	환급률
3개월	900,000	452,200	50.0	901,780	100.1	449,580	50.1
6개월	1,800,000	1,302,510	72.3	1,850,240	100.2	547,730	27.9
9개월	2,700,000	2,157,920	79.9	2,709,470	100.3	551,550	20.4
1년	3,600,000	3,016,440	83.7	3,614,040	100.3	597,600	16.6
2년	7,200,000	6,481,920	90.0	7,233,250	100.4	751,330	10.4
3년	10,800,000	9,998,180	92.5	10,852,690	100.4	854,510	7.9
4년	14,400,000	13,565,990	94.2	14,474,550	100.5	908,560	6.3
5년	18,000,000	17,185,760	95.4	18,131,510	100.7	945,750	5.3
6년	18,000,000	17,395,350	96.6	18,378,560	102.1	983,210	5.5
7년	18,000,000	17,607,960	97.8	18,629,320	103.4	1,021,360	5.6
8년	18,000,000	17,823,260	99.0	18,883,840	104.9	1,060,580	5.9
9년	18,000,000	18,041,660	100.2	19,142,170	106.3	1,100,510	6.1
10년	18,000,000	18,262,850	101.4	19,404,390	107.8	1,141,540	6.4

*40세 남자 기준, 월납 보험료 30만 원, 5년납, 10년 만기, 최저보증이율 가정 시 해지환급금

정기보험의 경우 동일한 가입 조건과 보장일 때, 일반 보험과 인터넷 보험의 보험료 차이가 11,000원으로 인터넷 보험이 약 27% 저렴하다. 납입 기간이 10년이므로 총보험료 차이는 132만 원이다.

암보험은 일반암에 대한 보장금액이 일반 보험은 500만~2,500만 원, 인터넷 보험은 2,000만~3,000만 원으로 차이가 있다. 그리고 일반 보험에는 다양한 선택 특약이 있는 반면, 인터넷 보험에는 4개의 보장(일반암, 고액암, 소액암, 암사망)으로 보장 내역이 고정되어 있다. 그래서 인터넷 암보험을 기준으로 최대한 비슷하게 일반 보험의 암보험 특약을 구성해보았다. 이렇게 비교해볼 때 인터넷 보험이 보장 내역도 합리적이고 보험료도 20% 가까이 저렴한 것을 알 수 있다.

저축보험은 해지환급률에서 큰 차이를 보이고 있다. 일반 보험은 3개월차 환급률이 50%에 불과하고 9년차에 겨우 100%를 넘어서는 반면, 인터넷 보험은 3개월차에 이미 100%가 넘는다. 인터넷 보험의 사업비 절감 효과가 여실히 드러나는 부분이다.

인터넷 보험 가입 시 이런 점에 유의하자

유사 보험을 조심하라

네이버나 다음과 같은 인터넷 포털 사이트에는 보험 비교 사이트나 인터넷 보험회사와 유사한 사이트가 난립하고 있다. 상품을 검색하고 보험료를 비교하기 위해 개인 정보를 입력하면 곧바로 전화가 걸려온다. 만일 전화를 통하거나 설계사를 만나서 인터넷 보험에 가입한다면 이는 엄밀히 말해 인터넷 보험이 아니다. 인터넷 보험은 고객이 보험회사 공식 사이트를 통해 직접 상품을 선택하고 설계해서 인터넷상에서 스스로 가입한다. 그래서 사업비가 절감되어 소비자들에게 보험료 혜택이 돌아가는 것이다.

다양한 상품을 비교해보고 선택하라

현재 10여 개의 생명보험사에서 인터넷 보험을 판매하고 있으며, 보험회사마다 상품의 종류와 보장 내역, 보장 범위, 보험료가 다르다.

예를 들어 같은 암보험인데 A상품은 10년 갱신형에 일반암 5,000만 원, 고액암 8,000만 원을 보장해주는데 보험료는 약 15,000원이다. B상품은 15년 갱신형으로 갱신 기간이 길고, 암 사망 4,000만 원을 추가로 보장해주는 반면, 일반암은 3,000만 원, 고액암은 6,000만 원으로 보장 금액이 적은데 보험료는 약 17,000원이다. C상품은 비갱신형으로 80세 만기에 납입 기간 20년인데, 일반암 4,000만 원, 고액암 8,000만 원을 보장해주며 보험료는 44,000원이다.

이처럼 인터넷 보험 역시 일반 보험과 마찬가지로 한 줄로 세워 비교하기가 쉽지 않다. 가급적 여러 상품을 비교·분석해보고 신중하게 판단해야 한다. 온라인 전용 보험상품을 비교해볼 수 있는 보험다모아(www.e-insmarket.or.kr) 사이트를 이용하면 도움이 될 것이다.

주요 인터넷 보험회사의 정기보험, 암보험, 연금보험 보험료를 비교해보면 다음 표와 같다.

| 정기보험 |

삼성생명	교보라이프플래닛생명	KDB생명
41,000원	30,500원	37,000원(재해사망 2억 원 포함)

*48세 남자 기준, 사망보험금 1억 원, 10년납, 10년 만기

| 암보험 |

삼성생명	교보라이프플래닛생명	KDB생명
18,771원	9,560원	15,250원
일반암 3,000만 원 고액암 6,000만 원 소액암 360만~180만 원 암사망 4,000만 원	일반암 4,000만 원 고액암 8,000만 원 소액암 400만 원 대장암 1,600만 원 유방암/전립선암 800만 원	일반암 5,000만 원 고액암 8,000만 원 소액암 500만 원 유방암 등 1,000만 원

*40세 남자 기준, 순수보장형, 15년납, 15년 만기

| 연금보험 |

기간	보험료 누계	삼성생명		교보라이프플래닛		KDB생명	
		해지환급금	환급률	해지환급금	환급률	해지환급금	환급률
3개월	900,000	837,760	93.0	844,285	93.8	852,088	94.7
6개월	1,800,000	1,678,650	93.2	1,693,797	94.1	1,709,480	95.0
9개월	2,700,000	2,522,680	93.4	2,548,570	94.4	2,572,176	95.3
1년	3,600,000	3,369,840	93.6	3,408,636	94.7	3,440,175	95.6
2년	7,200,000	6,790,230	94.3	6,902,306	95.9	6,966,354	96.8
3년	10,800,000	10,261,930	95.0	10,483,135	97.1	10,580,689	98.0
4년	14,400,000	13,785,700	95.7	14,153,266	98.3	14,285,381	99.2
5년	18,000,000	17,362,330	96.4	17,914,895	99.5	18,082,691	100.5
6년	21,600,000	20,992,610	97.1	21,763,754	100.8	21,973,944	101.7
7년	25,200,000	24,677,340	97.9	25,689,138	101.9	25,943,023	102.9
8년	28,800,000	28,521,500	99.0	29,693,138	103.1	29,991,483	104.1
9년	32,400,000	32,423,330	100.0	33,776,725	104.3	34,120,912	105.3
10년	36,000,000	36,383,680	101.0	37,941,620	105.4	38,332,930	106.5
15년	36,000,000	37,947,110	105.4	40,472,741	112.4	41,106,344	114.2

*40세 남자 기준, 월납 보험료 30만 원, 10년납, 연금 개시 나이 55세, 최저보증이율 가정 시 해지환급금

실속형 보험 설계와 보험 리모델링

 재테크나 재무설계 관련 서적, 인터넷 등을 통해 보험에 관한 다양한 전문 지식과 정보를 취득할 수 있지만, 실제로 그 지식과 정보를 자신에게 적용하기란 쉽지 않다. 그래서 보험에 처음 가입하거나 기존 보험을 리모델링하는 데 실질적인 도움이 될 수 있도록 보험 설계 기준을 제시해보고자 한다.

 통계청 가계동향조사에 따르면 2015년 4/4분기 도시 근로자 가구의 평균 가구원 수는 3.25명이고, 월평균 가구 소득은 4,717,494원, 소비 지출은 2,675,603원, 비소비 지출은 897,294원, 흑자액은 1,144,597원으로 나타났다. 이 자료를 바탕으로 도시 근로자 가구의 보험 설계 예시를 살펴보겠다.

월소득 470만 원인 도시 근로자 가구의 실속형 보험 설계

- 가구원 : 남편 40세, 배우자 36세, 자녀 11세(초등학교 4학년)
- 가구 소득 : 470만 원(남편 280만 원, 배우자 190만 원)
- 소비 지출 : 250만 원(53.2%)
- 비소비 지출 : 220만 원(저축 175.7만 원(37.4%), 보험 44.3만 원(9.4%))

보험 가입 순서와 보험료

위 사례의 경우 남편의 소득이 많으므로 남편, 배우자, 자녀순으로 가입해야 한다. 보험료는 443,400원으로, 소득 대비 9.43%다.

(단위 : 원)

구분	종신보험	정기보험	건강보험	실손보험	어린이보험	합계
남편	168,200	20,000	88,000	16,000		292,200
배우자	62,000		70,450	12,750		145,200
자녀					6,000	6,000
총보험료						443,400

보장 내용

1. 남편

① 사망 보장

일반사망 보험금을 2억 원으로 해서 종신보험에서 1억 원, 정기보험에서 1억 원을 보장받도록 최소한으로 설계했다. 이는 남편의 사망 시 유가족 생계비로 1억 원(3년치 소득분), 자녀 교육비로 1억 원을 필요 보장금액으로 산정한 것이다. 건강보험에서도 상해로 사망할 경우 1억 원(100세 만기)을 추가로 보장받는다. 정기보험은 자녀의 독립 시기를 감안하여 보장기간을 60세까지로 하였다.

정리하자면 60세 이전에 사망하면 일반사망 보험금 2억 원, 상해사망 보험금 1억 원을 합해 3억 원을 받는다. 60세 이후에 사망하면 일반사망 보험금 1억 원, 상해사망 보험금 1억 원을 합해 2억 원을 받는다.

② 암, 뇌혈관질환, 심장질환 보장
손해보험사의 건강보험을 통해 다음과 같이 보장받는다.
- 암 진단비 2,000만 원, 암수술비 100만 원
- 뇌졸중 1,600만 원, 뇌혈관질환 400만 원, 뇌졸중 수술비 100만 원
- 급성 심근경색 1,600만 원, 허혈성 심장질환 400만 원, 급성 심근경색 수술비 100만 원

③ 건강보험의 기타 보장
일반상해 후유장애, 양성뇌종양진단비, 골절진단비, 화상진단비, 화상수술비 등을 보장받는다.

④ 실손보장 : 특약을 추가하지 않은 단독 실손으로 한다.

2. 아내
종신보험으로 일반사망 보험금 5,000만 원을 보장받고, 남편과 동일한 건강보험으로 암, 뇌혈관질환, 심장질환을 보장받는다. 실손보장은 특약을 추가하지 않은 단독 실손으로 한다.

3. 자녀

어린이보험으로 상해, 암, 수술, 입원 등의 보장을 받는다.

위에서 살펴본 예시는 40세 도시 근로자 가구평균소득을 기준으로 최소한의 보험료(가구 소득 대비 10% 미만)를 책정해 실속형 보험 설계를 보여준 것이다. 실제로는 각자의 나이, 소득, 가구원 수, 가족력에 따라 보장 영역이나 보장 규모가 조정되어야 할 것이다.

만일 보험료를 더 줄여야 한다면 종신보험 대신 정기보험으로 사망 보장을 설계하는 것이 좋다. 암에 대한 가족력이 있다면 별도로 암보험을 추가해야 한다. 왜냐하면 단독 암보험이 아닌 경우 주계약과 특약이 서로 연동되어 있어, 암보장 특약의 보장 금액을 높이기 위해서는 주계약도 같이 조정해야 하므로 보험료가 생각보다 더 비싸질 수 있기 때문이다.

보험 리모델링으로 제대로 설계하자

이미 여러 개의 보험을 가지고 있다면 다음과 같은 내용에 유의해 새고 있는 돈은 없는지 꼼꼼히 살펴본 뒤 보험을 리모델링해보자.

기존 보험은 무시하고 백지 상태로 내게 맞는 보험을 설계한다

앞서 살펴본 보험 설계 예시에서처럼 가구 소득을 파악해서 보험료 수준을 적정하게 결정한다. 그리고 사망, 3대(암, 뇌혈관 질환, 심혈관 질환) 성인병 진단금, 의료실손 등 각 보장 영역별로 보험금 규모를 설정한다. 사망보험금을 유가족 생계비와 자녀 교육비를 기준으로 설정한다면 자녀수에 따라 금액이 달라진다.

그리고 건강보험에도 재해사망이 주계약으로 보장되며, 비록 금액은 적지만 저축성 보험에도 보험료의 일부가 보장성 보험료로 구성되어 사망보장이 된다는 점도 알아두자.

기존 보험의 보장 내역을 분석한다

보험증권을 모두 가져다 펼쳐놓고 피보험자별로 각종 보장에 대한 보험금과 보험료를 합산해보고, 보장 기간을 확인하고, 갱신형인지 비갱신형인지 구분해둔다. 이때 모든 특약들을 비교하기가 쉽지 않으므로 일반사망, 재해사망, 후유장애, 3대 성인병 진단금 등 주요 보장 내용만 가려내서 분석한다.

보장의 과부족 여부를 판단한다

적정 보장 규모는 각 개인의 사정에 따라 다를 수밖에 없다. 암, 뇌혈관 질환, 심혈관 질환에 대한 가족력이 있다면 3대 성인병 진단금을 늘리는 것이 좋다. 그리고 가장이 사망한 이후 가족의 생계비가 염려스럽다면 사망 보험금을 늘릴 수도 있다. 그러므로 각자의 개인 기준에 맞춰 어떤 보장이 과하고 어떤 보장이 부족한지 꼼꼼히 살펴 잘 판단해야 한다.

해지환급금을 알아본다

급작스럽게 가계 수입이 줄거나 예·적금을 늘이기 위해 혹은 지출이 늘어나 불가피하게 보험료를 줄여야 할 때가 있다. 이때에는 특약이 중복되어 보장 금액이 과하거나, 보장 기간이 너무 짧거나, 보장 범위가 협소한 보험 상품을 해지하는 게 좋다. 또는 보험 자체는 유지한 채 문제가 있는 특약만 해지하는 방법도 있다.

해당 보험회사 콜센터에 전화해서 각 상품의 해지환급금이 얼마인지 알아보고, 일부 특약만 해지할 수 있는지 확인한다.

기납입 보험료와 해지환급금의 차액을 확인한다

보험 리모델링을 위해 기존 보험을 해지하고 싶어도 환급률이 낮아 감수해야 할 손해 때문에 쉽게 결정을 내리지 못하는 경우가 많다. 그러나 기존 보험을 유지하려면 만기 때까지 계속 보험료를 내야 한다는 점을 간과해서는 안 된다. 또한 기존 보험을 유지하고 있는 동안 받은 보험금이 있다면 그만큼 환급금에 합산해야 하고, 만약 한 번도 보험금을 받지 못했다면 보험 덕분에 건강하게 잘 지냈다고 긍정적으로 생각하면 좋겠다.

따라서 기존 보험의 해지 여부는 기납입 보험료에 대한 손해액과 잔여 보험료, 그리고 보험 리모델링을 통해 절감되는 보험료를 종합적으로 비교하고 개선되는 보장 내역까지 감안해서 판단해야 한다.

보험 적정성 분석												
상품명			A				B				합계(A+B)	
		가입금액	보험료	납기기간	보험기간	가입금액	보험료	납기기간	보험기간	가입금액	보험료	납기기간	보험기간
기본보험료												
해지환급금												
건여보험료												
암	진단비											
	수술비											
	후유장애											
	재해사망											
뇌	뇌출혈											
	뇌졸중											
	뇌혈관질환											
심	급성심근경색											
	허혈성 심장질환											
실손의료비												
수술비												
입원비												
기타	골절											
	화상											

실전! 연령대별
맞춤형 재무설계

전문가의 힘을 빌리지 않고
사회초년생, 맞벌이 부부, 30대, 40대, 50대, 은퇴 시기 등
다양한 상황과 연령에 맞게 본인이 직접 재무설계를 해보자.

7단계만 지키면 나도 재무설계 전문가

지금까지 살펴본 것들은 재무설계를 위한 각론이라 할 수 있다. 이제부터는 그동안 공부한 내용을 바탕으로 본격적으로 재무설계를 해보자. 재무설계 전문가보다 전문성은 떨어지지만, 직접 재무설계를 해보면 내가 처한 상황을 가장 잘 이해하고 나의 욕구를 가장 잘 반영할 수 있다. 그리고 재무설계 전문가는 아무래도 수수료 수입을 생각하지 않을 수 없으므로 고객의 이익을 우선시하는 재무설계 전문가를 만나기가 쉽지 않다.

참고로 재무설계 전문가를 FP(Financial Planner), 재무설계사, 재무상담사라고 한다. 관련 자격증으로는 한국금융연수원이 주관하는 FP(자산관리사), 생명보험협회와 손해보험협회가 주관하는 IFP(종합자산관리사), 한국FPSB가 주관하는 AFPK(공인재무설계사), CFP(국제공인재무설계

사) 등이 있다. 하지만 국가공인 자격증은 아직 없다. 재무설계 전문가는 이런 자격증을 가지고 독립적으로 재무설계 서비스를 제공하기도 하지만 은행, 보험회사, 증권회사 등 금융회사에 속속되어 영업 활동을 보조하기도 한다.

본격적으로 재무설계를 하기에 앞서 우선 '재무설계'라는 단어와 좀 친해지는 게 좋겠다. 앞서도 언급했지만 재무설계의 일반적 정의는 "개인 재원의 적절한 관리를 통해 개인의 재무목표, 인생목표를 달성할 수 있도록 계획하고 실행하는 일련의 과정"이다.

무슨 말인지 쉽게 와닿지 않을 것이다. 행복에 대한 기준이 사람마다 다르고 행복한 인생에 대한 그림도 각양각색이겠지만, 그것이 무엇이든 '자신이 꿈꾸는 행복한 인생을 디자인하는 것이 재무설계'라 생각하면 이해하기가 한결 수월할 것이다. 흔히 인생을 여행에 비유하곤 하는데, 재무설계는 그 여행을 위한 계획을 세우는 것과 같다.

이제 우리의 인생 여행 계획을 다른 사람의 손을 빌리지 말고 스스로 세워보자. Do It Yourself!

재무설계는 다음 7단계로 이루어지는데, 이 7단계만 잘 지키면 누구든 재무설계를 할 수 있다.

- 1단계 : 꿈에 목표 담기
- 2단계 : 꿈을 이루기 위한 재무목표 세우기
- 3단계 : 재무 현황 파악하기
- 4단계 : 소득 관리하기

- 5단계 : 지출 관리하기
- 6단계 : 재무목표 타당성 검토하기
- 7단계 : 실행 계획 세우기와 실행하기

1단계 : 꿈에 목표 담기

여행을 떠나기 전에 제일 먼저 하는 것은 무엇일까? 어디로 갈 것인지 여행의 목적지를 정하는 것일까?

아니다. 그보다 여행의 목적이 우선이다. 수학여행인지, 신혼여행인지, 이별여행인지 무엇을 위한 여행인지가 결정되어야 한다. 그래야 거기에 가장 적합한 목적지를 정할 수 있다. 여행의 목적은 달리 표현하면 꿈이고, 여행의 목적지는 목표라고 할 수 있다.

흔히 꿈과 목표를 혼동하곤 하는데, 목표는 꿈이나 희망과는 다르다. 인생의 꿈과 희망을 이루기 위해 우리는 여러 가지 목표를 세운다. 그것을 기간에 따라 단기, 중기, 장기 목표로 구분하기도 한다.

이세계 씨는 CEO가 되어 기업을 경영해보고, 노후에는 아내와 함께 세계일주를 하는 것이 꿈이다. 이세계 씨가 자신의 꿈을 이루려면 우선 대학교에 진학해서 경영학을 공부하고, MBA과정을 거쳐 대기업에 입사해서 실무를 배우고, 실무 경험을 바탕으로 창업자금을 마련해서 회사를 설립하는 것이 목표가 될 것이다. 이 목표들을 한 단계 한 단계 이룸으로써 CEO가 되어 보란 듯이 기업을 경영하는 첫 번째 꿈을 이루고, 경영에서 명예롭게 물러나 세계여행을 떠나는 두 번째 꿈을 이룰 수 있다. 이처럼 꿈이 없으면 명확한 목표를 세울 수 없다. 또한 목표가 없는 꿈은 그야말로 허망한 꿈에 그치고 만다.

재무목표를 세울 때 흔히 범하는 실수는 꿈을 빠뜨리는 것이다. 어쩌면 빠뜨린다기보다 꿈을 잊고 살았거나 아직 꿈을 찾지 못했기 때문일 것이다. 당신은 어떤 삶을 살고자 하는가? 먼저 그 해답을 찾아야 한다.

2단계 : 꿈을 이루기 위한 재무목표 세우기

꿈을 찾았다면 그 꿈을 이루기 위한 목표를 수립할 차례다. 목표는 기간에 따라 단계별로 세워야 하는데, 목표를 달성하려면 자금이 필요하다. 바로 그 자금을 마련하는 것이 재무목표이다.

우선 재무설계를 시작하는 시점에서부터 생애 전반에 걸친 재무목표들을 나열해본다. 결혼, 주택 마련, 출산, 육아, 자녀 교육, 자녀 결혼, 은퇴, 노후 생활 등 일반적인 생애주기에 따라 자신이 생각하는 시기와 필요자금 규모를 예상해보면 된다. 그리고 각자가 꿈꾸는 삶을 위한 자신만의 목표가 있을 수 있다.

아직 미혼이라면 결혼, 출산, 자녀와 관련된 여러 가지 예측하기 어려운 변수들이 있으므로 재무목표를 확정하기가 어렵다. 하지만 재무목표를 세우는 기본적인 원칙과 기준은 기혼자와 다르지 않다.

기혼자라면 부부가 머리를 맞대야 한다. 결혼은 각자의 삶을 둘이 사는 게 아니라 둘이 만나 하나의 인생을 꾸려가는 것이다. 서로의 꿈을 존중하고, 서로의 처지를 이해하며, 양보와 조율을 통해 부부가 함

| 예상 가능한 생애 이벤트(재무목표) |

관심사	시기	필요자금	중요도	비고
결혼				
내 집 마련				
자동차 교체				
부채 상환				
가족 여행				
부모님 팔순				
노후 준비				
자녀 교육				
자녀 결혼				
합계				

께하는 꿈과 재무목표를 만들어야 한다.

예상 가능한 생애 이벤트(재무목표)를 부부가 의논해서 적을 수도 있다. 하지만 먼저 자신이 생각하는 관심사와 실행 시기, 필요자금과 중요도를 생각해서 적어본 다음 배우자와 서로 비교해보고 통합하고 조정하기를 권한다. 이 과정은 배우자의 생각을 이해하고 서로의 이견을 마찰 없이 조율하는 데 큰 도움을 준다. 남편이 새 차를 얼마나 갖고 싶어 하는지 이해할 수도 있고, 사치나 허영과는 거리가 먼 아내지만 명품 가방 하나쯤은 마음에 품고 있었다는 것을 알게 될 수도 있다.

서로의 생각을 숨김없이 털어놓은 다음, 이벤트를 통합해서 시기를 따져보고 필요자금을 산출해보자. 그럼 적립 가능한 자산과 가용 자산의 한도나 중요도에 따라 자연스럽게 각자가 생각한 이벤트 시기와 규모를 조정할 수 있다. 때론 이벤트 자체를 포기하게 되기도 한다.

자녀와 관련된 비용은 자녀의 수가 몇 명인지, 아들인지 딸인지, 어

| 출산 및 자녀 양육 계획 |

자녀	~초중고 양육비	대학교육	유학	결혼비용
자녀1				
자녀2				
자녀3				

| 평균 교육비 |

(단위: 만 원)

구분	영아기 (3년)	유아기 (3년)	초등 (6년)	중등 (3년)	고등 (3년)	대학 (4년)	합계
지출	2,466	2,937	6,300	3,535	4,154	6,811	26,203
월평균	68	81	87	98	115	141	

*출처: 한국사회보건원

디까지 뒷바라지할 것인지에 따라 달라진다. 고등학교 졸업, 대학교 졸업, 취업, 결혼, 신혼 주택 마련 등 각자 생각하는 바가 다를 것이다.

참고로 2016년 2월 웨딩컨설팅 듀오웨드가 밝힌 '2016 결혼 실태 보고서'에 따르면 신혼부부의 평균 결혼 비용은 2억 7,420만 원이다. 이 가운데 신랑이 1억 7,275만 원, 신부가 1억 145만 원을 지출하였다. 용도별 금액을 살펴보면 신혼집 1억 9,174만 원, 예식장 2,081만 원, 웨딩 패키지 344만 원, 예물 1,826만 원, 예단 1,832만 원, 혼수용품 1,628만 원, 신혼여행 535만 원으로 집계됐다.

3단계 재무 현황 파악하기

재무목표를 수립했다면 과연 그 목표를 달성할 수 있을지 재무 현황을 파악할 차례다. 이때 다음 네 가지는 반드시 짚고 넘어가야 한다.

첫째, 자산과 부채 현황 파악하기

현 시점을 기준으로 보유하고 있는 자산과 부채가 얼마나 되는지 파악한다. 부동산, 유가증권, 예금 자산이 얼마나 되는지, 각종 부채는 얼마이고, 금리와 상환 방식, 만기 일자에 대해 꼼꼼히 정리한다.

| 자산, 부채 현황 분석 |

● 부동산

종류	규모	구입/임대차 시기	자가		임대		임차	
			구입 금액	현재 시가	보증금	월세	보증금	월세
아파트								
단독주택								
주상복합								
원룸								
오피스텔								
상가								
토지								
전답								
임야								
기타								
총액								

● 금융자산 (은행과 증권사의 금융 상품, 보험회사의 저축성 보험)

금융기관명	상품명	가입 일자	만기 일자	예치 금액	적립식		수익률
					월적립액	적립 총액	

● 부채

채권자	대출 종류	대출 일자	거치 기간	만기 일자	상환 방법	대출 이자	현잔액

둘째, 수입 분석하기

수입은 근로소득, 사업소득, 임대소득 등 빠짐없이 찾아서 정리해야 한다. 연봉에서 4대 보험과 세금을 공제하고 매월 지급받는 실수령액이 얼마인지 파악한다. 그리고 각종 수당과 보너스, 연말정산을 통해 얻는 평균 환급금까지 시기와 금액을 꼼꼼하게 따져보자.

| 수입 분석 |

구분	근로소득/사업소득		상여금/보너스		임대소득	기타소득	합계
	남편	아내	남편	아내			
1월							
2월							
3월							
4월							
5월							
6월							
7월							
8월							
9월							
10월							
11월							
12월							
합계							(연간 총소득)
월평균소득(연간 총소득÷12)							

근로소득자는 월별로 급여를 기록하고 상여금이나 보너스도 해당 월에 기록한다. 사업소득자라면 최근 3년간 월별 수익 평균을 기록하면 된다. 각각의 합계를 더하면 연간 총소득이 될 것이고, 이것을 12개월로 나눈 것이 월평균 소득이다.

셋째, 월평균 지출 계산하기

지출은 '소비성 지출'과 '비소비성 지출'로 구분해서 정리한다. 현금 지출 외에 신용카드, 자동이체, 할부 등 여러 가지 형태로 지출이 이루어지므로 지출을 명확히 분석하기가 쉽지 않을 것이다.

소비성 지출은 주거비, 식비, 교통비, 경조사비 등 말 그대로 소비되어 없어지는 지출로, '정기 지출'과 '부정기 지출'로 구분해서 계산하는 것이 좋다. 정기 지출은 식비나 교통비처럼 매월 일정하게 지출되는 돈이다. 부정기 지출은 병원비, 피복비처럼 일회성으로 지출되는 돈이다. 비소비성 지출은 저축, 보험, 대출 상환 등에 이용되는 지출이다.

정기 지출 합계와 월 평균 부정기 지출 합계에 비소비성 지출을 더한 것이 월평균 지출이다.

넷째, 정리된 수입과 지출 비교하기

월 수입과 지출을 비교했을 때 지출보다 수입이 많으면 차액이 발생하는데, 이것을 '잉여 소득'이라 한다. 그런데 계산상으로는 잉여 소득이 발생하는데 그 돈이 통장에 모이고 있지 않다면 내역을 모르는 지출, 즉 새는 돈이 있는 것이다. 이것을 '누수 지출'이라 한다.

| 지출 분석 |

소비성 지출					비소비성 지출		
정기 지출			부정기 지출				
주거비	월세		세금	재산세		저축	정기적금	
	관리비			주민세			청약저축	
광열비	가스			자동차세			기타	
	수도		자동차보험			보험	저축성 보험	
	전기		가구/가사				보장성 보험	
식비	주·부식비		보건의료	병원		대출이자		
	외식비			약국		기타		
교통비	유류비			기타		비소비성 지출합계 ③		
	주차비		피복	의류				
	대중교통비			신발				
교육비	자녀1			화장품				
	자녀2			기타				
	자녀3		이벤트	설				
용돈	남편			추석				
	아내			휴가				
	자녀			기념일				
통신비	인터넷			제사				
	TV			경조사				
	전화			기타				
문화·교제비	정기구독		부정기 지출 합계					
	도서		월 평균 부정기 지출 ②					
	연극/영화		※ ②는 부정기 지출 합계를 12개월로 나눠 계산한 것이다.					
	취미							
자기 계발비	운동							
	대학원							
	기타학습							
정기 지출 합계 ①								
월평균 지출 총계 ①+②+③								

반면 지출이 수입보다 많으면 매월 초과 지출분만큼 빚을 지고 있다는 얘기다. 체크카드나 현금으로만 지출한다면 대출을 받지 않고는 초과 지출 자체가 불가능하다. 하지만 주로 자동이체를 하거나 신용카드로 지출하다 보니 카드대금 청구일이 되어 잔고가 부족하다는 문자를 받을 때까지 초과 지출을 인식하지 못하는 경우가 많다.

정확한 수입과 지출을 파악해야만 새는 돈을 잡아내고 초과 지출을 막아, 수입과 지출의 균형을 맞추거나 저축할 자금을 마련할 수 있다.

4단계 : 소득 관리하기

월평균 실소득을 정확히 알아야 저축 계획을 제대로 세울 수 있다. 무리한 저축 계획을 세우면 만기까지 유지하기가 힘들고, 소극적인 저축 계획을 세우면 관리되지 않는 돈이 생겨 어디론가 새나간다. 그리고 보너스나 성과급의 경우 과외 소득이라 여겨 선심성 지출이나 사치성 지출에 사용할 가능성이 높다.

그러므로 연간 총소득을 12개월로 나눠 월별 소득을 동일하게 만드는 '소득 고르기'가 필요하다. 소득 고르기를 위해서는 1년 동안 발생하는 모든 소득을 한곳에 담아 매월 일정하게 나눠야 하는데, 이때 필요한 것이 '저수지 통장'이다. 저수지 통장은 마치 저수지에 물을 모으듯 크고 작은 각종 소득을 모두 모아 여러 통장에 고르게 나눠주는 통장이다. 성과급이 있는 달에 저수지 통장을 만들고 소득 고르기를 시작하는 것이 좋다.

| 저수지 통장 관리 |

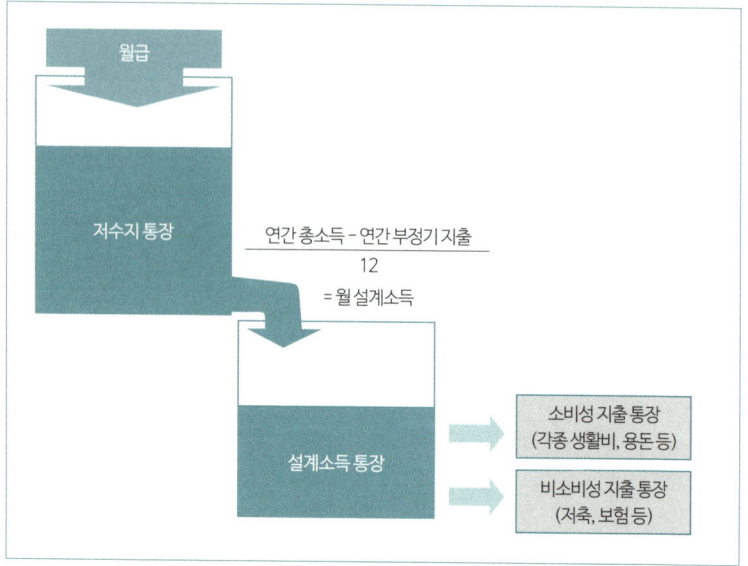

 그런데 월별 소득을 동일하게 만들어도 부정기 지출이 발생하는 달에는 소득 고르기가 무색해진다. 소득과 지출이 일정하지 않으면 매달 얼마를 저축해야 할지 명확하게 정하기가 어렵기 때문이다.
 이 문제를 해결하기 위해 '설계소득'이라는 것을 고안해보았다. 설계소득(재무설계에 의한 소득이라는 의미)은 연간 총소득에서 연간 부정기 지출 총액을 뺀 나머지 금액을 12개월로 나눈 것을 말한다. 이때 연간 총소득에서 따로 떼어둔 돈은 별도로 관리하며 부정기지출에만 사용한다. 설계소득 통장에서는 정기지출만 빠져나가기 때문에 매월 소득과 지출을 일정하게 관리할 수 있다.
 예를 들어 월급 300만 원(세후)에 상여금 600%(짝수 달에 300만 원)를 받고, 부정기 지출로 연간 360만 원을 쓴다면 설계소득은 월 420만 원((연간 총소득 5,400만 원-부정기 지출 360만 원)÷12)이다. 상여금이 있는 짝수달에 저수지 통장을 만들어 월급과 상여금을 합한 600만 원을 입금해, 저수지 통장에서 설계소득 통장으로 420만 원을 자동이체하면 매월 420만 원이라는 일정한 소득으로 저축 계획과 지출 계획을 세울 수 있다.

이 경우 매달 300만 원씩 쓰더라도 120만 원을 저축할 수 있다. 하지만 설계소득 통장이 없다면 상여금이 없는 홀수 달에는 300만 원으로 빠듯하게 살아야 하므로 저축을 불가능한 것으로 여기기 쉽다.

5단계: 지출 관리하기

첫째, 가계부를 쓰고 지출 통장을 분리하라

합리적이고 계획적인 지출은 '마음먹기'만으로는 어렵다. 항목별 지출 경향을 파악하고 익월 지출 예산을 합리적으로 조정하기 위해 예·결산 가계부가 필요하다. 그리고 비소비성 지출통장과 소비성 지출통장의 분리는 계획적인 지출을 가능하게 한다.

먼저 매월 일정한 소득이 이체되도록 만들어둔 '설계소득 통장'에서 '비소비성 지출 통장'으로 자동이체를 해 여기서 저축이나 보험료가 빠져나가게 하자. 이로써 저절로 선저축을 할 수 있다.

그리고 '소비성 지출 통장'에서 신용카드 결제가 될 수 있게 연결하고, 체크카드를 만들어 소비성 지출 통장 잔액 내에서 지출하면 새는 돈과 과다 지출을 막을 수 있다. 나아가 합리적 소비 습관이 체득되면 소비성 지출이 줄어들어 그만큼 저축을 더 할 수 있다.

둘째, 상환할 수 있는 부채는 즉시 상환하라

반복해서 말하지만 예금 이자는 대출 이자보다 높을 수 없다. 그러므로 예금을 하느라 부채를 끌어안고 있어서는 안 된다. 예금이나 처분 가능한 자산이 있다면, 당장 지출해야 할 목적자금이거나 필요 시기까지 따로 목적자금을 마련할 시간이 부족한 경우가 아니라면, 즉시 처분해 부채부터 상환해야 한다.

셋째, 불필요한 보험을 리모델링하라

보험증권을 전부 갖다놓고 보험료를 줄일 수 있는 방법을 찾아보자. 예를 들어 하나는 사망 보장이, 또 하나는 암 보장이, 다른 하나는 실손 보장이 잘되어 있는 세 개의 보험을 가지고 있다면 중복으로 보장되어 필요 이상 보장되는 부분이 있기 마련이다. 그러면 제대로 설계된 보험 하나보다 보험료가 높을 수밖에 없다.

보험을 해지하면 해약환급금이 그동안 납입한 보험료보다 적어서 손해가 아니냐고 생각하는 사람이 많은데, 이 부분은 제대로 따져봐야 한다. 제대로 설계되지 않은 보험 또는 필요 이상의 과도한 보험을 유지하기 위해 만기까지 내야 하는 보험료를 생각해보자. 이미 납입한 보험료에서 해약환급금을 뺀 금액과 남은 기간 동안 납부해야 할 보험료를 비교해보면 답이 나온다. 보험 리모델링 과정에서 발생한 해약환급금은 대출금 상환이나 초기 저수지 통장 운용 자금 또는 비상 예비자금으로 활용할 수 있다.

넷째, 비상 예비자금을 준비하라

비상 예비자금은 실직이나 전직, 이직, 질병으로 인한 무급 휴직 등으로 소득이 단절될 경우 새로운 직장을 구하거나 복직할 때까지 최소한 3~6개월 정도 생계를 유지하는 데 필요한 자금을 말한다. 비상 예비자금을 위한 통장은 자금의 성격상 필요할 때 언제든 찾아서 쓸 수 있는 자유 입출금 상품이 적합하다.

6단계 : 재무목표 타당성 검토하기

여기까지 마무리되면 얼마를 저축할 수 있을지 가용 자금이 결정된다. 이 자금으로 재무목표에 따라 단기저축, 중기저축, 장기저축 및 투자 계획을 수립하고, 기간과 예상 수익률을 적용해서 목적자금을 마련할 수 있는지 여부를 알아본다. 만일 계획대로 실행하기가 여의치 않다면 재무목표의 규모, 시기, 우선순위 등을 조정해야 한다.

규모 조정

예를 들어 구입하고자 하는 아파트가 평당 1,500만 원이라면 10평을 줄이면 1억 5,000만 원이 줄어든다. 부동산 시세가 낮은 지역으로 계획을 바꿔도 내 집 마련을 위한 자금 규모가 줄어든다. 또는 3,000cc

자동차를 2,000cc로 바꾼다거나, 해외 여행 계획을 국내 여행으로, 여행 횟수를 매년에서 격년으로 수정해도 필요자금이 줄어든다.

시기 조정

가족 여행이나 자동차 교체 시기를 계획보다 미루는 것 등이 시기 조정의 예다. 자녀가 두 명이라면 대학에 다니는 시기를 조정하는 것도 방법이다. 아들이 두 명이라면 작은 아들이 입학할 때 큰 아들은 입대하고, 아들딸이 있다면 딸이 입학할 때 아들은 입대하는 것을 고려해볼 수 있다.

우선순위 조정

우선순위는 재무목표의 중요도에 따라 정해지므로 중요도가 떨어지는 재무목표는 후순위로 밀릴 수밖에 없다. 그런데 자금이 부족하면 우선순위가 낮은 재무목표는 실행하지 못하게 된다. 그러므로 우선순위를 잘 조정해야 한다. 우선순위를 제대로 조정하지 못하면 상대적으로 덜 중요한 일 때문에 꼭 필요한 일을 못하게 되는 경우가 생긴다.

7단계: 실행 계획 세우기와 실행하기

재무목표에 대한 타당성 검토와 조정이 끝났더라도 필요한 시기에 목적자금을 100% 마련하기는 쉽지 않다. 또한 고용 안정성이 점점 떨어지고, 경기 변동이 심해 물가상승률이나 임금인상률도 예측하기 어렵다. 그래서 목적자금이 80% 이상 마련될 수 있다고 판단이 서면 목표를 확정하는 게 좋다. 어차피 재무설계는 한 번으로 끝낼 수 있는 게 아니다. 개인적인 사정에 따라, 또는 사회·경제적으로 큰 변화가 생기면 언제든 새롭게 조정해야 한다.

재무목표가 수정 보완되면 기간별 저축 목적에 맞는 상품을 비교해서 선택하고 실행에 옮긴다. 이때 안전성, 수익성, 유동성을 염두에 두어야 한다. 다시 말해 원금이나 이자를 떼일 염려가 없는지, 수익이 얼마나 되는지, 언제든지 현금화가 가능한지 꼼꼼히 따져보아야 한다.

하지만 단기, 중기, 장기 저축에 따라 비중을 두는 부분이 달라진다. 일반적으로 단기저축은 1~3년, 중기저축은 3~5년, 장기저축은 10년 이상의 저축을 말한다(이 부분에 대해서는 '1부 05 저축할 돈이 없다는 핑계를 대지 마라'를 참조하기 바란다).

단기저축

단기저축은 안전성과 유동성을 중심에 두고 생각해야 한다. 제1금융권 저축은 수익률이 낮은 대신 손실 위험이 거의 없다. 이에 비해 저축은행은 금리가 비교적 높은 만큼 위험률도 높다. 그러나 예금자보호가 되므로 단기저축의 경우 만기 이자를 포함해서 5,000만 원 이내라면 저축은행을 이용하는 것도 괜찮다. 굳이 나누자면 1년 단위 저축은 저축은행, 2~3년 만기 적금은 제1금융권으로 분산하는 것이 좋다.

다양한 유가증권과 파생금융상품을 결합한 파생결합증권에 투자할 수도 있다. 파생결합증권은 주식이나 원자재 또는 금리나 지수 등과 연계해서 사전에 정한 조건에 따라 약속한 투자 수익을 지급하는 금융 상품이다. 투자자의 성향에 따라 100% 원금 보장, 90% 원금 보장, 비보장 등을 선택할 수 있다.

적당한 수익을 추구하면서 동시에 원금 손실의 위험을 줄일 수 있어 시장 상황이 불투명할 때 대안 투자로 활용이 가능하다. 하지만 증권회사가 파산하면 투자 원금이나 수익을 돌려받지 못할 수 있고, 상품 구조가 복잡해 이해하기 어렵다는 단점이 있다. 가급적 수익률에 욕심을 부리지 말고 원금 보장형으로 투자하기를 권한다.

중기저축

중기저축은 수익성과 유동성이 중심이다. 대표적인 상품은 펀드다. 펀드는 투자 상품이며 손실 위험이 따른다. 그럼에도 불구하고 저금리 상황에서 금리형 상품만으로 목적자금을 마련하는 것이 어렵기 때문에 수익형 상품을 고려하지 않으면 안 되는 게 현실이다.

펀드는 정기적금과 달리 언제든 수익률이 좋을 때 환매하면 되므로 만기보다 환매 시기가 중요하다. 펀드를 중기상품으로 분류하는 이유는 수익률이 떨어질 경우 오를 때를 기다려 환매할 수 있는 기간이 필요하기 때문인데, 경기 순환 주기를 고려하여 3~5년 정도 운용할 수 있는 여유를 갖도록 한 것이다.

장기저축

장기저축은 안전성과 수익성을 중심으로 가입해야 한다. 보험회사의 저축성 보험 상품을 장기저축으로 권한다. 저축성 보험은 10년 이상 유지하면 비과세 혜택을 받을 수 있지만, 보험 상품의 특성상 사업비로 공제되는 부분을 만회하고 은행 금리 이상의 수익률을 얻기 위해서는 최소 12년 이상 유지해야 한다.

따라서 장기저축은 소액이라도 일찍 시작해서 오래 유지할수록 복리 효과를 제대로 볼 수 있다. 이러한 특성과 함께, 중도에 해지하면 손해를 본다는 저축성 보험의 강제 저축 효과까지 제대로 활용하면 저축성 보험은 노후 자금 마련을 위한 최적의 상품이라 할 수 있다.

모든 책임은 내게 있다는 사실을 명심하자

자신의 재무목표에 적합한 상품에 가입하기 위해서는 금융회사를 방문해야 한다. 이때 다음과 같은 점에 주의하자.

내가 가입하는 금융 상품은 월 납입금액이 아니라 총납입금액의 가치를 가진다는 점이다. 즉 상품의 가치를 제대로 알아야 한다. 예를 들어 월 20만 원씩 20년 만기 상품은 20만 원짜리가 아니라 4,800만 원짜리라는 얘기다. 그러니 성급하게 판단하지 말고 신중해야 한다.

그리고 은행, 증권회사 직원과 보험회사 설계사는 나의 이익을 위해 봉사하는 사람이 아니라 소속 회사를 위해, 그들의 수익을 위해 일하는 사람이라는 것을 잊지 마라. 금융회사 창구 직원들이 권하는 펀드는 수익률이 높은 상품보다 수수료가 높은 상품이고, 판매 실적을 올려야 하는 상품일 수 있다. 그들을 통해 단순히 정보를 얻는 것에 그쳐야 한다. 최종 판단을 그들에게 위임해서는 안 된다.

끝으로 모든 책임은 계약 당사자인 나에게 있다. 그들이 손가락으로 가리키는 곳에다 기계적으로 서명만 하지 말고 계약서를 꼼꼼히 읽어 보기 바란다.

다음은 거래 은행을 바꾸거나 해당 계좌에 걸려 있는 자동이체를 조회, 해지, 변경할 때 유용한 사이트이다. 참고하기 바란다.

- 자동이체 조회, 해지, 변경 : 금융결제원 자동이체통합관리 서비스 '페이인포'
  www.payinfo.or.kr
- 금융회사에 등록된 주소 일괄 변경 : 금융소비자보호처 '금융주소 한번에'
  www.fss.or.kr/fss/consumer/flguide/beware/life/moveone01.jsp
- 주민등록번호로 가입된 사이트 한 번에 검색 : 한국인터넷진흥원 '주민등록번호 클린센터'
  www.eprivacy.go.kr/mainList.do

은행 예·적금 외 펀드나 주식 등 투자와는 거리가 먼 사람입니다. 다른 사람들처럼 투자를 해야 할까요? 은행 예·적금만으로는 안 될까요?

저금리시대에 예·적금만으로는 목적자금을 마련하기가 쉽지 않아 주식이나 펀드 같은 수익형 상품 하나쯤은 가지고 있어야 하지 않을까라고 생각하는 사람이 많습니다. 투자는 기대 수익률이 높은 만큼 손실 위험도 높습니다. 투자 성향에 맞지 않고, 전문 지식도 없는데 분위기에 떠밀려 섣불리 투자에 손대기보다 지금까지 해오던 것처럼 착실히 저축을 하시기를 권합니다. 행복을 위해 돈을 모으는데, 돈을 모으는 과정에서 돈 주고도 살 수 없는 건강과 평화를 잃는다면 그보다 불행한 일은 없을 것입니다.

사회초년생을 위한 재무설계

취업포털 잡코리아가 2015년 신입사원을 채용한 기업 인사 담당자 206명을 대상으로 설문한 결과에 따르면 신입사원 평균 나이는 27.5세로 나타났다. 또한 2014년 청년층 첫 일자리 진입 형태 분석을 보면 정규직 비중은 61.6%에 불과했다. 한편 2014년 근로소득자의 평균 연봉은 3,170만 원으로, 이는 소득 상위 31~40% 수준에 다소 못 미치는 금액이다. 그리고 근로소득자의 50% 이상은 연봉 2,000만 원 이하인 것으로 조사됐다.

하물며 취업이 된다 해도 정년까지 안정적으로 월급을 받으며 일할 수 있다는 보장도 없고 수명은 갈수록 늘어나고 있으니 그야말로 답답할 노릇이 아닐 수 없다. 따라서 취업이 되는 순간부터 정신 바짝 차리고 짜임새 있는 생활을 하지 않으면 고단한 삶을 피할 도리가 없다.

첫 출근하는 날이 곧 재무설계를 시작하는 날이다

어려운 취업 관문을 뚫고 회사에 입사해 첫 월급을 받으면 그동안 힘든 시간을 이겨낸 스스로를 위로하고 싶고, 보상받고 싶고, 용돈으로는 엄두도 못 내던 다양한 것들을 해보고 싶기 마련이다. 부모님 눈치 보며 받아쓰던 용돈과는 비교할 수 없이 큰 금액이며 오로지 자신의 힘으로 번 돈이라 의미 또한 각별하다. 하지만 아무런 준비 없이 받은 월급은 유혹에 약하다.

'첫 월급이니까, 이번 한 번만'이라고 생각하면 큰 오산이다. 소비도 습관이라 한번 익숙해지면 좀처럼 고치기 힘들뿐더러 소비가 가속화될 공산이 크다. 한번 엉켜버리면 바로잡기가 힘들다.

만사가 다 그렇지만 시작이 중요하다. <u>첫 월급날을, 아니 첫 출근하는 바로 그날을 재무설계를 시작하는 날로 삼아야 한다.</u> 30년 가까이 부모님으로부터 일방적 원조를 받아온 소비 주체에서 이제 어엿한 생산 주체로 거듭나 스스로 책임지는 자세로 자신의 미래를 계획하고 준비해나가야 한다.

월급의 70% 이상을 저축하라

<u>사회초년생 시절은 월급은 가장 적게 받는 때지만 저축을 할 수 있는 가용 자금이 가장 많은 시기이다. 이 기간 동안 최대한 종잣돈을 만들어야 한다.</u> 미혼의 직장인이라면 최소한 월급의 70% 이상을 저축해야 한다. 만약 부모와 동거하고 있다면 80% 이상 저축하기를 권한다.

직장에 따라 연봉 수준이 다르니, 좀 더 엄밀히 따진다면 최소한의 월 생활비를 제외한 나머지를 저축해야 한다는 것이 맞겠다.

2014년 직장인 평균 연봉을 기준으로 계산하면 세후 월급이 약 250만 원 내외이고 70%면 175만 원쯤 된다. 월 저축 규모로 보면 직장 생활을 통틀어 가장 큰 규모가 될 수도 있다.

175만 원을 3년간 저축한다면 원금만 6,300만 원(175만 원×36개월)이다. 남들보다 좀 더 빨리 취업하거나 결혼을 늦게 해 5년간 저축한다면 1억 500만 원(175만 원×60개월)이라는 거금이 된다. 화폐 가치가 현저히 떨어진 지금도 1억 원이라는 돈은 '큰돈'이라는 상징적인 의미를 가진다.

그러나 이보다 더 큰 선물이 있다. 그것은 바로 저축의 위력을 스스로 실감하고, 성취감을 느끼며, 저축하는 재미를 경험하고, 저축하는 습관이 길러진다는 것이다.

생활비는 75만 원이면 충분하다

월급 250만 원 중 175만 원을 저축하면 남는 돈은 75만 원인데, 이는 결코 적은 돈이 아니다.

2015년 5월 잡코리아가 실시한 직장인 소비 패턴 조사 결과에 따르면, 기혼 직장인은 평균 158만 원을, 미혼 직장인은 평균 67만 원을 생활비로 지출하는 것으로 응답했다. 이 조사의 지출 항목에는 식비, 교통비 및 차량유지비, 통신비, 집세, 대출금, 보험료, 저축, 육아비까지 포함되었다.

여기서 한 가지 눈여겨볼 대목은 응답자의 80.4%에 이르는 대부분의 직장인들이 자신의 소비 패턴에 만족하지 못하고 있다는 점이다. 그 이유로는 버는 것에 비해 많이 쓴다(50.4%)는 응답이 가장 높았고, 불필요한 소비를 하는 경향이 강하다(37.7%), 정작 나를 위해 쓰는 것이 없다(29.6%), 카드에 너무 의존한다(15.8%), 계획 없이 쓴다(14.5%) 등의 순이었다. 또한 소비 패턴을 바꾸고 싶다고 응답한 사람이 96.2%나 됐는데, 개선 방향으로는 자기계발비 등 나에 대한 투자를 늘릴 것(33.7%)이라는 응답과 저축을 늘리겠다(29.9%)는 응답이 많았다.

어떤가? 75만 원이면 충분하지 않겠는가? 더 줄일 수 있다면 더욱 좋다.

지출 계획 세우기

최소 70%를 저축하겠다고 결심했다면 그 나머지 돈으로 어떻게 생활할지 지출 계획을 세워야 한다. 월세, 식비, 통신비, 교통비, 문화·교제비, 자기계발비, 보험료 등 필요한 항목들을 생각해보자. 이들 중 빠뜨리지 않아야 할 것이 자기계발비다.

자기계발비를 아끼지 마라

자기계발비 항목 중 하나로 '경제신문' 구독을 권하고 싶다. 이것마저 아낀다고 사무실에서 받아보는 신문을 보겠다거나 인터넷으로 보겠다는 생각은 자제하기 바란다. 회사에서 경제신문을 구독할지 알 수 없으며, 구독한다 해도 신입사원이 사무실에서 신문을 여유롭게 보기는 힘들다.

그리고 개인적인 성향이겠지만 나는 아직까지 경제신문만큼은 종이 신문을 선호한다. 인터넷이나 스마트폰으로는 주요 기사를 중심으로 보게 되므로, 경제신문 입문기에는 지면을 통해 모든 기사를 처음부터 끝까지 읽는 습관을 들이는 것이 좋다. 월 15,000원 정도의 신문 구독료만큼은 과감히 지출해도 좋다.

그리고 최소 한 달에 한 권 이상의 책을 사는 데 돈을 아끼지 마라. 시, 소설, 역사, 인문, 교양 등 다양한 장르의 책을 읽는 것은 그 어떤 스펙을 쌓는 것보다 중요하다.

실손보험에 가입하라

보장성 보험으로 실손보험은 반드시 가입하기 바란다. 실손보험은 표준화되어 생명보험사와 손해보험사의 보장 내용이 1년 갱신형으로 동일하다. 실손보험은 저렴한 보험료로 다양한 혜택을 볼 수 있는 가성비 높은 보험이다.

보험료는 나이를 먹을수록 올라가기 때문에 종신보험과 암, 뇌혈관 질환, 심혈관 질환의 3대 성인병에 대한 보험을 일찌감치 준비하는 것도 나쁘지 않겠다. 보통 생명보험사의 종신보험에 3대 성인병 보장을 특약으로 가입하는 경우가 많은데, 종신보험은 생명보험사에, 3대 성인병 보장은 손해보험사에 가입하는 것도 고려해볼 만하다. 3대 성인병 보장에 대해서는 생명보험사에 비해 손해보험사의 보장 내용이 비교적 충실한 편이기 때문이다. 그러나 종신보험과 3대 성인병 보장은 개인의 현금흐름과 재무목표에 따라 결혼 이후로 미룰 수도 있다.

매월 결산하는 습관을 들여라

지출 항목이 결정되면 어디에 얼마를 쓸지 합리적으로 예산을 배분한다. 그리고 월급날을 기산일(起算日)로 매월 결산하는 습관을 들여야 한다. 식비를 초과 지출했다면 다음 달 어떤 항목을 줄여 식비 예산을 늘릴 것인지, 교통비가 남았다면 왜 그런지, 다음 달부터는 이번 달 기준으로 줄여도 될지 꼼꼼히 분석해 다음 달 지출 계획을 조정한다.

이렇게 3개월 정도 해보면 안정적인 지출 계획이 만들어지고, 심리적인 그리고 실질적인 생활의 여유가 생길 것이다.

내 차를 갖고 싶다는 욕망 대신 마음속에 1억 원을 품어라

새 차든 중고차든 심지어 공짜로 얻는 차도 쳐다보지 마라. 차가 있으면 차로 인한 여러 가지 비용이 발생한다. 공짜로 얻는 차라도 취득세와 등록세가 들어간다. 매년 자동차세도 부담해야 된다. 비영업용 승용차의 경우 등록세 5%와 취득세 2%가 부과된다. 1,500cc 소형승용차의 경우 차 값이 1,500만 원이라면 취·등록세만 약 105만 원이며, 자동차세는 27만 원가량이다.

그다음 필수적인 것이 자동차보험인데, 자동차보험 가입 경력이 없으면 중고차라도 초회 보험료가 85만 원 이상이다. 한 달에 7만 원 정도다. 자동차보험은 시작에 불과하다. 아직 차에 시동도 걸지 않았다. 차가 움직이려면 휘발유가 있어야 하니 유류비가 들 것이고, 차를 세워두려 해도 주차비가 들어간다. 이뿐이겠는가? 엔진오일이나 브레이크 라이닝 등 정기적으로 부품을 교환해야 하고, 고장이 나면 수리비도 들고, 접촉사고라도 나면 한두 푼 드는 게 아니다.

입사 5년째 되는 날, 매월 꾸준히 175만 원씩 저축을 해서 1억 원을 가질 것인지, 5년 된 중고차 한 대를 가질 것인지 신중히 판단해서 선택해야 한다. 한 달 75만 원이면 주말을 포함해서 하루 2만 5,000원이다. 적다면 적고 많다면 많은 돈이지만 내 차를 포기한다면 동료나 친구들에게 쩨쩨하다는 소리 듣지 않고 충분히 잘 살아갈 수 있다. 허세 부릴 생각을 접고 마음속에 1억 원을 품어라. 어쩌면 용돈을 줄여 저축을 더 하게 될 수도 있다.

신용카드를 몸에 지니지 마라

신용카드의 해악은 앞서도 중요하게 다룬 바 있다. 신용카드를 지닌다는 것은 악마의 입술을 품고 있는 것이다. 한 달 내내 계획적으로 알뜰하게 잘 살다가도 단 한순간 유혹에 넘어가 신용카드를 그어버리면 모든 계획이 수포로 돌아간다.

의지만으로는 지키기 어려운 법, 충동적 지출의 여지를 주지 마라. 신용카드를 애초에 만들지 않는 것이 상책이다. 매일 정해진 현금만 가지고 다니거나, 용돈 통장을 따로 만들어 체크카드를 가지고 다니기를 권장한다.

'꼭 필요한 것인데 한 달 용돈으로 구입하기 부담스러울 때는 신용카드 무이자 할부를 이용하는 것도 괜찮지 않을까?'라고 생각할 수도 있다. 결코 괜찮지 않다!

<u>용돈 한도를 초과하는 지출이 필요할 때는 어떤 식으로든 용돈을 아껴 모아서 해결해야 한다.</u> 정말 다급한 지출이라면 부모님께 요청하고 일정 기간 나눠 갚는 방법도 있다.

꼼꼼한 여성도 꾸준히 쓰기 힘든 가계부를 쓰라고 하진 않겠다. 이제 스마트폰이 필수품이 되었으니 스마트폰을 스마트하게 활용하자. 가계부 앱을 이용하면 자동으로 항목별 지출 내역이 기록되고 수지 관리도 손쉽게 할 수 있다.

구체적인 저축 계획을 세워라

앞서 살펴보았듯이 월 175만 원씩 3년간 모으면 원금만 해도 6,300만 원이다. 5년간 모으면 1억 500만 원이다. 1억 원을 모으겠다는 목표는 사회초년생에겐 분명 매력적일 수 있다. 하지만 <u>뚜렷한 저축 목적이 없다면 1억 원이라는 목표액을 모으기도 힘들고, 모았다 하더라도 여러 가지 유혹 앞에서 그 돈을 지켜내기가 힘들다.</u>

그러므로 저축을 할 때는 기간과 목적을 명확하게 정해야 한다. 그래야 장기적인 계획을 지켜나갈 수 있는 힘이 생긴다.

저축 목적은 각자가 처한 상황과 가치관에 따라 다를 수 있다. 결혼자금일 수도, 전세자금일 수도, 다양한 용도로 쓰일 수 있는 막연한 종잣돈일 수도 있다. 이처럼 목적은 뚜렷하게 정할 수 있지만, 사회초년생에겐 결혼이라는 변수가 있어 저축 기간을 확정하기가 어렵다.

결혼은 혼자가 아닌 상대방이 있어야 하는 계획이고, 당사자끼리 합의한다고 결정되는 것도 아니므로 그야말로 예측불가의 변수다. 예정보다 당겨지거나 미뤄질 수도, 심지어 무산될 수도 있다. 하지만 결혼 때문에 저축의 기간과 목적을 명확하게 정해야 한다는 대원칙이 흔들려서는 안 된다. 찬찬히 따져보고 가장 현명한 방법을 찾아보자.

대학 졸업 후 곧바로 취업에 성공했고, 결혼을 약속한 사람은 없지만 5년 후 결혼 계획을 세우고, 우선 종잣돈 마련에 집중하기로 하고 SH수협은행의 'SH월복리자유적금'에 가입했다고 가정해보자. 5년 만기일 경우 연이율은 2.2%이고 첫 거래 고객에게 연 0.3% 우대금리(2015년 10월 12일 기준)를 주므로 매월 175만 원을 저축하면 세후이자 515만 원에 만기 지급액은 1억 1,000만 원이 넘는다(아래 적금계산기 참조).

| 일반계산 | 공학계산 | 퍼센트계산 | ▶이자계산 | 학점계산 | 퇴직금계산 | 비만도계산 |

● 적금   ○ 예금
월적금액 1,750,000   원   60   개월   [계산] [초기화]
연이율   2.2   월복리 ▼   세금 일반 ▼

* 이자율은 일반적으로 단리와 월복리로 나뉘는데, 특별한 언급이 없으면 일반적으로는 단리입니다.
* 세금은 이자금액에 대해 15.4%가 원천징수되고, 세금우대의 경우는 9.5%가 원천징수됩니다.

세후이자 **5,151,030** 원   만기지급액 **110,151,030** 원

그러나 결혼이 앞당겨질 경우 매월 175만 원의 적금을 유지할 수 있을까? 만약 중도에 해지한다면 중도 해지 이자는 약정 이자보다 훨씬 낮을뿐더러 월복리가 적용되지 않아 지급받을 수 있는 돈은 거의 원금 수준에 지나지 않는다. 무엇보다 저축 계좌가 하나도 없어 다시 처음부터 시작해야 한다.

이런 문제를 해결하기 위해 이번에는 방법을 달리해보자. 결혼을 최대 5년 후로 예상하고, 1년 만기 상품에 100만 원, 2년 만기 상품에 50만 원, 3년 만기 상품에 25만 원으로 나누어 저축해보자. 만기가 되면 만기수령금은 정기예금에 예치하고 1년 또는 2년 단위로 적금을 이어간다. 번거롭긴 하지만 1년 단위로 원금과 이자를 모두 정기예금에 예치하면 연복리 저축의 효과도 볼 수 있다.

저축을 시작한 지 5년이 지나면 10개의 통장이 생긴다. 총액은 1억

적금			1년차	2년차	3년차	4년차	5년차	예금		
만기	납입액	금리						만기	예치액	금리
1년	100	1.7	12,093,483	12,257,181	12,423,094	12,591,253	12,761,688	1년단위	만기원금+이자	1.6
1년				12,093,483	12,257,181	12,423,094	12,591,253			
1년					12,093,483	12,257,181	12,423,094			
1년						12,093,483	12,257,181			
1년							12,093,483			
2년	50	1.9			12,200,925	12,366,077	12,533,464	12,703,117	1년단위	만기원금+이자	1.6
2년						12,200,925	12,366,077			
1년		1.7					6,046,747			
3년	25	2.1				9,246,503	9,371,664	9,498,519	1년단위	만기원금+이자	1.6
2년		1.9					6,100,462			

1억 884만 1,621원

884만 1,621원이다. 1~2년짜리 저축 비율이 높은 이유는 예상보다 일찍 결혼할 경우에 대비하기 위함이다. 만약 3년 뒤에 결혼하게 되면 5,800여만 원(3년차 저축액을 모두 더하면 58,386,338원이다)을 찾을 수 있고, 50만 원씩 1년간 납입한 2년 만기 적금 통장 하나가 남아 있게 된다.

사회초년생에게 적합한 포트폴리오

앞서 살펴본 두 사례 모두 직장생활 3년 동안 장기저축은 시작도 못했고, 세제혜택 상품을 활용하지 못한 단점이 있다. 이번에는 이런 단점을 보완해 연금저축보험과 주택청약종합저축을 포함한 포트폴리오를 구성해보았다(단기저축, 중기저축, 장기저축의 규모와 주택청약종합저축 및 연금저축보험의 납입 규모는 결혼에 대한 가치관, 예상 결혼 자금의 규모와 부모의 지원 등 각 개인의 변수에 따라 달라지므로 최적의 포트폴리오 역시 달라질 수 있다).

연금저축보험(월 10만 원)

연금저축보험은 5년 이상 납입하고 55세 이후부터 연금을 받을 수 있는 상품이다. 연말정산 시 연간 400만 원 한도로 13.2%의 세액공제를 받을 수 있어 실질금리가 시중 금리의 6배가량에 이른다. 공제한도 400만 원을 채우려면 월 34만 원씩 납부해야 하지만, 결혼을 위한 목적자금이 있으므로 장기저축을 시작하는 데 의미를 두고 일단은 10만 원씩 납입한다. 그리고 결혼 이후 추가로 가입하자.

월 10만 원씩 연간 120만 원을 납입할 경우 연말정산 시 15만 8,000

원을 세액공제받을 수 있다. 또한 일시금으로 받지 않고 연금으로 수령하면 세금이 줄어들어 추가 절세 효과도 볼 수 있다.

주택청약종합저축(월 5만 원)

청약통장은 예전에는 국민주택을 분양 또는 임대받을 수 있는 청약저축, 중형 국민주택 및 민영주택을 분양받을 수 있는 청약부금, 민영주택을 분양받을 수 있는 청약예금 세 가지로 나뉘어 있었다. 그런데 2009년 5월 6일 주택청약종합저축(일명 만능통장)으로 통합되면서 국민주택과 민영주택 구분 없이 모든 신규 분양 주택을 분양받을 수 있게 되었다. 주택 소유나 세대주 여부, 연령에 상관 없이 가입할 수 있다.

가입 금액은 월 2만 원 이상 50만 원 이내다. 주택청약 1순위 조건은 수도권의 경우 가입 기간 1년 이상, 월 납입 횟수 12회 이상이며, 지방은 가입기간 6개월 이상, 월 납입 횟수 6회 이상(시, 도 도지사의 임의에 따라 최장 12개월 변동 가능)이다.

연간 최대 240만원까지 납입할 수 있으며 납입 금액의 40%인 96만 원까지 소득공제를 받을 수 있다. 월 5만 원으로 시작해서 연말정산 시 24만 원의 소득공제를 받고, 결혼 이후 납입 금액을 조정하면 된다. 2016년 1월 4일 기준 적용 금리는 1개월 이내 무이자, 1개월 초과 1년 미만 1.0%, 1년 이상 2년 미만 1.5%, 2년 이상 연 2.0%이다.

매월 160만 원을 5년간 저축

연금저축 10만 원과 주택청약종합저축 5만 원을 제외한 160만 원을 매월 다음과 같은 포트폴리오로 저축할 수 있다.

적금			1년차	2년차	3년차	4년차	5년차	예금		
만기	불입액	금리						만기	예치액	금리
1년	30	1.7	3,628,045	3,677,154	3,762,927	3,813,862	3,865,487	1년단위	만기원금+이자	1.6
1년				3,628,045	3,677,154	3,762,927	3,813,862			
1년					3,628,045	3,677,154	3,762,927			
1년						3,628,045	3,677,154			
1년							3,628,045			
3년	80	2.1			29,588,810	29,989,324	30,395,259	1년단위	만기원금+이자	1.6
1년		1.7				9,674,786	9,805,744			
1년							9,674,786			
5년	50	2.2					31,471,713			

| | | | | | | 1억 9만 4,977원 |

● 연금저축보험

| 월보험료 | 10 | 공시이율 | 3.25 | 5년 적립원금 | 6,000,000 | 장기저축으로 적립 원금만 계산 |

● 주택청약종합저축

| 월불입금 | 5 | 변동금리 | 1.8~2.8 | 5년 적립원금 | 3,000,000 | 적립 원금만 계산 |

    매월 30만 원씩 납입하는 1년 만기 적금을 매년 하나씩 가입한다. 만기가 된 적금은 1년 만기 예금에 매년 재예치한다. 그리고 매월 80만 원씩 납입하는 3년 만기 적금과 매월 50만 원씩 납입하는 5년 만기 적금을 시작한다. 3년 만기 적금 역시 만기가 되면 1년 단위로 2년간 예금에 재예치한다. 그러면 매년 월 저축액은 160만 원이 된다.

    이 경우 결혼이 3년 후로 앞당겨진다면 예·적금 만기 수령액으로 4,065만 원(정확히는 40,656,936원)을 마련할 수 있고, 5년 만기 적금을 중도 해지하면 최소한 적립 원금 1,800만 원은 받을 수 있으니 결혼자금으로 5,865만 원은 확보할 수 있다.

이때 주택청약종합저축과 연금저축보험은 유지하는 게 좋다. 주택청약종합저축은 연말정산 시 소득공제 혜택이 있을 뿐만 아니라 향후 내 집 마련에도 긴요하게 쓰일 것이다. 그리고 연말정산 시 세액공제 혜택을 받을 수 있는 연금저축은 비록 적은 금액이지만 일찍 시작했기 때문에 꾸준히 유지한다면 30년 이상 적립할 수 있으므로 복리 효과를 톡톡히 누리며 노후자금 마련에 적지 않은 힘이 될 수 있다.

중기저축으로 구성한 50만 원은 투자에 관심이 있고 어느 정도 위험을 감수할 수 있는 투자 성향이라면 은행 적금이 아닌 적립식 펀드에 투자할 수도 있다. 유의할 점은 적립식 펀드는 저축 상품이 아니라 투자 상품이라 원금 손실의 위험이 있다는 것이다. 또한 경기 변동 주기를 고려해서 투자 기간을 3~5년 정도로 여유를 가져야 한다. 만일 앞의 사례와 같이 결혼이 앞당겨져 3년 후 수익률에 관계없이 펀드를 환매할 수밖에 없는 상황이 된다면 적금을 넣은 것보다 손해를 볼 수도 있다.

앞서 살펴본 것처럼 주택 비용을 포함한 신혼부부의 결혼 비용이 남자 1억 7,275만 원, 여자 1억 145만 원이라고 하니, 첫 입사부터 5년 동안 꼬박 적금을 부어 1억 원을 모아도 결혼 비용으론 부족하다. 게다가 취업이 늦어져 결혼 전 저축 기간이 짧아지면 문제는 더욱 심각해진다.

최근 결혼 비용으로 인해 결혼을 앞둔 자녀와 부모 간의 갈등이 증폭되고 있다고 한다. 혼수나 예물 등 과도한 결혼식도 문제지만 신혼주택 비용이 더욱 심각한 문제이다. 고령화 사회에 부모의 노후 준비와 얽히며 단순한 갈등 수준을 넘어 부모의 노후를 포기할 것이냐, 자녀의 신혼 주택을 포기할 것이냐라는 대립으로까지 치닫고 있다.

부동산 문제에 대해 정책적인 해결책을 기대하긴 어려우니 신혼 주택을 고집할 것이 아니라 부모님과 한 집에서 생활하는 것에 대해서도 생각해보는 것은 어떨까?

현재 취업을 준비하고 있습니다. 수입이라고 해야 아르바이트로 버는 돈 조금과 부모님이 주는 용돈뿐인데, 지금부터 재무설계를 시작하려면 어떻게 해야 할까요?

부모님한테 받는 용돈과 아르바이트로 버는 돈을 '소득'이라 생각하고 그 돈으로 재무설계를 시작해보시기 바랍니다. 일정한 생활비를 정해놓고 그 범위 내에서 쓰도록 노력하고, 적은 금액이지만 저축 계획도 세우는 게 좋습니다. 그리고 앞으로 자신이 원하는 삶을 살아가기 위해 필요한 자금 규모는 얼마나 되는지도 생각해보기 바랍니다. 아직은 본격적으로 돈을 버는 시기가 아니므로 무엇보다도 계획적인 소비 습관을 기르는 게 중요합니다.

맞벌이 부부 재무설계

남녀평등 사상과 가사 분담, 여성의 사회활동에 대한 인식의 변화 등으로 맞벌이 부부가 꾸준히 늘고 있다. 그러나 지속적인 경기침체와 사교육비 및 대학 교육비 증가, 내 집 마련의 어려움, 고령화 시대의 노후자금 마련 등 경제적인 이유도 맞벌이 부부 증가 요인이 되고 있다.

2015년 2/4분기 통계청 자료에 따르면 그래도 아직까지는 맞벌이 가구에 비해 비맞벌이 가구의 비율이 20% 가까이 높은 것으로 나타났다. 맞벌이 가구의 소득이 비맞벌이 가구에 비해 평균 약 150만 원, 37.5% 증가했지만, 가계 지출 또한 65만 원 가까이 증가했다. 가장 높은 증가율을 보인 가계 지출 항목은 교통비와 교육비, 의류·신발, 음식·숙박으로 나타났다. 반면 주거·수도·광열비와 보건은 오히려 감소되는 경향을 보여준다.

증감된 가계 지출 항목은 맞벌이 여부에 따라 미루어 짐작 가능한 부분이다. 문제는 상담 현장에서 접하는 맞벌이 가구의 실제 지출은 통계상 평균보다 훨씬 높은 수준을 보이고 있으며, 또한 맞벌이 가구의 가계수지 증가분이 모두 저축으로 이어지지 않는다는 것이다.

| 통계청 가계 동향 조사 |

가계수지항목별	비맞벌이 가구	맞벌이 가구	증감	증감률
가구 분포(%)	59.45	40.55		
소득(원)	4,049,232	5,569,645	1,520,413	37.5
가계지출(원)	3,289,312	3,938,304	648,992	19.7
소비지출(원)	2,485,181	2,869,101	383,920	15.4
01. 식료품·비주류음료(원)	344,710	363,616	18,906	5.5
02. 주류·담배(원)	31,984	34,611	2,627	8.2
03. 의류·신발(원)	166,763	204,487	37,724	22.6
04. 주거·수도·광열(원)	295,818	261,014	-34,804	-13.3
05. 가정용품·가사서비스(원)	105,860	127,402	21,542	20.3
06. 보건(원)	171,931	169,207	-2,724	-1.6
07. 교통(원)	287,683	379,736	92,053	32.0
08. 통신(원)	139,691	167,821	28,130	20.1
09. 오락·문화(원)	136,419	161,694	25,275	18.5
10. 교육(원)	240,808	316,582	75,774	31.5
11. 음식·숙박(원)	345,169	424,834	79,665	23.1
12. 기타상품·서비스(원)	218,345	258,096	39,751	18.2
비소비지출(원)	804,130	1,069,203	265,073	32.9

*통계청 가계동향조사(2015년 2/4분기)

맞벌이 부부의 지출 증가 요인

맞벌이 부부의 지출을 부추기는 데는 심리적 요인과 구조적 요인이 있다.

심리적 요인

첫 번째는 소득 규모에 대한 착각이다. 둘이 버니까 두 배로 벌 것이라고 생각하거나 적어도 제법 많이 벌 것이라고 생각한다. 이러한 심리가 과감한(?) 지출에 안도감을 준다. 물론 한 사람이 버는 것보다 많이 버는 것은 사실이다. 하지만 대부분의 가정에서 소득원이 둘이라고 소득이 두 배가 되는 것은 아니다. 그리고 두 사람의 경제활동으로 인해 필연적으로 늘어나는 지출에 대해서는 둔감하거나 관대하다.

두 번째는 자녀와 가족들에 대한 심리적 부채 의식이다. 아직 어린 자녀는 하교 시간이 빨라 부모의 퇴근 시간과 맞추려면 학원에 다닐 수밖에 없다. 또한 자녀의 식사나 간식을 제대로 챙겨주지 못해서, 함께 있어 주지 못해 늘 미안한 마음을 물질적으로 보상해주려 한다. 그러다 보니 자녀와의 주말 나들이와 외식이 늘어난다. 부모님에게 아이들을 맡기거나 도움을 받을 일도 빈번해 부모님에게 드리는 용돈이나 가족 외식도 늘어난다. 더구나 양가의 균형을 맞춰야 하는 애로도 있다.

구조적 요인

첫 번째는 부부간 회계의 분리다. 맞벌이 부부를 보면 의외로 상대방의 월급이 얼마인지 모르거나, 알더라도 성과급이나 보너스 등 부정기 소득은 모르는 경우가 많다. 또한 서로의 소득에 대해 알든 알지 못하든 지출 내역에 대해서는 서로 간섭하지 않는 것이 매너라 생각한다. 각자의 소비 생활에 대한 간섭은 각종 부부 갈등을 유발하는 요인이 된다고 생각하기 때문이다. 가정의 평화를 위해 서로 믿는 것이 편하다고 여긴다. 그러다 보니 서로가 모르는 부정기 소득은 주로 불요불급(不要不急)한 용도로 지출되어 흐지부지 사라지는 경우가 많다.

소득을 통합해서 관리하지 않는 맞벌이 가구는 교육비는 남편이 부담하고, 식생활비는 아내가 부담하고, 외식비는 번갈아가며 내는 등 지출 항목별로 분담하거나 일정 비율을 분담하기로 합의한 경우가 많다.

그러나 저축에 대해서는 대화를 꺼린다. 서로 상대방이 알아서 웬만큼 저축하고 있을 거라 굳게 믿지만 나중에 뚜껑을 열어보면 전혀 예상치 못한 결과가 나타난다. 물론 부부가 차분히 대화를 나눌 물리적 시간도, 심리적 여유도 부족하다.

두 번째는 맞벌이 지속 기간이 다르기 때문에 발생하는 문제다. 우리 사회는 여전히 남성에 비해 여성의 직업 안정성이 떨어진다. 따라서 아내의 직장 생활이 짧을 수밖에 없는데, 맞벌이를 그만둔 후에도 그동안 길들여진 소비 습관이 쉽게 고쳐지지 않는다. 특히 맞벌이 부부의 경우 각자 승용차를 가지고 다니는 경우가 많은데, 아내가 직장을 그만두더라도 대개 차를 팔지 않는다. 승용차 한 대에 들어가는 유지비가 만만치 않으니 일을 그만두면 빨리 처분하기 바란다.

재무목표에 대한 합의가 우선이다

대부분의 맞벌이 부부는 외벌이 부부에 비해 경제적으로 여유롭지만, 부부가 함께하는 시간, 자녀와 함께하는 시간이 부족하다. 따라서 가족 여행이든 함께 즐기는 운동이든 잃어버린 시간을 보상할 수 있는 무언가를 반드시 계획하기 바란다. 이런 점을 염두에 두고 합리적인 재무설계 전략을 수립한다면 보다 행복한 생애 설계를 할 수 있을 것이다.

맞벌이 부부의 재무설계를 위해서는 무엇보다 재무목표에 대한 합의가 있어야 한다. 비맞벌이 부부의 경우 경제권을 누가 쥐고 있든 재무목표에 대한 합의가 비교적 수월한 편이다. 그러나 맞벌이 부부는 서로의 가치관이 다르고, 재무목표의 규모나 우선순위, 중요도에 대한 견해 차이가 크다. 또한 각자 경제력을 가지고 있어 자기주장도 강해 합의를 도출하기가 쉽지 않다. 생활비를 분담하는 선에서 합의 과정을 매듭짓는 사람들이 많다.

재무설계는 현실이다. 부부에게는 자녀 교육, 주택 마련, 노후 생활 등 공동의 목표가 있다. 재무목표가 불일치하거나 서로 합의되지 않으면 재무설계는 불가능하다. 가능하다 해도 별 의미가 없다.

갈등이 두려워 재무목표를 합의하는 것을 회피하려 든다면 더욱 두려운 미래와 맞닥뜨리게 될 것이다. 막연한 희망이나 추상적인 계획이 아니라 현실에 기초한 구체적인 미래의 청사진을 가지고, 서로의 의사를 존중하며 마음을 열고 논의한다면 공동의 재무목표 수립이 어려운 것만은 아니다.

부부 합산으로 소득을 관리하라

남편의 소득, 아내의 소득이 아닌 부부의 소득이라 생각해야 한다. 부부라면 누가 많이 버느냐를 가지고 가계 경제에 대한 기여도를 따질 일도 아니다.

저수지 통장을 만들어라

공무원 부부이거나 사내 커플이 아니라면 서로 급여일이 다른 경우가 많으므로 맞벌이 부부에게 저수지 통장은 더욱 요긴하다. 합산 소득을 관리하는 데도 월별 소득을 고르는 데도 저수지 통장은 필수다 (저수지 통장에 대해서는 253~255쪽을 다시 한 번 살펴보기 바란다).

각자의 급여 통장으로 입금된 월급이 곧바로 하나의 저수지 통장으로 입금되도록 자동이체를 해둬라. 두 사람의 연간 총소득에서 세금 공제 후 실질소득을 계산해서 합산하고, 지출 계획에서 도출된 연간 부정기 지출 총액을 제외한 다음 월 설계소득(연간 총소득에서 연간 부정기 지출 총액을 뺀 나머지 금액을 12개월로 나눈 것)을 산출한다. 그리고 내월 비소비성 지출 통장과 소비성 지출 통장 등으로 자동이체되도록 한다.

주소득과 부소득으로 구분해서 설계하라

맞벌이 부부는 수입이 외벌이 부부보다 많으므로 저축 규모를 키워야 한다. 그래야 맞벌이 효과를 제대로 볼 수 있다. 이를 위해 우선 주소득과 부소득을 구분해야 한다. 소득 규모보다는 고용 안정성이 높은 쪽을 주소득, 다른 쪽을 부소득으로 본다. 둘 다 안정적이라면 소득이 높은 쪽을 주소득으로 보면 된다. 주소득과 부소득을 구분하는 이유는 각각의 소득에서 어떤 지출을 할지 결정해야 하기 때문이다.

주소득으로는 주거비, 식비, 교통비와 같은 소비성 지출과 보장성 보험과 장기저축을 해결하고, 부소득으로는 안정적인 저축 가용액을 확보하도록 한다.

소비성 지출은 늘 발생하는 것이고, 한번 익숙해진 지출 습관은 단기간에 고쳐지지 않으므로 애초에 주소득 규모 내에서 지출 계획을 세워야 갑작스레 소득이 감소하더라도 타격을 받지 않는다. 그리고 납입 기간이 긴 보장성 보험과 장기저축도 주소득에서 지출해야 중도 해지하지 않고 지속적으로 유지할 수 있다. 보장성 보험의 규모는 주소득의 10~12%로 하고, 납입 기간을 최대한 길게 해서 월 보험료를 줄이자. 만일 필요한 지출 금액을 주소득으로 충당하기가 어렵다면 외식비, 문화생활비처럼 조절 가능한 지출은 부소득으로 해결하는 게 좋다. 부소득자가 사용하는 교통비나 용돈도 부소득으로 옮기는 것도 방법이다.

일반적으로 단기 : 중기 : 장기저축의 적정 비율은 저축 가용 금액의 50 : 30 : 20으로 구성한다. 그러나 부소득으로 단기저축과 중기저축을 해결하는 맞벌이 부부의 경우에는 장기저축의 비율을 30% 정도로 높이기를 권한다. 다음 쪽에서 예시한 포트폴리오에서는 단기저축 28.5%, 중기저축 43%, 장기저축 28.5%로 구성하였다. 단기저축과 중기저축의 비중을 줄여 장기저축을 좀 더 늘린 것이다.

맞벌이부부에게 적합한 포트폴리오

가구 소득이 650만 원인 맞벌이부부의 저축 포트폴리오를 예로 들면 다음과 같다.

구분	월소득	지출	저축가용액	장기저축	중기저축	단기저축
주소득	400만 원	250만 원	150만 원	100만 원	50만 원	
부소득	250만 원	50만 원	200만 원		100만 원	100만 원
합계	650만 원	300만 원	350만 원	100만 원	150만 원	100만 원

저축 가용액 350만 원으로 다음과 같은 저축 상품에 가입할 수 있다.

구분	저축 금액	저축 상품	납입 기간	용도	비고
장기저축	30만 원	개인연금저축	60세납	노후자금	연 400만 원 한도, 세액공제 12%
	70만 원	변액유니버셜	60세납	노후자금	기본 계약 35만 원 + 추가납입 35만 원
중기저축	50만 원	5년 만기 적금	5년납	교육자금	자녀 대학자금
	50만 원	주택청약저축	계속	주택자금	납입금의 40%(240만 원) 소득공제
	50만 원	적립식 펀드	3~5년	종잣돈 마련	
단기저축	50만 원	저축은행 적금	2년 만기	기타 목적자금	
	50만 원	은행 적금	2년 만기	기타 목적자금	

장기저축 100만 원으로 개인연금저축 30만 원과 변액유니버셜 보험 70만 원을 납입해 노후 자금을 준비한다. 개인연금저축은 연 400만 원까지, 납입 총액의 12%를 세액공제받을 수 있다. 변액유니버셜 보험은 기본 계약 35만 원에 추가 납입 35만 원으로 설계한다. 이렇게 설계하면 사업비를 줄일 수 있으며, 갑작스런 소득 감소나 지출이 늘 경우에 대비할 수 있다. 다시 말해 70만 원을 유지하기 어려운 경우에는 추가 납입은 하지 않아도 된다.

중기저축인 주택청약종합저축은 월 20만~50만 원까지 가입할 수 있다. 매월 50만 원을 납입하면 240만 원의 소득공제 혜택을 볼 수 있다. 단기저축은 3년 이하의 재무목표와 기간에 맞게 저축 금액과 기간을 정해 저축 계획을 세우면 된다.

그리고 보험도 준비해두자. 이 가구의 소득은 650만 원이므로 보장성 보험의 적정 보험료는 65만~78만 원(가구소득의 10~12%)이다. 만약 부소득자의 직업이 교사, 공무원 등과 같이 정년이 보장되거나 안정적인 직종이 아니라면, 주소득자의 소득 400만 원의 12%인 48만 원으로 설계하기를 권한다. 가구 소득을 기준으로 보험료를 책정하면 부부 중 한 사람의 소득이 단절될 경우 보험을 유지하기가 어렵기 때문이다.

맞벌이 부부는 부부 모두가 소득활동을 하고 있으므로 경제적 가장이 사망할 경우에도 가구 소득이 완전히 단절되지 않는다. 따라서 사망보험금을 외벌이 부부보다 적게 잡아도 무방하다. 사망보험금의 목적을 유가족의 생계 유지와 자녀 교육비를 위한 것으로 본다면, 생계 유지에 대한 부담이 외벌이 부부에 비해 상대적으로 적기 때문이다. 외벌이 가정의 경우 생계 유지비로 3년치 연봉 + 교육비로 자녀 1인당 1억 원 정도로 보는데, 맞벌이 가정은 생계 유지비로 1년치 연봉 정도만 생각해도 된다.

04 가치관의 변화가 필요한 30대 재무설계

30대는 취업과 결혼이라는 생애 최대의 이벤트가 있는 연령대이다. 이 두 가지는 가장 중요한 재무목표지만, 생애 최후의 목표가 아니라 시작을 위한 목표이다. 그리고 본격적인 인생의 밑그림을 결정짓는 목표라는 이유 때문에 다루기가 쉽지 않다.

목돈 만들기에 집중하라

취업을 해야 비로소 경제적 독립 기반이 마련되고, 재무설계를 시작할 수 있다. 최근 청년 실업이 늘어나면서 취업이 늦어져 결혼과 자녀 출산 시기가 늦어지고 있다. 늦게 취업한다고 해서 그만큼 정년이 연장되는 것은 아니다. 다시 말해 돈을 벌 수 있는 기간이 짧아지므로 정년퇴직 시점에 임박해서나 혹은 정년퇴직 이후에 자녀가 독립하게 되어 노후 준비 기간도 그만큼 짧아진다.

따라서 30대에는 저축 비중을 높여야 한다. 이 시기에 가장 경계해야 할 점은 아직 젊다는 '지나친 여유'와 무엇이든 할 수 있다는 '과도한 자신감'이다.

저축을 미뤄서도, 무리하게 위험자산에 투자를 해서도 안 된다. 최대한 빨리, 일정 규모의 목적자금을 안정적으로 확보할 수 있도록 꾸준하고 안전한 저축을 해야 한다.

결혼 비용을 줄여라

예로부터 결혼은 인륜지대사라 했다. 사람으로서 행해야 할 가장 큰 일이라는 뜻으로, 일생에 가장 중요한 의례가 결혼이라는 뜻이겠지만 이제는 인생에서 가장 큰돈이 드는 일이라는 해석이 더 정확할지도 모르겠다.

결혼에 큰돈이 들어가는 첫 번째 이유는 호화스런 결혼식과 신혼여행 비용 때문이다. 실속을 강조하는 이들도 늘어나는 추세지만 아직도 결혼식과 장례식만큼은 비용을 아끼지 않는 독특한 문화와 이를 부추기는 관련 업계의 마케팅 전략은 여전하다. 결혼이 아니라면 엄두도 못 낼 고가의 해외여행도 신혼여행이기에 당연시되는 경향이 강하다.

두 번째 이유는 완벽한 신혼 살림 준비다. 직장인들이 혼자 사는 원룸은 말할 것도 없고, 대학생 자취방이나 하숙집도 풀옵션이 대세가 되었으니 신혼살림이야 오죽하겠냐마는 신혼생활하면서 살림살이 장만하는 재미는 이미 옛날이야기가 되었다.

세 번째 이유는 결혼 비용에서 가장 큰 비중을 차지하는 신혼 주택 마련이다. 연애, 결혼, 출산을 포기한 세대라는 '삼포세대'에서 이제 인간관계와 내 집 마련까지 포기한 '오포세대', 그리고 꿈과 희망마저 포기한 '칠포세대'라는 소위 웃픈(웃기고도 슬픈) 신조어가 유행하고 있는 실정이다. 그 이유는 가중되는 취업난과 과도한 교육비도 있지만, 무엇보다 치솟는 집값 때문일 것이다. 양가 부모는 방 3칸짜리 큰 집에 살고, 자식들은 전월세 집을 떠돌며 전전긍긍하거나 대출 부동산을 깔고 앉아 빚더미에 눌려 살아가는 아이러니한 모습이 오늘날 우리의 현실이다.

고정관념을 깨면 종잣돈이 마련된다

돈을 모으는 비법을 고민하기 전에, 현실에 대한 냉철한 인식과 가치관의 변화를 모색해보는 것이 30대 재무설계를 위한 신의 한수라 할 수 있다.

30대에 큰돈이 들어가는 일이 있다는 것은 큰돈을 모을 수 있는 기회가 있다는 것과 다르지 않다. 결혼식, 신혼여행, 신혼 주택 마련에 대한 고정관념을 깬다면 종잣돈을 마련할 절호의 기회가 된다. 조준에서 1인치만 벗어나도 과녁에서 완전히 멀어지듯, 빚을 깔고 출발하는 것과 종잣돈을 품고 출발하는 것의 차이는 엄청나다.

매달 월세를 내야 하거나 담보 대출금을 갚아야 하는 대신, 이자 수익을 쌓고 투자 기회가 왔을 때 그 기회를 잡을 수 있는 힘이 종잣돈에서 나온다.

자녀에게 올바른 가치관과 경제 관념을 심어줘라

30대에 무시 못할 또 하나의 굵직한 지출 항목이 육아비와 교육비다. 우리 부부는 남들과 좀 다를 것이라 생각했지만, 실상 대한민국의 일반적인 부모와 그다지 다르지 않았다.

첫 아이를 낳을 때까지만 하더라도 그저 밝고 건강하게만 자라주면 더 이상 바랄 게 없다고 생각했다. 그래도 IQ, EQ 발달에 좋다는 책과 장난감에 눈길이 가고, 남들 다 보내는 피아노 학원, 또래 친구들 따라서 다니고 싶어 하는 미술 학원에 보냈다. 큰딸이 초등학교에 들어가자, 행복은 성적순이 아니라며 싫다는 공부는 억지로 시키지 않겠다고 장담했지만, 중학교, 고등학교에 진학하자 아이의 학교 성적에 신경이 쓰였다.

살림살이가 힘들어도 가계 지출에서 절대 줄이지 않는 것이 종교와 관련된 것이고, 가장 줄이기 힘든 것이 아이들 먹이고 입히고 공부시키는 데 드는 비용이다. 그중에서도 특히 교육비는 줄이기 힘들다. 남들은 다 학원에 보내는데, 내 아이만 열심히 뛰어놀라고, 혼자서 해도 잘할 수 있다고 자신 있게 말하기는 힘들다. 이는 개인의 문제라기보다는 사회구조적 문제다.

그러나 부모가 마음만 먹는다면 할 수 있고, 또 부모로서 해야만 하는 일이 있는데, 어릴 때부터 자녀에게 돈에 대한 올바른 가치관과 경제관념을 심어주는 것이다. 이것은 일회성 교육을 통해 이뤄질 수 있는 게 아니다. 오랫동안 부모의 행동을 통해 눈으로 보고, 부모의 말을 통해 귀로 듣고, 작은 것부터 실천하는 데 익숙해져 습관으로 자리를 잡아야 가능한 것이다.

훗날 자식에게 물려줄 그 어떤 유산보다 귀하고 소중한 것이 어린 시절부터 바르게 길들여진 습관이다. 이는 자녀에게나 그 부모에게나 돈으로 살 수 없는 일생일대 최고의 선물이다.

140만 원 정도는 저축하자

30대라도 아직 결혼하지 않았다면 사회초년생의 포트폴리오와 다르지 않다. <u>취업을 하고도 아직 계획적인 저축을 시작하지 않았다면 오히려 사회초년생보다 저축 비중을 더 높여야 한다.</u>

30대 기혼 가정의 경우 월 소득이 300만 원이라면 저축 가용액은 140만 원 정도로 예상할 수 있다. 여기에서 노후 준비를 위한 연금저축 20만 원, 주택청약종합저축 10만 원을 뚝 떼어놓자. 그리고 나머지 110만 원은 재무목표에 따라 단기와 중기로 나눠 저축 계획을 세우면 된다. 만일 결혼이나 주택 구입 등으로 부채를 안고 있다면 원리금 상환에 들어가는 돈을 제외한 나머지로 저축 계획을 세워야 한다.

그리고 가장이 되었으므로 불의의 사고에 대비하여 사망 보장을 위한 보험을 준비해야 한다. 자기 연봉의 3년치 정도와 자녀 교육비를 사망보장금의 기준으로 보면 되겠다. 30대라면 아직 자녀가 어리기 때문에 자녀 1인당 1억~1억 5,000만 원 정도는 생각해야 한다.

보험료가 부담스러워 종신보험으로 사망보장을 준비하기가 여의치 않다면 자녀가 독립하는 시기(대학교 졸업 또는 취업 예상 연령)까지 정기보험으로 대비하면 된다. 그 외 보장성 보험으로는 실손보험과 암, 뇌혈관질환, 심혈관질환에 대한 진단금 정도를 필수적으로 준비해두기를 권한다.

초등학생 자녀에게 용돈을 정해놓고 주는 게 좋을까요? 용돈은 얼마가 적당할까요?

초등학교 4학년 이상쯤 되면 자녀들이 용돈을 통해 스스로 지출 관리를 하고 저축하는 습관을 기를 수 있도록 훈련하면 좋습니다. 처음에는 주 단위로, 익숙해지면 월 단위로 용돈을 주세요. 용돈 액수는 자녀에게 어떤 용도로 얼마의 용돈이 들어가는지 3개월 정도 체크한 다음, 씀씀이에 맞춰 결정하되 10% 정도는 저축할 수 있을 만큼 여유있게 지급하세요. 단 저축을 하든, 하지 않든 간섭하지 말고, 반드시 용돈기입장을 기록하게 하세요.

소득과 지출이 함께 느는 40대 재무설계

40대는 자녀들이 성장하면서 점점 집이 좁다고 느껴지기 시작하고, 대부분의 가정에서 본격적으로 자녀 교육비가 투입되는 시기이다. 따라서 주택 마련 또는 확장, 자녀 교육비가 대표적인 생애 이벤트다. 또 다른 한편 노후를 본격적으로 준비해야 할 시기이다. 그리고 50대가 되면 부담으로 다가올 자녀의 대학 교육 자금을 위한 적립도 시작해야 할 때이다.

직장에서 자리를 잡아가면서 소득이 늘어나지만, 지출 또한 크게 늘어나는 시기이므로 그 어느 시기보다 수입과 지출 관리에 만전을 기해야 한다. 투자수익률을 고려한 종잣돈의 운용도 적극적으로 고려해 보자.

주택 구입에 신중 또 신중해야 한다

주택 마련 또는 확장을 실행하기에 앞서 그 필요성에 대해 한 번 더 따져보고 고민해보기를 권한다. 집이 좁다고 느껴지면 집 안을 정리해보자. 몇 년째 한 번도 쓰지 않고 구석에 처박혀 있는 물건들이 의외로 많을 것이다. 이런 것들을 수시로 정리하고 내다 버리면 집을 훨씬 넓게 쓸 수 있다. 그래도 불가피하다면 큰 집으로 이사하는 수밖에.

이때 대출을 받지 않아도 된다면 그야말로 최선이다. 만약 대출을 받아야 한다면 집을 구하기 전에 주택담보대출비율인 LTV와 총부채상환비율인 DTI부터 따져보고 상환 계획을 세워야 한다. 그런 다음 자금 규모를 결정하고 그 범위 내에서 구하도록 하자.

> LTV = (주택담보대출금액 + 선순위채권 + 임차보증금 및 최우선변제 소액임차보증금) ÷ 담보가치
> DTI = (해당 주택담보대출 연간 원리금 상환액 + 기타 부채의 연간 이자 상환액) ÷ 연소득

사람의 마음은 누구나 같아서, 좋은 집을 먼저 보고 나면 다른 건 눈에 차지 않는 법이다. 그렇게 되면 소위 '큰마음'을 먹으려는 욕구가 발동한다. 퇴직을 하면 소득이 없으므로 예상 퇴직 시기 이전까지 대출금을 상환해야 한다. 따라서 법적인 대출 규모만큼 꽉 채워 받기보다는 소득 범위 내에서 감당할 수 있는 한도를 정한 다음 대출을 받는 것이 좋다. 법적인 기준에 맞춰서 대출을 받았다고 해서 상환을 못할 경우 국가에서 상환 책임을 면해주지도 감해주지도 않는다는 점을 명심하자.

자녀 교육비에 목매달지 마라

자녀 교육비와 관련해서는 앞서도 언급했듯이 가장 줄이기 어렵고, 줄이려고 마음먹어도 뜻대로 되지 않는다. 부모들은 흔히 말한다.

"힘닿는 데까지 뒷바라지를 해줘야지. 그게 부모 된 도리지!"

또 이렇게도 말한다.

"남들 하는 만큼은 해줘야지."

여기서 주목할 것은 바로 '힘닿는 데까지'와 '남들 하는 만큼'의 모순이다. 힘닿는 데까지는 부모의 소득 범위 내에서 능력껏 자녀 교육에 투자하겠다는 것이지만, 남들 하는 만큼 하겠다는 것은 내 처지에 아랑곳없이 가랑이가 찢어지더라도 황새를 쫓겠다는 것이다. 무리한 교육비 투자는 결국 가계를 파산에 이르게 할 뿐이다.

가계 형편이 남들 같지 않다면, 자녀가 그 현실을 인정하고 이를 극복해나갈 수 있는 힘을 키워주는 것도 부모가 행할 수 있는 교육의 하나이다. 부모가 자녀에게 교육비를 대주는 것만이 능사는 아니다. 열심히 공부시켜 의대에 보냈지만 적성에 안 맞아 중도에 그만두는 경우도 있다. 좋은 직업, 좋은 직장이 단지 돈 잘 버는 직업이나 직장을 의미하지는 않는다. 자녀가 자신의 꿈을 찾아 적성과 재능을 발견할 수 있도록 도와주고 역량을 키워나갈 수 있도록 지지하고 지원해주는 것이 바람직한 부모의 모습이다.

사교육비를 마련하기 위해 맞벌이에 나서는 주부들도 많다. 기러기 아빠 이야기는 이미 드라마나 영화의 소재가 아니라 우리 이웃의 이야기가 되었다. 부모도 자신의 삶이 있고 행복을 누릴 권리가 있다. 그

| 40대가 꼽은 지출 1순위 |

1	자녀 교육비	53.0%
2	부채 상환	20.4%
3	주택 구입, 자녀 결혼자금 마련	8.5%
4	부모 봉양	6.8%
5	노후자금 마련	6.2%
6	여행, 회식	4.2%
7	기타	0.9%

*출처 : 삼성생명은퇴연구소 〈2014년 은퇴백서〉

모든 것을 희생해서 자녀 교육에 쏟아붓는 것이 과연 옳은 일인지 진지하게 생각해보자.

자녀교육비 역시 생애 재무설계의 맥락 안에서 합리적으로 안배해야 한다. 초중고 사교육비에 치중하느라 대학교 등록금을 사전에 준비하지 못할 경우, 부모의 은퇴 준비 자금이 깨지거나 자녀에게 학자금 대출을 안겨줄 수도 있다. 따라서 자녀의 중학교 진학을 전후해서 은행 정기적금이나 적립식 펀드로 학자금 저축을 시작하기를 권한다.

노후 준비는 미리미리

30대에 재무설계를 시작하든 40대에 재무설계를 시작하든 요령은 다르지 않다. 현재의 자산과 부채 현황을 진단하고, 수입과 지출 구조를 철저히 분석하자. 그런 다음 자녀 교육비, 주택 마련 비용, 자녀 결혼 자금 등 각종 목적자금의 준비 정도를 확인하고 저축 가용 자금을 확보해 목적자금 부족분을 보충하기 위한 실행 계획을 수립해야 한다.

그리고 사망보장을 위한 보험도 하나쯤 챙겨두자. 아직까지 사망보장을 위한 보험을 가지고 있지 않거나, 부득이한 사정으로 기존 보험을 해지한 상태라면 종신보험으로 사망보험을 준비하기에는 나이가 있어 보험료 부담이 크다. 이럴 때는 정기보험을 고려해보자.

이효석 씨(49세)는 2004년 38세에 주계약(사망보장) 1억 원의 종신보험에 가입해서 12년 동안 유지해왔으나 뇌출혈로 쓰러진 어머니의 수술비 마련을 위해 보험을 해지할 수밖에 없었다. 동일한 조건으로 새로 종신보험을 들자니 보험료가 약 34만 원으로 2배 가까이 올라 있었다. 그래서 중학생인 둘째 아이가 대학교를 졸업하는 시기에 자신이 57세가 된다는 점을 감안하여 보험 기간을 60세까지로 한 정기보험에 가입했다. 순수보장형으로 가입할 경우 사망보험금 1억 원에 보험료가 약 3만 원 정도이며, 만기환급형일 경우 보험료는 약 27만 원이지만 60세 만기가 되면 그동안 납입한 보험료 3,600여만 원을 돌려받는다. 이효석 씨의 경우는 만기환급형을 택했다. 어머니 병원비와 아버지 봉양 때문에 저축 여력이 부족했기 때문에 사망보장과 저축을 동시에 고려한 선택이었다.

40대에는 노후 준비를 본격적으로 해야 할 때이다. 노후 준비의 시작은 빠를수록 좋다. 가장 바람직한 방법은 취업과 동시에 재무설계를 통해 저축 계획을 세우면서 가로저축으로 시작하는 것이다(가로저축에 대해서는 76~78쪽을 참조하기 바란다). 저축을 빨리 시작할수록 복리와 기간의 효과를 극대화할 수 있으므로 시작이 중요하다. 소액이라도 정년퇴직까지 꾸준히 적립할 수 있는 정도로 시작했다면 노후 준비의 기반은 잘 닦아놓은 셈이다.

개인연금저축과 국민연금, 퇴직연금 등 현재 보유하고 있는 장기저축의 은퇴 이후 예상 월 수령액을 계산해본 다음 부족한 금액을 추가로 준비하는 것이 40대에 해야 할 본격적인 노후 준비이다.

개인의 소득 규모나 지향하는 은퇴 생활의 모습에 따라 차이가 있겠지만, 은퇴 후 필요한 적정 은퇴 생활비는 현재 기준으로 260만 원 정도이다. 그러나 40대에 시작하는 저축으로 은퇴 생활비의 100%를 준비하기가 어렵다면 70~80%를 목표로 계획을 수립해도 좋다. 늦었다고 포기할 수도, 포기해서도 안 되는 것이 은퇴 준비이다.

당장 저축 여력이 안 된다는 핑계로 "그때 가면 어떻게든 되겠지!"라고 생각하는 경우가 많다. 이것은 우물을 파지 않고 물이 솟아 나오기를 바라는 것과 같다. 은퇴 생활비가 필요 없는 경우는 부부가 모두 사망하는 것 외에는 어떤 경우도 있을 수 없다. 은퇴 생활비는 반드시 필요한 자금이고, 미리 준비해놓지 않으면 절대로 마련할 수 없다.

06 안전하게 지키는 50대 재무설계

50대는 정년퇴직에 대비하고 은퇴 시점을 결정해야 하는 시기이다. 자녀의 대학 진학과 결혼도 50대가 떠안아야 할 숙제이다. 개인 차는 있겠지만 부모님에 대한 의료비 지출도 늘어나는 시기이다. 또한 예기치 않은 퇴직에 대한 대비도 필요하므로 긴급예비비에 대한 안배가 중요하다.

그리고 노후 생활자금에 대한 최종 점검이 이루어져야 한다. 무엇보다 중요한 것은 더 많이 벌겠다는 생각보다 더 적게 쓸 수 있는 방법을 찾아야 한다는 것이다. 50대에 자산 관리에 실패하면 만회할 기회도 시간도 없이 빈곤층의 나락으로 떨어지기 쉽기 때문이다.

재취업에 너무 기대를 걸지 마라

먼저 정년퇴직까지 남은 기간을 냉정하게 따져보고, 예상 소득과 예상 지출을 꼼꼼히 살펴 필요자금을 산출한다. 평균수명이 늘어나고 건강 나이가 젊어지면서 정년퇴직 이후에도 재취업을 통해 경제활동을 지속하는 사람들의 비율이 급속히 증가하는 추세이다. 그러나 중장년층이 재취업에 성공하더라도 소득 수준이 기존의 절반 가까이 떨어지므로 일단은 정년퇴직을 소득 활동의 종착점으로 보고 재무설계를 하는 것이 안전하다.

전경련중소기업협력센터에서 실시한 2015년 중장년 재취업 인식조사에 따르면, 중장년 구직자 43%가 재취업을 준비할 기간 없이 퇴직했으며, 37.1%가 재취업을 하는 데 1년 이상의 시간이 걸렸다.

또한 장년 재취업 관련 통계청 자료에 따르면 2013년 재취업에 성공한 장년층 199만 8,000명 중 임시직이 29.1%, 일용직이 16.5%였다. 재취업자의 월 평균임금은 184만 원으로, 20년 이상 장기근속한 근로자 평균임금인 593만 원의 절반에도 못 미치는 31%에 불과했다.

목적자금의 우선순위를 확인하라

자녀 대학 교육비와 결혼자금, 노후 생활비 등을 현재까지 준비된 자금과 향후 마련할 수 있는 자금으로 충당할 수 있다면 아무 문제가 없다. 하지만 부족하다면 주요 목적자금의 우선순위를 어떻게 두느냐가 관건이다. 각 목적자금의 규모와 우선순위를 결정하는 데 있어서

옳고 그름을 가릴 수는 없다. 이는 온전히 개인이 처한 상황에 따라 판단해야 할 일이다.

다만 정년퇴직 이후라도 마음만 먹으면 충분히 더 벌 수 있다는 생각이나, 이래저래 어려울 것 같으니 한 살이라도 더 젊을 때 자영업을 시작해서 승부를 보겠다는 생각은 경계해야 한다.

통계청 경제활동인구조사에 따르면 자영업자 중 50세 이상이 차지하는 비중은 2007년 47.1%에서 2015년 57.5%로 대폭 증가했다. 이러한 현상은 가계 부채 문제와도 직결된다. 주택을 보유한 50대 이상 연령층의 주택담보대출은 대부분 자영업을 위한 사업자금이나 생계비로 지출했을 가능성이 크기 때문이다.

경기 침체에 따른 소비 부진과 출혈 경쟁이 이어지면서 생계형 자영업자의 폐업이 속출하고 있는 데다 자영업자의 월평균 소득이 2015년 기준 약 147만 원에 불과하다는 것도 심각한 문제이다.

이러한 상황을 고려해볼 때 가급적 빨리 노후 생활비를 준비해두어야 한다. 하지만 50대에는 자녀 대학 교육비와 자녀 결혼자금이라는 중요한 재무목표가 남아 있는 만큼 우선순위를 잘 정해야 한다.

자녀가 아르바이트를 하거나 장학금을 받아 대학 교육비를 스스로 해결하는 경우도 있지만, 적어도 대학 입학금만큼은 준비가 되어 있어야 한다. 그리고 부모의 입장에서는 능력이 된다면 대학 교육비를 최대한 지원해주고 싶은 마음일 것이다. 하지만 자녀의 결혼자금은 최소한의 필요 노후 생활비를 우선 확보한 다음, 지원 가능한 범위 이내로 조정하기를 권한다.

불필요한 보험을 줄여라

50대가 되도록 보험을 준비해두지 않은 사람들은 이제 와서 보험에 들자니 짧은 보장 기간과 비싼 보험료가 문제다. 젊을 때 보험을 들었던 사람들은 가입 당시 보험 상품의 보장 기간이 60~70세인 경우가 많아 100세 보장이 대세인 현재의 상품과 비교해서 보장 기간이 너무 짧다고 생각한다.

이성실 씨는 보험회사 건물 청소부로 일하는 56세 여성인데, 보험 때문에 고민이라며 상담을 요청해왔다. 부부가 성실히 일하고 근검절약하며 산 덕분에 작은 아파트 한 채를 소유하고 있고, 2~3년 내에 만기가 도래하는 3,000만 원짜리 적금과 5,000만 원짜리 적금을 가지고 있다. 1년 뒤에는 남편이 국민연금으로 80만 원을 받을 수 있는 데다 개인연금도 매월 15만 원씩 받고 있다. 그리고 이미 보험료 납입을 완료해서 3년 뒤부터 수령할 수 있는 개인연금과 10개월 뒤면 납입이 완료되고 4년 뒤부터 수령할 수 있는 개인연금이 하나씩 있다.

자녀들도 모두 결혼했고, 노후자금도 크게 걱정하지 않아도 되는 상황인데 보장성 보험이 문제였다. 실손보험과 건강보험, 암보험까지 5개의 보험이 있는데 보장기간이 65세, 70세, 75세로 되어 있었다.

이성실 씨가 아는 설계사한테 물어보았더니 100세까지 보장되는 보험으로 갈아타고, 월 15만원씩 푼돈으로 받는 연금을 해지한 뒤 해지환급금과 두 개의 적금을 보태서 일시납 연금에 가입하거나 추가로 연금을 하나 더 들라고 하는데 어떻게 해야 할지 고민이라는 얘기였다.

이성실 씨가 가지고 있는 연금보험은 모두 세 개인데, 현재는 하나만 연금(15만 원)을 수령하고 있으므로 당장은 푼돈일 수 있다. 그러나 4년만 지나면 세 군데서 연금을 받을 수 있으므로 무시 못할 금액이 된다. 은퇴 이후 매월 안정적인 소득만큼 소중한 것은 없다. 따라서 현재 가지고 있는 연금보험은 잘 유지하는 게 좋다.

보장성 보험의 경우 100세까지 보장된다면 더할 나위 없겠지만 75세 이후의 보장 때문에 기존 보험을 해지하고 비싼 보험료를 내면서까지 새로운 보험에 가입할 필요는 없다. 50대 후반이면 오히려 불필요한 보험을 줄여가야 할 시기이다. <u>안정적인 소득을 늘리는 것이 중요한 만큼 고정 지출을 줄이는 것도 중요하다.</u>

행복한 노후를 위한 은퇴 재무설계

베이비붐 세대의 대거 퇴직, 평균수명 연장, 저출산, 고령화, 고용 불안정 등 은퇴 이후의 안정적인 삶을 위협하는 불길한 기운들이 우리 주위를 감싸고 있다. 그래서 정년퇴직을 앞두고 다들 열악한 조건을 감수하면서 재취업을 하거나 경험도 없는 자영업을 고민한다.

이런 불확실성 시대에 막연한 불안감이나 필요 이상의 걱정을 해소하려면 지피지기(知彼知己), 즉 이러한 <u>사회 환경의 변화를 올바로 이해하고 자신의 재무 상태를 정확히 파악해야 한다.</u>

이것이 곧 행복한 노후를 준비하는 은퇴 재무설계의 기본이다. 이를 위해서는 은퇴 이후에 필요한 생활비가 얼마나 되는지, 은퇴 이후의 가용 자산과 발생 가능한 고정 소득은 얼마나 될지 잘 따져보아야 한다.

은퇴 생활 자금은 얼마나 필요할까?

평균수명이 길어지면서 은퇴를 위해 준비해야 할 자금도 늘었다. 그런데 언론에서 이를 지나치게 과장해서 보도하는 경향이 있고, 노후에 대한 불안 심리를 이용해 연금 상품을 판매하려는 보험회사의 광고들이 언론 보도를 등에 업고 쏟아져나오고 있다.

정말 이대로 은퇴하면 큰일이 날까? 은퇴 이후 한 달 생활비는 최소한 얼마나 들고, 얼마쯤 있으면 여유롭게 살 수 있을까?

다음 표는 출처는 명확하지 않으나, 보험회사나 증권회사에서 은퇴 필요자금을 예시할 때 주로 사용하는 표이다. 기본 생활비를 120만 원으로 설정하고, 생활 수준에 따라 만족스런 노후 생활, 여유로운 노후 생활, 풍요로운 노후 생활로 나누어 필요자금을 제시했다. 이 표에 따르면 은퇴 필요자금은 적게는 월 200만 원, 많게는 402만 원까지 든다.

| 노후 필요자금 |

구분		만족스런 노후 생활	여유로운 노후 생활	풍요로운 여유 생활
기본 생활비		120만 원×12=1,440만 원	120만 원×12=1,440만 원	120만 원×12=1,440만 원
여유 생활 비용	취미 운동	5만 원×2회×12개월=120만 원	10만 원×2회×12개월=240만 원	20만 원×2회×12개월=480만 원
	건강 유지			200만 원×2인=400만 원
	차량 유지	20만 원×12개월=240만 원	30만 원×12개월=360만 원	40만 원×12개월=480만 원
	경조사, 모임	5만 원×3회×12개월=180만 원	10만 원×3회×12개월=360만 원	15만 원×3회×12개월=540만 원
	외식	10만 원×1회×12개월=120만 원	20만 원×1회×12개월=240만 원	20만 원×2회×12개월=480만 원
	국내외 여행	600만 원(해외)/3+100만 원(국내) =300만 원	700만 원(해외)/2+150만 원(국내) =500만 원	800만 원(해외)+200만 원(국내) =1,000만 원
	소계	960만 원	1,700만 원	3,380만 원
연간 노후 생활자금		2,400만 원	3,140만 원	4,820만 원
월 노후필요자금		200만 원	262만 원	402만 원

그러나 NH투자증권이 통계청 자료를 인용하여 발표한 연령대별 평균 지출 금액은 은퇴 생활자금에 대해 시사하는 바가 크다.

| 연령대별 평균 지출 |

(단위: 만 원)

예상 기간	월 평균지출	연 평균지출	10년 평균지출	40년간 총지출
60대	196	2,352	23,502	48,120
70대	110	1,320	13,200	
80대	59	708	7,080	
90대	36	432	4,320	

은퇴 후 필요한 자금은 각자 그동안 살아온 생활방식에 따라 다를 수밖에 없다. 은퇴를 한다고 오랜 세월 익숙하게 길들여진 소비 패턴이나 생활 습관이 하루아침에 변하는 것은 아니기 때문이다. 앞서 살펴본 은퇴 필요자금 예시처럼 풍요로운 생활을 누리며 살고자 한다면 월 402만 원이나 든다. 하지만 통계청 자료처럼 각 연령대별 평균 지출액 정도를 쓰면서 보편적인 삶을 살아간다면 60대는 196만 원, 70대는 110만 원, 80대는 59만 원밖에 안 든다.

자신의 삶을 한 번 돌아보고, 앞으로 살아갈 모습을 그려보자. 그런 다음 두 표에서 제시한 금액을 참고하여 자신에게 필요한 구체적인 금액을 예상해보자.

예상 소득에 대해 분석하라

은퇴 이후 필요한 자금 규모의 윤곽이 잡혔다면, 다음으로 필요한 것은 은퇴 이후 예상되는 소득에 대한 분석이다. 일시적인 소득이 아닌 정기적이고 고정적인 소득을 중심으로 파악해야 한다. 개인에 따라 다르겠지만 국민연금, 퇴직연금, 개인연금, 즉시연금, 주택연금 등 다섯 가지 형태의 소득이 있을 수 있다.

국민연금

국민연금에 대한 불신과 우려가 여전히 존재하고 있지만, 국민연금은 국민연금법에 따라 이미 받도록 돼 있는 연금 수령액에 물가상승률을 반영해서 지급하는 구조로, 여전히 장기 가입자에게 훌륭한 노후 대책임에 틀림이 없다. 국민연금 수급 개시 연령은 출생연도에 따라 61세부터 65세까지지만 수급 시기를 앞당기거나(조기노령연금) 연기(연기연금제도)할 수도 있다.

조기노령연금은 가입 기간이 10년 이상이고 55세 이상인 사람이 소득이 없는 경우 본인이 신청하면 노령연금 수급 개시 연령 전이라도 지급받을 수 있다. 최대 5년까지 앞당길 수 있으며 1년에 6%씩 감액 지급된다. 예를 들어 수급 개시연령이 60세인 경우 55세부터 연금을 수령한다면 30%(6%×5년)가 감액되어 70%를 지급받는다.

이와 반대로 연기연금제도는 노령연금을 연금 수급 개시 연령 이후로 미뤄서 받는 것을 말하는데, 연금의 일부(50%, 60%, 70%, 80%, 90%) 또는 전부를 최대 5년까지 연기할 수 있다. 이 경우 연기를 신청한 금액에 대해 1년마다 7.2%의 연금액을 올려서 지급받는다.

국민연금공단에서 예상 수령액을 확인할 수 있으며, 각자의 상황에 맞는 연금 수령 방식 등에 대해 국민연금공단 전국 지사나 홈페이지를 통해 상담을 받을 수 있으니 적극적으로 이용하기 바란다.

퇴직연금

근로자가 한 직장에서 1년 이상 근무하면 '퇴직급여'를 받을 수 있다. 기존에는 '퇴직금'이라는 이름으로 일시금으로 지급받았다. 하지만 이를 노후자금으로 활용하지 못하고 생활자금이나 창업자금으로 사용하는 경우가 많아 2005년 12월부터 퇴직연금제도를 도입하였다. 근로자가 55세 이후에 연금 또는 일시금 중에서 선택할 수 있도록 한 것이다. 퇴직연금제도는 확정급여형(DB)과 확정기여형(DC) 두 가지로 나뉜다.

확정급여형은 기업이 매년 부담금을 금융회사에 적립하고 운용하며, 운용 결과와 관계없이 근로자가 퇴직할 때 받을 퇴직급여가 사전에 확정된다. 안정적으로 노후자금을 확보할 수 있다는 장점이 있다.

확정기여형은 기업이 근로자의 개별 계좌에 부담금을 정기적으로 납입하면, 근로자가 직접 적립금을 운용하는 방식이다. 어떻게 운용하느냐에 따라 퇴직금 액수가 달라진다. 중도 인출과 추가 납입도 가능하다.

그리고 2012년 7월부터는 개인형 퇴직연금(IRP) 계좌를 통해 퇴직금을 받도록 제도화되었다. 근로자가 직장을 옮기거나 퇴직하면서 받은 퇴직급여를 본인 명의의 IRP 계좌에 적립하여 노후 재원으로 활용하도록 한 것인데, 확정기여형과 동일한 방식으로 운용된다.

| 국민연금 개시 연령 및 예상 수령액 |

● 국민연금 개시 연령

출생 연도	1953~1956년	1957~1960년	1961~1964년	1965~1968년	1969년 이후
개시 연령	61세	62세	63세	64세	65세

● 국민연금 예상 수령액

(단위: 원)

소득 평균	보험료	가입 기간				
		20년	25년	30년	35년	40년
2,400,000	216,000	469,750	580,870	691,990	803,110	914,230
2,900,000	261,000	522,590	646,210	769,830	893,450	1,017,070
3,400,000	306,000	575,440	711,560	847,680	983,790	1,119,910
3,900,000	351,000	628,280	776,900	925,520	1,074,140	1,222,760

　퇴직 시 IRP계좌를 해지하고 일시금 또는 연금으로 수령 방법을 선택할 수 있는데, 만약 일시금으로 수령하면 6.6~41.8%의 퇴직소득세를 부담해야 한다. (퇴직소득세액 계산은 국세청 홈페이지에 있는 퇴직소득세액 계산 프로그램을 활용하기 바란다.) 반면 만 55세 이후, 10년 이상 연금으로 수령하면 퇴직소득세의 70%를 연금소득세로 납부하면 된다.

　예를 들어 퇴직급여가 1억 5,000만 원이고 근속연수가 15년일 경우 일시금으로 수령하면 약 540만 원을 퇴직소득세로 납부해야 한다. 하지만 연금으로 수령하면 540만 원의 70%인 약 380만 원을 연금소득세로 납부하면 된다. 160만 원이나 세금이 줄어든 것이다. 그리고 이 돈을 일시불이 아닌 연금 수령 기간 동안 매월 나눠서 납부하면 된다. 그러므로 퇴직급여를 연금으로 수령하는 것이 세금도 덜 내고, 안정적인 노후 자금을 확보하는 방법이라 할 수 있다.

개인연금과 즉시연금

은퇴 시점까지 완납 또는 유지하고 있는 개인연금의 연금 개시일과 예상 연금 수령액을 확인해두어야 한다.

그리고 특별한 용도가 없는 목돈이 있다면 일시납 즉시연금도 고려해볼 필요가 있다. 일시납 즉시연금은 목돈을 한꺼번에 적립하고 계약자가 정한 연금 수령 방식에 따라 곧바로 연금으로 수령할 수 있는 상품이다. 앞서 강조했듯이, <u>목적이 없는 돈은 유혹에 약할 뿐만 아니라 가족이든 친지든 지인이든 목적을 가진 사람들의 표적이 된다.</u>

연금 수령 방식으로는, 원금까지 수령 기간에 따라 나눠서 받는 종신형과 원금은 그대로 두고 운용 수익만 지급받는 상속형이 있다. 보험회사별, 상품별로 수령 방식에 따른 다양한 옵션이 있으니 꼼꼼히 확인하고 개인이 처한 여건에 맞는 수령 방식을 선택하자.

주택연금

소유 주택을 담보로 평생 동안 매월 연금을 받는 주택연금도 고정적인 노후 소득으로 고려해볼 만하다. 2015년 상반기 주택연금 가입자가 3,000명이 넘어 2014년 상반기에 비해 20% 이상 증가했다. 부부 중 1명이 60세 이상이고 주택 가액이 9억 원 이하이면 가입할 수 있다.

부부 모두가 사망할 때까지 종신토록 지급되며, 그동안 지급받은 연금이 주택 가액을 초과하더라도 초과분에 대한 변제 의무는 없다. 또 부부가 모두 조기 사망해서 지급받은 연금이 주택 가액보다 적을 경우 그 차액은 법정 상속인에게 상속된다.

| 주택연금 가입 시 월 연금 수령액 |

(단위: 만 원)

주택가격 나이	1억 원	2억 원	3억 원	4억 원	5억 원	6억 원	7억 원	8억 원	9억 원
60세	22	45	68	91	113	136	159	182	204
65세	27	54	81	108	136	163	190	217	244
70세	32	65	98	131	164	197	230	263	295
75세	40	80	121	161	201	242	282	317	317
80세	50	101	151	202	252	303	349	349	349

* 일반 주택, 종신지급 방식, 정액형인 경우 (2015년 7월 기준)

은퇴 이후 지출을 줄이거나 소득을 늘리는 방법

취업과 결혼으로 자녀가 독립하고 부부가 둘만 남게 되는 시기를 '빈 둥우리기(empty nest period)'라고 부른다. 빈 둥우리기가 되면 기본 생활비가 일반적으로 이전의 70~80% 수준으로 감소한다.

각자 그동안 써온 가계부와 연령대별 평균 생활비 통계 등을 참고하여 기본 생활비를 추산하고, 여기에 지향하는 삶을 위한 여유 생활 비용을 더해 은퇴 이후 필요자금(월 생활비)을 예상해보자. 그런 다음 예상 소득을 정리해보자.

다음 쪽에 나오는 예시의 경우 합산 소득은 290만 원인데 필요자금은 250만 원이니 예상보다 여유로운 노후 생활을 할 수 있다. 만약 노후 소득이 월 필요자금에 못 미친다면 노후 생활비를 줄이거나 노후 소득을 늘려야 한다.

자녀들의 독립에 따른 지출 감소 외에도 지출을 줄이거나 소득을 늘릴 수 있는 몇 가지 방법이 있다.

| 노후 부족 자금 계산 예시 |

구분		내용	비고
은퇴 연령		60세	
기대 수명		90세	
필요자금(월 생활비)		2,500,000원	
노후 소득	국민연금	980,000원	소득 평균 340만 원, 가입 기간 35년
	퇴직연금	420,000원	퇴직금 1억 원, 35년 확정 지급
	개인연금	170,000원	연 400만 원, 10년간 납입 가정
	즉시연금	420,000원	종신형, 1억 원, 20년 보증
	주택연금	910,000원	4억 원, 60세 가입, 종신 지급 방식, 정액형
합산 소득		2,900,000원	
부족 자금		-400,000원	

*월필요자금(월 생활비) - 각종 노후 소득 = 부족 자금

| 은퇴 후 연령별 예상 소득 |

구분	금액	55세	60세	65세	70세
국민연금	980,000			62세	
퇴직연금	420,000				
개인연금	170,000				
즉시연금	420,000				
주택연금	910,000				
계	2,900,000	101만 원	192만 원	290만 원	

| 은퇴 후 월 필요자금 계산 |

비소비성 지출			소비성 지출	
저축	적립식		주/부식비	
개인연금	본인		주거비	
	배우자		광열/수도비	
보험	본인		교통/통신비	
	배우자		문화교제비	
대출 상환	이자/원금		보건의료비	
기타			피복/미용비	
			세금	
총계			총계	

| 월 지출 총계 | |

첫째, 여유 자산으로 대출을 상환해 이자 비용을 줄인다. 그만큼 자산도 줄어들겠지만, 안정적인 노후 생활을 위해서는 매달 고정적으로 드는 비용을 줄이는 것이 중요하다.

둘째, 불필요한 보험을 정리한다. 보험증권을 모두 펼쳐놓고 보험료가 과다 지출되는 것은 없는지 꼼꼼히 살펴보자. 특히 납입 기간이 긴 종신보험은 '감액 완납'이 가능한지 확인해볼 필요가 있다. 감액 완납은 보험료 납입을 중지하고 남아 있는 납입 기간의 보험료 총액 비율만큼 보험금을 줄여 완납 처리하는 것으로, 보험금은 줄지만 보장 기간은 동일하다. 종신보험은 유가족을 위한 최소한의 생계 보장이 목적이므로 자녀들이 경제적으로 독립하고 나면 필요성이 현저히 떨어진다.

셋째, 납입 만료된 종신보험을 연금으로 전환한다. 사망보험금이 필요한 상황이 아니라면 연금으로 받아서 노후 자금에 조금이라도 보태는 편이 낫다. 감액 완납된 종신보험도 마찬가지이다.

넷째, 주거용 주택의 규모를 줄이는 것도 고려해볼 필요가 있다. 주거 공간이 줄어드는 데 따른 불편함과 지리적 환경 변화에 대한 적응 기간이 필요하지만, 주택 규모가 작아지면 관리비와 냉난방비 등 주거 관련 비용이 줄어들고 주택 가격 차액만큼의 현금 자산이 생긴다. 만약 주택 담보 대출이 남아 있다면 대출을 상환해 이자 비용을 줄이자.

간혹 좁은 집으로 옮기면 결혼한 자녀들이 찾아왔을 때 불편하지 않겠느냐고 말하는 사람들이 있다. 그건 너무 걱정하지 않아도 된다. 명절 때가 아니면 생각만큼, 기대만큼 그리 자주 찾아와 묵고 갈 일도 없을뿐더러 서로 부대끼며 함께 지내는 것도 재미있는 추억이 될 것이다.

빈고, 고독고, 무위고, 병고를 극복하자

이상과 같이 노후 생활 자금과 각종 노후 소득에 대한 파악과 조정을 통해 적절한 노후 필요자금 규모가 결정되면, 그에 따른 은퇴 생활의 질과 은퇴 시기를 결정할 수 있다. 흔히 노후 준비라고 하면 경제적인 노후 준비만을 생각하는데, 정년퇴직 또는 은퇴 이후 겪는 어려움은 경제적인 것에만 있지 않다.

노인이 되면 겪는 네 가지 고통을 '4고(四苦)'라고 한다. 빈고(貧苦), 고독고(孤獨苦), 무위고(無爲苦), 병고(病苦)다. '빈고', 즉 경제적인 어려움은 어느 정도 해결하더라도 노년기의 사회적 역할 축소와 배우자의 상실로 인한 슬픔과 우울로 인한 '고독고', 할 일이 없음으로 인한 '무위고', 노화와 각종 질병으로 인한 '병고'를 이기기 위한 준비 없이는 행복한 노후를 즐길 수 없다.

재무설계란 "개인 재원의 적절한 관리를 통해 개인의 재무목표, 인생목표를 달성할 수 있도록 계획하고 실행하는 일련의 과정"이라고 정의하고 있지만, 재무설계의 궁극적인 목적은 '행복한 삶'이다.

따라서 재무설계의 동기는 부자 되기가 아니라 행복한 삶을 추구하는 데서 비롯되어야 한다. 그리고 재무설계의 실행 과정은 허리띠를 졸라매는 고통이 아니라 행복을 느끼는 과정이어야 하며, 재무설계의 결과는 혼자만의 행복이 아니라 더불어 행복한 삶이어야 한다.

에필로그
행복 방정식을 풀어보자

 누구나 한 번쯤 "왜 사는가?"라는 질문을 다른 사람에게 또는 스스로에게 던져본 적이 있을 것이다. 그때 당신은 무슨 대답을 들었고, 또 뭐라고 답했는가? 경상도 사람이라면 어쩌면 단 한 글자로 대답할 수도 있을 것이다.

 "마~!"

 우스갯소리 같지만 실로 난해한 질문에 대한 적절한 대답이라 할 수 있지 않을까? (경상도에서 '마'는 다양한 의미로 사용되는데, 여기서는 '그냥'이라는 의미로 사용되었다.)

 "왜 사는가?"라는 질문에 대한 해답을 찾기는 결코 쉬운 일이 아니지만, "행복하기 위해 산다."라고 대답한다면 핏대 올려 반박하는 이는 없을 것이다.

 인간은 누구나 행복하길 바란다. 대한민국 헌법(제10조)에도 모든 국민이 행복을 추구할 권리를 가지고 있음을 명시하고 있다! 그렇다면 과연 행복이란 무엇일까?

욕망을 통제하지 못하면 행복은 없다

미국 캘리포니아 주립대학 심리학과 교수인 소냐 류보머스키(Sonja Lyubomirsky)는 행복은 '생각'과 '감정'이라는 두 가지 요소로 이뤄진다고 말한다. 스스로 인생 목표를 향해 가고 있다는 만족스런 생각을 갖고, 긍정적 감정(기쁨, 자존감, 호기심, 애정 등)을 경험함으로써 행복해진다는 것이다. 다시 말해 행복이란 자신의 인생에 만족하고 동시에 자주 긍정적인 감정을 경험하는 것이다.

그런데 자신의 인생에 만족하기란 쉬운 일이 아니다. 1999년 대니얼 캐너먼(Daniel Kahneman)은 '만족의 쳇바퀴'라는 개념을 제시한 바 있다. 인간이 어떤 욕구를 이루지 못하면 불행하다고 여기고 이를 성취하면 만족감을 느끼는데, 시간이 흐를수록 만족감은 떨어지고 여기에 적응하다 보면 또다시 불만을 갖게 되고, 불만은 새로운 욕구를 불러일으킨다는 얘기다. '욕구-불행-성취-만족-적응-불만'이 반복되는 인간의 심리를 쳇바퀴에 비유한 것이다.

"남의 떡이 커 보인다."는 우리 속담도 이런 내용을 담고 있다. 내 것보다 남의 것이 더 좋아 보인다는 의미인데, 만일 내 것을 남이 가져가면 본래 내 것이었던 그것 또한 커 보일까? 내가 가진 것에 만족하지 못하고 끊임없이 꿈틀거리는 욕구를 통제하지 못한다면 행복은 없다.

일반적으로 행복의 요소로 사랑, 권력, 명예, 돈을 일컫는다. 그런데 이것들 중 어느 하나에 집착하면 이는 행복의 요소가 아니라 불행의 씨앗이 된다. 가지면 가질수록 부족하다 느끼고, 더 가지기 위해 이미 가지고 있는 행복마저 송두리째 바쳐가며 안간힘을 쓰기 일쑤다. 행복을 주고 이것들을 사고 있다면 이는 분명 본말이 전도된 것이다.

행복을 측정해볼 수 있다고?

그렇다면 내가 행복한지 어떻게 알 수 있을까? 의외로 행복을 측정하는 다양한 방법들이 존재한다.

먼저 국가행복지수가 있다. 2015년 3월 20일(세계 행복의 날) '갤럽'이 발표한 국가별 행복지수 순위에서 우리나라는 59점으로, 조사 대상 143개국 중 118위로 최하위권에 머물렀다.

개인의 행복을 측정하는 도구로 영국의 심리학자 로스웰(Rothwell)과 인생상담사 코언(Conen)이 만든 행복지수가 있다. 인생관, 적응력, 유연성 등 개인적 특성의 P(personal) 요소와 건강, 돈, 인간관계 등 생존조건의 E(existence) 요소, 그리고 야망, 자존심, 기대, 유머 등 고차원 상태를 의미하는 H(higher order) 요소로 결정된다.

공식은 다음과 같다. 산출된 행복지수가 만점인 100점에 가까울수록 행복도가 높은 것으로 판단한다.

$$P+(5 \times E)+(3 \times H)$$

| 행복지수 측정 항목 |

요소	평가 항목	점수
P	나는 외향적이고 변화에 유연하게 대처하는 편이다.	1~10
	나는 긍정적이고, 우울하거나 침체된 기분에서 비교적 빨리 벗어나며 스스로 잘 통제한다.	1~10
E	나는 건강, 돈, 안전, 자유 등 나의 조건에 만족한다.	1~10
H	나는 가까운 사람들에게 도움을 청할 수 있고, 내 일에 몰두하는 편이며, 자신이 세운 기대치를 달성하고 있다.	1~10

그러나 무엇보다 간결하고 의미심장한 행복의 공식은 다음과 같다. 자신이 원하는 것만큼 가지거나 그 이상을 가지면 행복하다는, 일명 '행복 방정식'이다.

$$\frac{가진\ 것}{원하는\ 것} \geq 1 = 행복 \qquad \frac{가진\ 것}{원하는\ 것} < 1 = 불행$$

이 부등식을 참으로 성립시키는 방법은 세 가지가 있다. 가지고자 하는 욕구 이상을 가지는 것, 가지고자 하는 욕구를 줄이는 것, 지금 가지고 있는 것에 만족하는 것이다. 대부분의 사람이 필요 이상을 가져도 만족하지 못하고 더 많이 갖기를 갈구한다. 하지만 정작 자신이 가지고 있는 것의 소중함은 깨닫지 못한다.

중국 제3세대 문학을 대표하는 작가 위화의 《허삼관 매혈기》를 원작으로 한 영화 〈허삼관〉을 잠깐 들여다보자.

허삼관(하정우 분)은 어느 날, 11년을 애지중지 키워온 큰아들 일락이 자신의 아들이 아니라는 사실을 알게 된다. 자신을 닮은 듬직한 장남으로 믿고 의지했던 일락을 더 이상 아들이라 여기지 않으려 한다.

시종일관 일락이 친자식임을 부인하던 일락의 친아버지는 병을 얻어 생사의 기로에 놓이자, 친자식만이 자신을 살릴 수 있다는 무속인의 말을 듣고 일락을 데려간다. 일락을 친부에게 보낸 허삼관은 하루 종일 일이 손에 잡히지 않는다. 자신도 모르게 일락의 친부 집 앞에 발길이 닿은 허삼관은 애타게 자신을 부르는 일락을 발견하곤 한달음에 뛰어들어 그를 데리고 나온다. 친자식이 아니란 것을 안 순간부터 갖은 구박을 다했지만 막상 자신의 품에서 떠나보내고 나서야 진심으로 사랑하고 있었음을 절실히 깨달은 것이다.

물이 그렇고 공기가 그러하듯, 가지고 있고 누리고 있을 때는 그 소중함을 알지 못하는 것들이 있다. 잃어버리거나 사라지거나 떠나버리고 나서야 소중함이나 절실함을 깨닫게 된 경험은 없는가? 지금까지 살아오면서 간절히 원하던 무언가를 손에 넣고 형언할 수 없는 기쁨을 느꼈지만, 어느 순간 기쁨은 사라지고 기억에서조차 사라져버린 것은 없는가?

우리는 끊임없이 행복해지기를 바란다. 행복을 찾아 굽이굽이 먼 길을 떠나지만, 결국 행복은 자신에게서 가장 가까운 곳, 바로 자신의 마음속에 있다는 것을 깨닫게 된다.

세상에는 행복(사랑, 권력, 명예, 돈)을 얻기 위한 다양한 전문 지식과 정보들과 값진 노하우들이 넘쳐난다. 사람들은 그것들을 얻기 위해 적지 않은 돈과 시간과 에너지를 투자한다. 그러나 행복을 찾는 길은 이미 알고 있거나, 조금만 신경 쓰면 누구나 쉽게 알 수 있는, 사소해 보이지만 중요한 원리와 원칙들 속에 있다는 사실을 기억하자.

부록

SELF 재무설계 시트

재무설계를 하려면 우선 재무목표를 설정하고, 이를 위한 자금을 마련해야 한다.
그러려면 수입과 지출을 정확히 알고, 자산과 부채 현황을 제대로 파악하고 있어야 한다.
이런 것들을 체계적으로 정리해야 제대로 된 재무설계를 할 수 있다.
셀프 재무설계에 필요한 시트들을 한곳에 모아 정리해두었다.

| 재무목표 설계 |

관심사	시기	필요자금	중요도	비고
결혼				
내 집 마련				
자동차 교체				
부채 상환				
가족여행				
부모님 팔순				
노후 준비				
자녀 교육				
자녀 결혼				
합계				

| 수입 분석 |

구분	근로/사업소득		상여금/보너스		임대소득	기타소득	합계
	남편	아내	남편	아내			
1월							
2월							
3월							
4월							
5월							
6월							
7월							
8월							
9월							
10월							
11월							
12월							
합계							(연간 총소득)
월평균소득(연간 총소득÷12)							

| 지출 분석 |

소비성 지출						비소비성 지출		
정기 지출			부정기 지출					
주거비	월세		세금	재산세		저축	정기적금	
	관리비			주민세			청약저축	
광열비	가스			자동차세			기타	
	수도		자동차보험			보험	저축성 보험	
	전기		가구/가사				보장성 보험	
식비	주·부식비		보건의료	병원		대출이자		
	외식비			약국		기타		
교통비	유류비			기타		비소비성 지출 합계 ③		
	주차비		피복	의류				
	대중교통비			신발				
교육비	자녀1			화장품				
	자녀2			기타				
	자녀3		이벤트	설				
용돈	남편			추석				
	아내			휴가				
	자녀			기념일				
통신비	인터넷			제사				
	TV			경조사				
	전화			기타				
문화·교제비	정기구독		부정기 지출 합계					
	도서		월평균 부정기 지출 ②					
	연극/영화		※ ②는 부정기 지출 합계를 12개월로 나눠 계산한 것이다.					
	취미							
자기계발비	운동							
	대학원							
	기타학습							
정기 지출 합계 ①								
월평균 지출 총계 ①+②+③								

| 자산, 부채 현황 분석 |

● 부동산

종류	규모	구입/임대차 시기	자가		임대		임차	
			구입금액	현재시가	보증금	월세	보증금	월세
아파트								
단독주택								
주상복합								
원룸								
오피스텔								
상가								
토지								
전답								
임야								
기타								
총액								

● 금융자산 (은행과 증권사의 금융 상품, 보험회사의 저축성 보험)

금융기관명	상품명	가입 일자	만기 일자	예치 금액	적립식		수익률
					월적립액	적립 총액	

● 부채

채권자	대출 종류	대출 일자	거치 기간	만기 일자	상환 방법	대출 이자	현잔액

[보험 적정성 분석]

상품명		A			B			합계(A+B)		
기납입보험료										
해지환급금										
전아보험료										
구분		가입금액	보험료	납입기간	보험기간	가입금액	보험료	납입기간	보험기간	가입금액	보험료	납입기간	보험기간
일반사망													
재해사망													
후유장애													
진단비													
암	수술비												
	입원비												
뇌	뇌출혈												
	뇌혈관질환												
심	급성심근경색												
	허혈성심질환												
실손의료비													
수술비													
배상책임													
기타	골절												
	화상